KB233120

프레젠테이션 설득의 기술

New Sales Speak by Terri L. Sjodin
Copyright © 2001 by Terri L. Sjodin
All Rights Reserved.

Korean translation edition © 2008 by EIN Books
Published by arrangement with John Wiley & Sons, Inc., New Jersey, USA
via Bestun Korea Agency, Seoul, Korea.
All Rights Reserved.

프레젠테이션
설득의 기술

테리 L. 쇼딘 지음 | 어윤금 옮김

아인북스

프레젠테이션 설득의 기술

초판 인쇄 2008년 9월 15일
초판 발행 2008년 9월 20일

지은이 ㅣ 테리 L. 쇼딘
옮긴이 ㅣ 어윤금
펴낸곳 ㅣ 아인북스
펴낸이 ㅣ 윤영진
마케팅 ㅣ 이재일
관리 ㅣ 박성민

등록번호 ㅣ 제305-2008-00019호
주소 ㅣ 서울시 동대문구 신설동 29-1 신설빌딩 307호
전화 ㅣ 02-926-3018 팩스 ㅣ 02-926-3019
E-mail ㅣ 365book@hanmail.net

ISBN 978-89-91042-24-7 03320
값 11,000원

믿음직스럽고 다정한 친구
메리 조 스탠들리(Mary Jo Standley)에게 이 책을 바친다.
지난 10년 동안 쇼딘 커뮤니케이션의
미국 내 프로그램 기획자로 일하면서 나를 도와준 그녀의
뛰어난 재능과 성실성은 내가 꿈을 실현하는 데
큰 힘이 되었다.

"이 책은 세일즈맨들뿐 아니라 항상 무언가를 팔면서 살아가는 **현대의 모든 사람들에게 꼭 필요하다.** 사무적인 전화통화 요령부터 의사회에서 의견을 발표하는 일까지 하나하나 짚어가며 성공과 실패의 모든 비밀을 파헤치고 있다. 어떤 규모이든 프레젠테이션을 준비하는 사람이라면 반드시 읽어야 할 책이다."

— **제이 J. 코헨** 의사, 경영학 석사

"유형의 제품이나 무형의 서비스, 자기 자신이나 자신의 아이디어, 그 무엇을 팔든 더욱 효과적으로 커뮤니케이션 할 수 있는 방법을 알려주는 책이다. 이 책만 있으면 당신은 더 완벽한 프레젠테이션 전문가가 될 것이다. 기억하라. **효과적인 프레젠테이션 기술을 구사하는 사람이 성공한다.**"

— **제리 앤더슨** 부동산 투자분석사, 콜드웰 뱅커 커머셜 대표

"**효과적인 판매술을 알려주는 대단한 책**이다! 비약적인 판매 신장을 향해 가속 질주하는 방법을 배울 수 있다."

— **브라이언 트레이시** 베스트셀러 ≪목표 그 성취의 기술≫ 저자

"드디어 이런 책이 나왔다. …… **설득력 있는 판매술과 중요한 화술을 절묘하게 조화시키는 방법**을 알려주는 최초의 책이다."

— **하비 맥케이** ≪목마르기 전에 우물을 파라 : 휴먼 네트워크 10가지 원칙≫ 저자

"생산성을 높이고, 더 많이 벌고, **더 나은 사람이 되기 위한 현실적인 방법들로 가득 찬 책.**"

— **니도 쿠베인** 전미강사협회재단 대표, 전미강사협회 전 회장

모든 사람에게는 상상하지 못할 만큼 무한한 잠재력이 있다. 그런데 안타깝게도 은퇴를 할 시점이나 인생의 말년이 될 때까지 그 힘을 깨닫지 못하는 경우가 많다. 또 목표를 세우고 그것을 실현시키고 싶어도 어떤 노력이 필요한지 알지 못하는 경우가 많다. 나는 종종 더 많은 사람들이 훨씬 일찍 자신의 잠재력을 깨닫고 발휘한다면 이 세상이 어떤 모습이 될까 생각해본다. ≪영혼을 위한 닭고기 수프(Chicken Soup for the Soul)≫시리즈를 쓰면서 나를 비롯한 저자들은 세상을 한 단계씩 변화시키려고 노력했다. 나는 6억 부 이상의 판매부수를 기록하면서 33주 이상 뉴욕 타임스 베스트셀러에 올랐던 ≪영혼을 위한 닭고기 수프≫가 사람들이 자신의 잠재력을 깨닫도록 돕는 역할을 하고 있다고 믿는다. 우리 저자들은 사람들에게 용기를 주어 더 나은 삶을 살 수 있도록 돕기 위해 이 책을 썼다. 그리고 독자들의 반응을 통해 수많은 사람들이 이 책을 읽고 감동을 느껴 마음은 물론이고 생활까지 변화하고 있다고 믿는다.

사람들이 더 나은 삶을 살 수 있도록 감동을 주는 것만큼 중요한 일은 그들이 잠재력을 발휘할 수 있는 도구와 기술을 찾아주는 일이다. 테리 쇼딘은 그런 이유 때문에 이 책을 쓰게 되었다고 한다. 그래서 나는 기꺼이 추천의 글을 쓰기로 했다. 테리의 이 책 ≪프레젠테이션 설득의 기술≫은 내 책 ≪영혼을 위한 닭고기 수프≫와 훌륭한 짝을 이룬다. 더 나은 삶을 살겠다는 꿈을 실현시킬 수 있는 실제적인 방법을 구체적으로 알려주는 책이기 때문이다. 테리는 원하는 것을 얻기 위해 우리가 해야 할 일들을 구체적으로 보여주고 있다. 즉, 설득력 있게 논리를 펴고 자신의 주장을 전달하는 방법을 가르쳐준다. 곳곳에 그녀의 재치와 식견이 배어 있는 이 책은 독자들이 원하는 목적지에 도달할 수 있게 도와주는 좋은 안내서가 될 것이다. 또한 더 나은 삶을 살겠다고 용기를 낸 모든 사람들에게 개인적인 목표에 도달하기 위해 자신을 더 잘 판매할 수 있는 기술을 알려주는 소중한 지침서이다.

나는 아홉 살 때 처음으로 무엇인가를 팔아보았다. 당시 나는 친구들에게 놀림의 대상일 만큼 어수룩했다. 그런 내가 처음으로 팔기로 한 물건은 연하장이었다. 장사를 시작하기 전날 밤, 반짝반짝 윤이 나는 빨간 자전거를 살 수 있을 것이라는 기대에 부풀어서 나는 잠을 이루지 못했다. 아버지에게 갖고 싶다고 졸랐다가 스스로 비용을 마련해보라고 핀잔만 들었던 자전거였다. 그것이 내가 연하장 장사에 나서게 된 동기였다. 그 정도면 '좋은 동기'가 되었으리라고 말하는 사람이 있을지도 모르겠다. 분명히 동기가 유발되기는 했지만 세일즈 기술에 관해서는 백지상태였다. 내가 받은 훈련은 어머니가 해준 조언 한 마디가 전부였다. 어머니는 '자신 있게 웃어라'라고 말했을 뿐이다. 쓸 만한 조언이기는 하지만, 세일즈 기술에 대한 조언은 아니었다. 게다가 당시는 이런 책도 없던 시절이다. 만일 이런 책이 있었다면 나는 어린 나이에 미국 최고의 연하장 판매상으로 성공했을지 모른다. 우리 아이들에게 더 효과적으로 말하고 판매하는 방법을 가르친다면 어떻게 될지 상상해보라. 분명 그들은 자신의 잠재력을 한층 효과적으로 사용하게 될 것이다.

　　모든 사람은 설득하는 방법과 우아하게 자신의 의견을 전달하는 방법을 배워야 할 필요가 있다. 우리는 누구나 무언가를 팔아야 하기 때문이다. 우리는 매일 자기 자신과 자신이 제공하는 서비스를 팔면서 살아간다. 무엇을 팔든 판매기술이 뛰어난 사람이 훨씬 자신감 있는 태도를 보이며, 자신에 대해 자부심과 긍정적인 생각을 가질 수 있다. 이것이야말로 인생에서 가장 필요한 요소들이다. 나는 인생이 두 가지로 이루어진다고 배웠다. 바로 관계와 커뮤니케이션이다. 이 두 가지에 통달한 사람의 삶은 아름답고 원만하게 굴러간다. 반대로 이 두 가지를 제대로 익히지 못하면 뒤이어 일어나는 문제들을 해결하느라 생각했던 것보다 훨씬 많은 시간을 낭비한다. 이 책은 이 두 가지 중요한 영역을 발전시키는 데 필요한 도구들을 제공해준다.

　　테리는 판매술과 화술 사이의 중요한 관계를 명확하게 설명해준다. 말을 어떻게 하느냐에 따라 상대방의 영혼 깊숙한 곳까지 건드려서 그들의 진정한 잠재력을 깨울 수 있다. 그러므로 상대방을 감동시킬 줄 아는 훌륭한 화술과 판매술을 익힌다면 대단한 힘을 얻는 셈이다. 사람을 설득할 수 있는 그 두 가지를 잘 활용하면, 우리의 삶에 도움을 줄 수 있는 사람들을 쉽게 움직일 수 있다. 이 책을 통해서 두 가지 기술, 즉 프로답게 말하는 방법과 판매하는 방법을 배우기 바란다. 이 책을 읽음으로써 당신은 기본적인 생존에 필요한 모든 욕구를 충분히 충족시킬 수 있게 될 것이다. 뿐만 아니라 가능하다고 생각했던 것보다 훨씬 많은 일들을 해낼 수 있는 능력을 얻게 될 것이다.

　　최근 전세계 경제가 위축되면서 그 어느 때보다도 더 많은 노력을 해야 살 수 있는 세상, 과거의 위업에 자만하지 않고 더 큰 일들을 이루려고 노력해야만 살 수 있는 세상이 되었다. 과거의 업적과 상관없이 항상 더 좋은 아이디어, 더 큰 목표가 존재하며, 실적을 올리기 위해 협력을 구할 수 있는 더 큰 영향력을 행사하는 파트너가 얼마든지 있다. 주위를 둘러보면 해야 할 일들은 무궁무진하다. 자신의 아이디어를 판매하는 기술을 배운다면 이런 일들이 가능해짐과 동시에 알지 못했던 잠재력까지 이용할 수 있을 것이다. 그리고 결과적으로 더 나은 세상을 건설하여 자손들에게 자랑스럽게 물려줄 수 있을 것이다.

마크 빅터 한센(Mark Victor Hansen)

차례

노력하면 당신도 멋진 프레젠터가 될 수 있다!

현명한 사람은 다른 사람의 실수를 보고 자신의 실수를 고친다.

–푸블릴리우스 시루스(Publilius Syrus)

조금만 연습하면 당신도 자신을 멋지게 표현할 수 있다. 멋진 프레젠테이션을 할 수 있는 것이다. 사람마다 타고난 능력에 차이가 있긴 하지만, 훌륭하게 말하는 기술은 누구나 연습하면 배울 수 있다. 그러므로 어느 한순간을 기준으로 자신에게 그런 재능이 있거나 없다고 성급하게 판단하지 마라. 당신 역시 배울 수 있다!

이 책은 새로운 시대의 요구에 맞게 프레젠테이션을 하고 자신을 판매하는 방법을 중점적으로 소개한다. 먼저, 사람들이 프레젠테이션에서 가장 일반적으로 저지르는 실수들을 살펴볼 것이다. 그러나 실수를 지적하는 데서 그치지 않고 그것을 극복하여 더 효과적인 프레젠테이션을 구상하고 전달하는 방법까지 제시할 것이다. 또한 어떤 종류의 정보를 사용해야 효과적인지 판단할 수 있도록 각 정보를 시기적절하고 유쾌하게 전달하는 방법도 알아볼 것이다. 프레젠테이션을 더 즐겁게 이끌수록 청중은 더 많은 정보를 흡수하며, 결과적으로 당신이 제시하는 행동을 받아들일 가능성이 더 커진다.

세일즈 전문가는 후천적인 노력으로 만들어진다

최고의 세일즈 전문가는 설득력이 가장 뛰어난 사람이다. 그러나 이런 재능이 선천적으로 타고난 것이라고 믿는다면 오산이다. 뛰어난 설득력은 노력의 산물이기 때문이다. 세일즈 전문가는 타고나는 것이 아니라 노력으로 만들어진다! 사람들은 천부적으로 판매술이 좋은 사람을 묘사할 때 "그 사람은 에스키모에게 얼음을 팔 수 있을 정도야." 혹은 "그는 새를 나무에서 내려오게 만들 수 있는 사람이야."같은 표현을 쓴다. 그런 판매술은 오로지 훈련을 통해 얻어진다. 프레젠테이션 전문가 역시 타고나는 것이 아니라 훈련으로 다듬어지는 것이다!

당신은 다른 사업가 혹은 전문가들과 마찬가지로 경력을 더 발전시키고 수입을 늘릴 수 있는 기회를 끊임없이 노리고 있을 것이다. 그리고 때로 인생의 목표를 설정하기도 하지만 어떻게 해야 그 목표에 도달할 수 있는지를 모를 것이다. 매년 꾸준한 상승세를 유지하고 있는 사람이라도 판촉행사를 하면, 혹은 심지어 업종을 바꾸면 수입이 더 늘어날 것으로 생각한다. 당신의 기술이 최고 수준이라도 때로 당신보다 능력이 못한 다른 사람에게 좋은 기회를 빼앗길 수 있다. 기회를 잡느냐 놓치느냐의 차이는 자신이나 자신의 아이디어를 판매하는 능력의 차이에서 온다.

당신이 가능한 모든 정보를 입수하여 그 가운데서 중요한 부분만을 뽑아낼 수 있다면, 또 그 정보들을 바탕으로 고객의 행동을 유도할 수 있다면 당신은 경쟁자들보다 앞서 나갈 수 있다. 왜냐하면 대부분의 사람들이 훈련과 기술이 부족하여 프레젠테이션을 두려워하기 때문이다. 당신에게 훌륭한 프레젠테이션 기술이 있음을 널리 알리고 그것을 효과적으로 이용한다면 앞으로 많은 기회의 문이 열릴 것이다.

모두가 무언가를 팔면서 살아간다

기업의 중역, 기술자, 소방관, 교사, 혹은 세일즈맨 등, 그 어떤 직업에 종사하더라도 성공과 경제적인 안정을 누리려면 사람들에게 당신을 믿고 당신의 말대로 행동하도록 설득하는 능력이 필요하다. 어떤 직업이든 결국은 무언가를 파는 것이다. 직장생활을 하다 보면 종종 자신이나 자신의 아이디어를 팔아야 하는 경우가 생긴다. 직장을 구하기 위해 면접을 볼 때도 자신을 팔아야 한다. 즉, 모든 사람이 물건 혹은 서비스, 철학, 아이디어를 팔면서 살아가는 것이다!

내가 보기에 판매적응력 혹은 판촉성향이 가장 약한 집단은 기술자들이다. 그들은 사람들에게 옳은 선택을 유도하기 위해 '사실, 숫자, 기술'에 의존하는 경향이 있다. 하지만 그들 역시 판매를 해야 한다. 예컨대 이사회, 사장, 혹은 상관에게 어떤 프로젝트에 더 많은 비용이나 추가지원, 혹은 더 많은 시간을 달라고 요구하려면 진행하고 있는 프로젝트가 왜 중요한지 이해시켜야 한다. 다시 말해 프로젝트를 팔아야 하는 것이다.

현대의 가장 일반적인 판매형태는 구직현장에서 찾아볼 수 있다. 예컨대 심층면접을 통과해야 하는 소방관들은 같은 자리를 지원한 수많은 지원자들 가운데서 자신이 선발되어야 하는 그럴듯한 이유를 제시하여 면접관을 설득해야 한다. 즉, 자신이 그 부서에 배치되어야 하는 이유를 설명할 수 있어야 한다는 말이다. 그리고 최고지휘관에 오르는 그날까지 진급시험을 볼 때마다 매번 같은 과정을 되풀이한다. 대학생 인턴십에 지원하거나 첫 직장을 구할 때도 자신과 자신의 아이디어를 파는 방법을 알아야 유리하다. 요컨대 일단 면접실 안으로 들어가면 면접관들이 당신에게 호감을 갖도록 설득해야 하는 것이다.

프레젠테이션도 기술이 필요하다

영업직 종사자들은 물론이고 사업가나 여타 분야에 종사하는 전문가들도 반드시 이 책을 읽어보기 바란다. 혹시 이 책이 초보적인 수준의 판매술을 다루고 있다고 느끼는 사람도 있을지 모르겠다. 그런데 안타깝게도 많은 세일즈맨들이 중요한 프레젠테이션 기술은 거의 훈련받지 못한 채 현장에 파견된다. 그들은 본인 스스로나 고객들이 제품에 대해 알고 싶어하는 것보다 훨씬 많은 양의 정보를 갖고 현장으로 나간다. 그러나 정보는 많지만 그것을 효과적으로 전달하고 상대를 설득하는 기술은 부족하다. 세일즈맨 교육은 회사의 창립과 성장사를 비디오 등 각종 화려한 매체를 통해 보여준 다음 주문양식 작성법을 가르치는 정도로 끝난다. 솔직히 이 정도의 교육만 받고 현장으로 나서야 하는 세일즈맨들이 허다하다. 때문에 그들은 스스로 헤엄치는 법을 익혀야 한다. 그렇지 않으면 익사할 수밖에 없다.

제도 교육 체계 안에서는 자신을 판매하거나 상품이나 서비스를 판매하는 능력을 그리 중요하게 다루지 않기 때문에, 이를 갖추지 못한 채 학교를 졸업하는 사람들이 대부분이다. 그러므로 세일즈 기술에 대해 새로이 교육을 받아야 하는 경우가 허다하다. 하지만 세일즈맨 스스로가 정보를 전달하여 고객의 행동을 유도하는 일에 자신감을 갖지 못한다면 문제가 아닐 수 없다.

설득하는 능력을 개발하고 활용해야 한다

세일즈맨은 설득하는 방법을 알아야 한다. 그리고 힘과 열정, 창조력을 발휘하여 적정한 시기에 구매를 유도할 줄 알아야 유능한 세일즈맨이다. 이 책은 그런 능력을 개발하고 활용하는 방법을 알려준다. 이 책을 만나고 나면 당신은 모든 기회를 최대한 활용할 수 있게 될 것이다. 요컨대 판매의 기본 기술을 한층 세련되게 다듬을 수 있을 것이다. 이미 그 단계를 익힌 사람이라면 다음 단계로 넘어갈 준비를 해도 좋다. 당신은 머지않아 더 균형 잡히고 더 뛰어나게, 더 효과적으로 말하고 프레젠테이션 하는 방법을 배우게 될 것이다.

이 책은 기업의 관리자, 교사, 공동체 자원봉사자를 막론하고 1대1로 프레젠테이션을 해야 하는 모든 사람에게 유용하다. 프레젠테이션 대상이 반드시 많은 청중이어야 할 필요는 없다. 한 사람을 상대로 설명을 해야 하는 경우도 자주 생긴다. 자신의 아이디어를 더 효과적으로 팔 수 있는 방법을 알고 싶다면 이 책을 읽기 바란다. 자신의 경력에 자부심을 느끼며, 아이디어를 설명할 수 있는 능력이 매우 중요한 판촉수단이라고 느끼는 사람이라면 이 책을 무척 유용하게 활용할 수 있을 것이다. 효과적인 대중연설능력은 현대의 모든 경영자들이 기본적으로 갖추어야 할 자질이다.

프레젠테이션을 할 때 저지르기 쉬운 아홉 가지 실수

이 책에 실려 있는 프레젠테이션 평가표를 활용하여 관리자들은 팀의 발전 정도를 가늠해볼 수 있다. 개인은 그 평가표를 자신의 기술향상 정도를 추정하는 평가도구로 활용해도 좋다. 한편 상세한 구성양식도 수록해 놓았는데, 이는 설득력 있는 프레젠테이션을 구상할 때 아주 유용하게 활용할 수 있는 자료이다. 거기에는, 발생할 수 있는 여러 상황들과 피해야 하는 실수도 상세히 지적해놓았다.

학교에서 상대방을 설득하는 토론의 원칙들을 배웠더라도 그것을 판매에 제대로 응용할 줄 아는 사람은 매우 드물다. 그런데 이 책은 메시지를 설득력 있게 전달하는 방법을 중점적으로 가르쳐주기 때문에 실생활에 바로 응용할 수 있다. 일반적인 프레젠테이션과 설득력 있는 프레젠테이션 사이에 큰 차이가 있다는 점은 누구나 인정한다. 사실 대중연설에 대해 말하는 책이 얼마나 많은가? 그리고 판매술에 관해 설명하는 책 역시 엄청나게 많다. 한편 당신은 상대방에게 전달할 많은 이야깃거리를 가지고 있다. 이 책은 그 이야기를 잘 전달하는 방법을 가르쳐줄 것이다. 그리고 연설능력이 뛰어난 연설가처럼 프레젠테이션 하는 방법과 당신만의 특수한 세일즈 프레젠테이션에 이 기술을 적용하는 방법도 알려준다.

프레젠테이션을 할 때 피해야 할 실수들을 살펴보면 프레젠테이션의 원칙들을 쉽게 깨달을 수 있을 것이다. 다음은 세일즈맨들이 가장 저지르기 쉬운 아홉 가지 실수이다. 이런 실수들을 피하기 위해 어떻게 해야 하는지 본문에서 살펴보기로 하자.

1. 즉흥적으로 말한다
2. 설득보다 정보제공에 치중한다
3. 시간을 제대로 활용하지 못한다
4. 충분한 증거를 제시하지 못한다
5. 판매로 연결시키지 못한다
6. 너무 지루하다

7. 시각적인 자료에 지나치게 의존한다

8. 손짓과 몸놀림이 산만하다

9. 복장이 부적절하다

두려움을 에너지로 변화시켜라

자신과 자신의 능력을 잘 표현하고 설득력 있는 세일즈맨이 되기 위해서는 몇 가지 장애물을 극복해야 한다. 그 가운데 가장 큰 것이 두려움이다. 조사 응답자들은 여러 사람들 앞에서 발표를 한다는 사실이 가장 두렵다고 답했다. 본문에서 두려움의 원인을 밝혀내어 그것을 에너지로 변화시키는 방법에 대해 설명할 것이다.

이미 프레젠테이션을 진행해본 경험이 있는 사람은 깊이 배어 있는 나쁜 습관을 고치기 위해 더 많은 노력을 해야 할지 모른다. 이런 습관을 자신의 개성일 뿐이라고 생각한다면 고치기 힘들다. 프레젠테이션 능력을 향상시킨다는 것은 자신의 목표를 상향조정하겠다는 의미와 일치한다. 그렇다면 되는 대로 하겠다는 안일한 태도는 버려야 마땅하다.

오랜 시간이 지난 후에도 기억에 남는 뛰어난 강사와, 절대 잊지 못할 만큼 형편없던 강사를 떠올려보라. 가장 쉽게 잊혀지는 사람은 누구인가? 대개 평범한 강의를 한 강사가 가장 쉽게 잊혀진다. 잘 짜여지고 설득력 있는 프레젠테이션을 진행하기는 힘들다. 그것이 쉽다면 누구나 그렇게 할 것이다. 뛰어난 프레젠테이션이 좋은 반응을 얻는 이유는 누구나 그렇게 할 수 없는 만큼 상대적으로 돋보이기 때문이다. 오래된 습관을 버리는 일이 쉽지는 않겠지만 자기계발이라 생각하고 극복하기 바란다.

자신감을 갖고 노력하라

당신은 이미 80%의 시간을 커뮤니케이션에 쓰고 있다. 당신도 배우기만 하면 뛰어나고 설득력 있는 프레젠테이션을 할 수 있다. 그러니 힘을 내자. 안타깝게도 커뮤니케이션 기술에 의존하는 사람들 대부분이 종종 자신이 프레젠테이션을 하고 있다는 사실을 인식하지 못한다. 예컨대 1대1 대화나 그룹을 상대로 하는 강연 역시 프레젠테이션의 일종이라는 사실을 인식하지 못하는 것이다. 그러나 대상이 한 명이든 백 명이든 당신이 무엇인가를 설명하고 있다면 그것이 바로 프레젠테이션이다.

실적을 향상시키겠다는 목표를 가지고 앞으로 나아가려고 결심하면 인생이 변하기 시작할 것이다. 이 책에서 설명하는 원칙들을 그대로 적용하면 짜임새 있고 화려하면서도 재미있어서 오래도록 기억에 남는 프레젠테이션을 할 수 있을 것이다. 그리고, 배웠지만 좀처럼 쓸 기회가 생기지 않았던 판매기술과 계약기술을 써먹을 수 있을 것이다. 더욱 중요한 사실은 당신의 아이디어나 물건을 파는 실력이 한층 향상될 것이라는 점이다(내 세미나에 참석하는 사람들 가운데에는 직업적인 기회들을 더 확실하게 이용해보겠다는 목적을 가진 사람들이 많다).

노력의 결과를 자신이 직접 조절하고 있다고 느끼면 더욱 의욕이 솟아날 것이다. 물론 세일즈 프레젠테이션에서 우리가 어떻게 할 수 없는 몇 가지 요소가 있긴 하다. 그러나 방법만 배운다면 변화시킬 수 있는 요소들도 상당히 많다. 우선 설득력 있는 주장을 하고, 더 좋은 사례와 일화를 수집하려고 노력하다 보면 일에 한층 재미를 느끼게 될 것이다.

청중에게 열정을 전달하라

훌륭한 프레젠테이션을 만드는 요소 가운데 하나는 열정이다. 열정은 진심에서 우러나오는 감정으로, 청중에게 '나는 지금 내가 얘기하고 있는 것을 진실로 믿고 있어요'라는 느낌을 전달하는 효과가 있다. 이것은 당신이 마음대로 활용할 수 있는 가장 설득력 있는 도구이기도 하다. 열의를 다하라. 열정은 다른 사람에게 쉽게 전염되는 감정이다. 열의를 전할 줄 아는 사람은 다른 사람들의 마음에 감동을 줄 수 있다. 존 F. 케네디(John F. Kennedy), 마틴 루터 킹(Dr. Martin Luther King), 로널드 레이건(Ronald Reagan), 콜린 파월(Colin Powell) 같은 커뮤니케이션의 천재들을 떠올려보라.

우선 프레젠테이션 하는 모든 내용을 자신이 믿어야 한다. 그러려면 열정이 필요하다. 그리고 유머와 극적인 효과가 가미된 일화, 사례, 개인적 경험을 더하면 프레젠테이션에 생기를 줄 수 있다.

열정을 전하는 데 필요한 기술은 얼마든지 배울 수 있다. 하지만 그러려면 먼저 그 대상을 느껴야 한다. 데일 카네기(Dale Carnegie)는 이렇게 말했다. "열정적으로 행동하라. 그러면 열정을 느낄 수 있다." 정말 그럴지도 모른다. 그 전에 일단 자신에게 정직해야 한다. 확신을 갖고 열정을 표현하려면 세 가지 믿음이 필요하다. 바로 제품, 회사, 그리고 자신에 대한 믿음이다. 이 세 가지 가운데 어느 하나가 빠져 있다면 그 점을 바꾸고 보완하라. 무엇이 당신에게 이 세 가지 요소에 대한 믿음을 줄지 찾아보라. 그런 다음 데일 카네기의 말처럼 열정적으로 행동하라. 본문에서, 당신이 이야기하고 있는 주제에 대해 스스로 느끼는 폭발적인 열정을 청중에게 그대로 전염시키는 기술을 훈련할 것이다.

홀륭한 프레젠테이션에는 독특한 맛이 있다. 얼버무리는 어투로 말한다면 누구도 감동시키지 못할 것이다. 텔레마케터로 일하는 한 남자는 어떤 여자고객에게 혹시 '자동응답기'가 아니냐는 질문을 받고 당황한 적이 있다고 고백했다. 그의 목소리에 얼마나 열의가 없었으면 자동응답기라는 오해를 받았을까? 나로서는 상상도 할 수 없는 일이다.

한 가지 프레젠테이션만을 기획한 다음 누구 앞에서든 똑같이 되풀이한다면 아주 쉬울 것이다. 하지만 그것은 단순한 숫자게임과 다를 바 없다. 숫자게임을 할 때는 몇 가지 대사만 말하면 된다. 그러나 임의적인 다양한 활동이 결합된 독특한 프레젠테이션과 비교해볼 때 그 결과는 상당히 다르다. 즉, 획일적인 프레젠테이션만 하는 사람은 미래를 예측할 수 없으며 금방 지쳐버릴 가능성이 크다.

열정은 세일즈에서 없어서는 안 될 요소다. 평균적으로 성인들이 하루에 직장에서 보내는 시간은 8시간 이상으로, 꽤 긴 시간이다. 이왕 그 시간 동안 무엇인가를 한다면, 그 일에 좀더 열정을 쏟는 편이 좋지 않은가? 찰스 킹즐리(Charles Kingsley)는, 사람들은 행복한 삶을 살기 위해 가장 필요한 조건이 안락과 호사라고 믿지만, 사실 열정을 갖게 해주는 대상만 있으면 행복해질 수 있다고 지적했다. 이 책은 당신이 열정을 갖고 프레젠테이션을 할 수 있도록 만들어줄 것이다. 프레젠테이션이 재미있어질수록 더 많은 사람들에게 호감을 줄 수 있으며, 결과적으로 더 많은 성과를 얻을 수 있다.

청중을 파악하고 그들에게 맞는 프레젠테이션을 하라

가끔 이런 질문을 받는다. "능력이 비슷한 두 사람이 있는데 한 사람은 많은 계약을 따내는 반면 다른 사람은 그렇지 못합니다. 두 사람 사이에 어떤 차이가 있을까요?" 나는 이렇게 대답한다. "그것은 대개 청중을 분석하여 그들의 스타일과 요구에 맞추어 프레젠테이션을 하는 능력의 차이에서 나옵니다."

청중에 대해 알고 있으면 프레젠테이션을 하는 데 큰 도움이 된다. 좋은 프레젠테이션을 하려면 청중이 될 개인이나 단체의 요구를 파악하고 그에 맞게 말을 조절하는 특별한 노력이 필요하다. 이것은 독특하고 기억에 남는 프레젠테이션을 하기 위해 아주 중요한 부분이다. 청중과 관련하여 더 자세한 내용은 본문에서 만나게 될 것이다.

설득력 있는 프레젠테이션을 하려면 우선 청중과 관련한 몇 가지 과제를 해결해야 한다. 그들의 요구, 믿음, 스타일에 꼭 들어맞는 프레젠테이션을 실시해야 한다는 말이다. 그러려면 철저한 준비가 필요하다. 청중의 특징을 미리 조사해서 파악하는 것은 기본이다. 그런데 이것이 불가능한 경우도 생긴다. 청중에 대해 미리 파악할 수 없는 상황이라면, 경험을 통해 대부분의 청중에게 효과가 있었다고 느낀 '표준' 프레젠테이션을 활용하는 수밖에 없다.

청중을 지루하게 만들지 마라

내가 진행하는 훈련프로그램에 참여하는 수강생들의 프레젠테이션 실습장면을 비디오카메라로 촬영한 다음 보여주면 대개 처음에는 이런 반응을 보인다.

"어머, 내가 저렇게 지루한 목소리로 말하는지 미처 몰랐어요!"

미안하지만 그들의 프레젠테이션은 솔직히 너무 따분하다. 왜 그럴까? 그들은 자신이 청중석에 앉아 있다면 어떨지 상상하면서 자신의 이야기를 들어본 적이 없기 때문이다. 당신이라면 당신의 말소리가 듣기 좋겠는가? 당신이라면 당신에게 설득당하겠는가? 당신이라면 당신에게 구매를 하겠는가?

그런데 놀랍게도 지루한 프레젠테이션을 하게 되는 또 다른 이유는 지루하든 말든 별로 상관없다는 생각에서 비롯된다. 자신의 회사가 유명하기 때문에 회사의 이름만으로 물건을 팔 수 있을 것이라고 생각하는 사람들이 있다. 또 자신의 역할이 팸플릿을 나누어주고 질문에 답하는 정도라고 믿는 사람도 있다. 효과적인 프레젠테이션을 하려면 그 이상의 것이 필요하다. 다시 말해 즐거움과 들을 만한 가치가 있어야 한다. 훌륭한 프레젠테이션을 하고 싶다면 자신이 대단한 상품을 팔고 있거나 자신의 회사가 대단한 회사라는 생각은 일찌감치 버리는 편이 좋다.

정보에만 지나치게 의존하지 마라

세일즈맨들과 함께 일하면서 우리가 찾아낸 첫 번째 문제는 그들이 대개 설득보다 정보전달에 비중을 둔 프레젠테이션을 진행한다는 점이다. 효과적인 세일즈 프레젠테이션은 당연히 설득력이 중요하다. 설득하려고 노력하지 않으면 강력한 호소력을 발휘할 수 없다.

그런데도 고객에게 충분한 정보를 제공하기만 하면 판매가 성사될 것이라 믿는 세일즈맨들도 있다. 모든 프레젠테이션의 기본 목표는 정보를 전달하는 것이 아니라 계약을 성사시키는 것이다. 즉, 프레젠테이션이 끝난 다음 주문을 받지 못하면 시간만 낭비한 셈이다. 그러므로 정보만 제공하고 계약으로 연결시키려는 노력을 등한시한다면 세일즈에 최선을 다하고 있다고 말할 수 없다. 이 책에서 설명하는 기술을 활용하면 당신도 계약으로 연결되는 설득력 있는 세일즈 프레젠테이션을 할 수 있을 것이다.

성실성을 표현하라

많은 사람들이 성실성을 표현하는 데 어려움을 느낀다. 하지만 누구나 배우면 그렇게 할 수 있다. 이 책은 대중을 속이려는 교활한 사기꾼들을 위한 책이 아니다. 자신이 파는 상품에 대해 솔직하게, 그러나 메시지를 더 잘 전달할 수 있는 방법을 찾는 사람들을 위한 책이다. 이 책은 프레젠테이션을 하는 사람이 스스로 조절할 수 있는 요소들을 중점적으로 다루고 있다. 적절한 타이밍을 포착하는 것과 프레젠테이션 구성방법 역시 중요한 요소다. 이 책은 당신에게 간접적인 경험을 쌓게 해줄 것이다. 다시 말해, 실제로 프레젠테이션을 진행하기 전에 집에서 연습을 통해 기술을 향상시킬 수 있도록 돕는 것이 이 책의 목적이다. 그렇게 함으로써 당신은 더욱 효과적으로 의사소통하는 방법을 배울 수 있을 것이다.

프레젠테이션을 참신하게 만들어라

우리가 인식하지 못하는 사이에 시대가 변하고, 경제가 변하며, 비즈니스가 변한다. 우리의 프레젠테이션도 그 시대와 문화의 영향을 받을 뿐 아니라, 시장과 청중이 요구하는 것의 변화에 맞추어 지속적으로 변화해야 한다. 계속 촉각을 세우고 시장의 변화에 맞춰 프레젠테이션을 변화시키지 않으면 기회를 놓칠 수밖에 없다. 변화를 따라가지 못하는 사람은 후퇴한다. 현대의 시장은 과거와 달라서 다양한 전략을 구사하지 않으면 경쟁에서 이길 수 없다. 고객들과 향후 10년 이상 거래를 유지하기를 원하는 세일즈맨이라면 세련된 느낌과 신뢰감을 줄 수 있어야 하며, 특히 설득력 있는 프레젠테이션을 구사하는 능력이 필요하다.

이런 프레젠테이션 기술은 판매신장의 중요한 열쇠다. 컴퓨터그래픽과 정교한 시청각자료를 사용하여 마케팅 목적에 일치하는 정교한 프레젠테이션을 선보인다면 고객들에게 특별한 인상을 심어줄 수 있을 것이다. 프로 세일즈맨은 상품을 보여주기 위해 사용하는 매체의 그림자 뒤에 숨거나 한쪽 옆으로 밀려나 앉는 일이 없다. 세일즈맨은 리더가 되어야 하며, 어느 프레젠테이션에서나 관심의 중심에 서야한다.

잘못된 프레젠테이션 습관을 버려라

설득력 있는 커뮤니케이션의 정교한 기술을 배우려면 새로운 기술을 습득해야 한다. 그러나 잘못된 습관을 버리는 일이 급선무다. 예컨대 사람들에게 지나치게 많은 정보를 제공하는 습관부터 버리기 바란다. 또한 완고하거나 교묘한 거절을 극복하는 방법을 배워야 한다. 우선 자신의 프레젠테이션을 살펴보라. '결과적으로 어떻게 해야겠다'는 결론을 찾을 수 없는 프레젠테이션이라면, 당신은 너무 많은 정보를 제공하는 데 치중하고 있을 것이다. 그런 프레젠테이션은 고객을 원하는 행동으로 유도할 수 없다.

고객의 결정에 영향을 미칠 수 있도록 정보를 활용하라

벤자민 프랭클린(Benjamin Franklin)은 어떤 것이든 10%만 새로우면 혁신이 된다고 말했다. 오늘날 참신하고 혁신적이면서 색다른 프레젠테이션을 진행하는 새로운 방법이 있다. 나는 현대의 세일즈 훈련이 갖고 있는 문제 가운데 하나가 판매의 두 가지 형태 혹은 접근방식인 '자문형 판매(consultative selling)'와 '가치부가형 판매(value-added selling)'를 지나치게 강조하고 오해하는 데서 온다고 생각한다. 자문형 판매는 판매과정으로 고객을 유도하는 동안 세일즈맨이 상담사의 역할을 수행하는 형태를 말한다. 가치부가형 판매는 상품에 특별한 장점을 추가하거나 서비스를 추가로 제공하여 구매의욕을 높여주는 행위를 말한다. 문제는, 많은 이들이 이것을 이전보다 더 많은 정보를 제공해야 하는 것으로 오해한다는 사실이다.

이 외에도 현대에 폭발적인 수준으로 증가하고 있는 정보의 양과 인터넷의 발달, 그리고 경쟁의 증가가 오늘날 세일즈맨의 역할에 큰 영향을 미친다. 세계화의 시대가 도래하면서 시장은 더 세분화되고 경쟁의 압박도 점점 가중되고 있다. 세일즈맨은 이 모든 정보를 어떻게 압축, 전달하여 청중을 설득할 수 있을지 고민에 빠질 수밖에 없다.

두세 시간 동안 프레젠테이션이 진행되는 동안, 고객들에게 정작 왜 무엇을 해야 하는지 설득하는 데 시간을 할애하는 세일즈맨은 거의 찾아보기 힘들다. 이 책을 읽고 나면, 모든 필요한 정보를 찾고 분별하여 프레젠테이션 할 수 있을 뿐 아니라 고객과 의사결정자에게 민감하게 영향을 미칠 수 있는 적당한 타이밍을 찾아낼 수 있을 것이다. 수젯 헤이든 엘진(Suzette Haden Elgin)은 저서 ≪직장에서 말로 자신을 방어하는 점잖은 방법(The Gentle Art of Verbal Self-Defense)≫에서 이렇게 조언한다. "연설이든 프레젠테이션이든 20분을 넘기면 안 된다." 청중이 집중할 수 있는 시간의 한계가 겨우 그 정도이기 때문이다. 물론 판매주기와 판매환경에 따라 예외가 생기기도 한다. 하지만 앞으로 프레젠테이션을 계획할 때는 이 점을 반드시 고려하기 바란다.

논리적이고 설득력 있는 세일즈 프레젠테이션 기법을 익히고 나면 자신감까지 함께 높아진다. 프로 세일즈맨이라면 고객을 설득하기 위해서라도 속임수나 사기행위는 절대 하지 말아야 한다. 그래야 더욱 자신감이 솟아서 믿음직스럽다는 인상을 줄 수 있다. 그 결과 세일즈맨은 잠재고객에게 조언을 할 수 있는 입장에 서서 구매결정을 내리도록 고객을 유도할 수 있다.

고객에게 '거절하면 불이익'이라는 인상을 주라

새 시대의 프로 세일즈맨은 정직과 성실함 외에도 잠재고객의 마음속에 상품에 대한 요구가 생기도록 만드는 능력을 겸비해야 한다. 그러기 위해서는 자신의 설득력을 한층 강화시켜줄 도구가 필요하다. 소비자들이 점점 약아지고 있기 때문에 세일즈맨은 소비자에게 상품을 구입하지 않으면 '불이익'이라는 느낌을 줄 방법을 찾아야 한다. Chapter 3에서 이 설득방법에 대해 더 자세히 알아보도록 하겠다.

불이익이란 잠재고객이 당신의 상품이나 서비스를 구매하지 않거나 당신에게 협조하지 않을 경우 경험하게 될지 모르는 바람직하지 않은 결과를 말한다. 하지만 이는 자칫 속임수처럼 들릴 우려가 있으니 위협적인 어조가 되지 않도록 각별히 신경 쓸 필요가 있다. 지금까지 정립해놓은 성실한 이미지가 무너지지 않으려면 납득 가능한 이유를 델 수 있어야 한다.

판매의 4단계

설득적인 프레젠테이션의 구체적인 기술을 살펴보기 전에 판매를 구성하는 네 가지 기본요소부터 알아보도록 하자.

1. 잠재고객 유인하기
2. 잠재고객의 흥미 자극하기
3. 잠재고객에게 확신 주기
4. 판매계약 맺기

이런 전개과정이 매우 중요하다. 이때 기억해둘 점은, 네 가지 단계가 서로 별개이며 각 단계마다 잠재고객에게 변화를 요구하고 있다는 사실이다. 만일 정보만 제공한다면, 고객에게 일시적인 흥미는 줄 수 있을지 몰라도 정작 필요한 변화를 받아들이도록 유도하는 데는 실패할 것이다.

당신은 판매계약을 맺기 위해 고객에게 단순한 흥미 이상의 반응을 유도하는 데 필요한 모든 기술을 배우게 될 것이다. 당신과 가족, 고용주, 그리고 고객 모두에게 큰 만족을 가져다줄 과정을 학습하는 데 이 책이 좋은 길잡이가 되기를 바란다.

01

판매화술

판매술, 화술, 둘 사이의 조화

당신이 할 수 있거나 하고 싶은 일을 시작하라. 대담함 속에 뛰어난 재능과 힘, 그리고 마술이 숨어 있다. – 요한 폰 괴테(Johann von Goethe)

세익스피어는 '세상은 연극무대'라고 했다. 그런 관점에서 보자면 세일즈맨은 세상에서 가장 특별한 관람객, 즉 고객 앞에서 연극을 하는 셈이다. 그런데 그는 쇼를 먼저 보여준 다음 공연료를 받는다. 그 사이에 당신이 어떻게 말을 하느냐에 따라 고객들은 당신에게 관람료를 지불할지 말지를 결정한다.

사람은 누구나 세일즈맨이다

우리는 모두 무언가를 팔면서 살아간다. 졸업생은 첫 직장을 구하기 위해 자신을 팔고, 기업가는 투자자들에게 자신을 팔며, CEO는 기업공개에 앞서 회사의 능력을 팔아야 한다. 또 지역사회 거주자들은 시의회에 자신의 아이디어를 팔기도 한다. 그 외에도 교사들은 학생들에게 교육을 받고 새로운 지식을 습득하는 것이 얼마나 가치 있는 일인지 설득하고, 정육점 주인은 손님에게 선택한 고기의 어느 부위를 고르면 좋다고 설득한다. 어느 경우든 우리는 스스로 깨닫지 못하는 사이에 설득적인 대화를 하고 있는 것이다. 그리고 판매를 위해 소비하는 시간 가운데 75% 정도를 커뮤니케이션에 치중한다.

당신은 자신을 타고난 연설가라고 생각하는가? 아마도 그렇지 않을 것이다. 당신은 프레젠테이션을 듣고 있는 청중보다 오히려 더 따분하고 말이 없는 사람일지 모른다. 한 조사에 따르면, 사람들이 가장 두려워하는 일이 바로 대중 앞에서 말을 하는 것이라고 한다. 그런데 우리는 하루 대부분의 시간을 어떻게 보내는가? 고객 앞에서 프레젠테이션 하기, 다시 말해 생각하고 싶지도 않은 두려운 행동을 하면서 보내고 있다. 그리고 전화통화든, 1대1 대화든, 소그룹 앞에서 하는 프레젠테이션이든, 메시지를 명확하고 성실하게 전달하려면 자신의 화술에 의존하는 수밖에 없다.

프레젠테이션 기술이 중요한 까닭은?

연설능력과 메시지 전달기술은 기업의 관리자들이 갖춰야 하는 기본적인 자질일 뿐 아니라 사업에서 성패를 좌우하는 주된 요인이다. 그럼에도 많은 사람들이 프레젠테이션 기술의 중요성을 과소평가하는 경향이 있다. 어떤 이들은 이렇게 말할 것이다. "나는 초등학교 시절부터 사람들 앞에서 수많은 발표를 하며 자랐어요. 그러니 프레젠테이션 정도는 문제도 아니지요." 이렇게 말하는 사람도 있을 것이다. "나는 대학교에서 대중연설 과목을 이수했어요. 한마디로 연설이라면 일가견이 있죠." 또 지역의 기업연합회에서 말하기 훈련을 받아본 사람도 있을 것이다. 이런 모든 경험이 의미가 있고 효과가 있는 것은 사실이지만, 우리를 새로운 경지로 끌어올려주지는 못한다.

　시장은 계속해서 변화하며, 세일즈맨에게 새로운 도전과제를 끊임없이 제시한다. 시장의 경쟁은 매우 치열하며, 고객들은 세일즈 프레젠테이션을 오락삼아 듣지 않는다. 고객들은 결정을 내리기까지 많게는 다섯 명의 공급자들을 두루 비교하기도 한다. 그들이 실제로 구매하는 대상은 최상의 만족을 줄 수 있는 세일즈맨이다. 고객들이 원하는 것은 흔히 최저가격이 아니라 가장 만족을 얻을 수 있는 상품이라고 보아야 옳다. 그 상품은 당신이 될 수도 있고, 제품, 서비스, 철학, 혹은 아이디어가 될 수도 있다.

고객들이 정보를 바탕으로 어떤 결정을 내리도록 유도할 수 있는 사람은 세일즈맨밖에 없다. 카리스마가 넘치고 신뢰할 만한 프레젠테이션을 할 줄 아는, 다시 말해 가장 강력한 사실이 뒷받침된 최상의 주장을 펼 줄 아는 세일즈맨이 최상의 가치를 제공하는 사람으로 인식될 것이다. 사람들은 마음에 드는 세일즈맨과 거래하기 위해 더 많은 돈을 쓰기도 하며, 마음에 들지 않는 세일즈맨과는 아무리 싼 가격이라도 거래하기를 거부한다. 이런 경우 비용의 차이는 중요하지 않은 것이다.

가치를 인식시켜야 한다

구매에 있어 중요한 것은 가치를 인식하는 것이다. 고객이 당신의 프레젠테이션을 효과적이라고, 혹은 당신의 상품이나 서비스가 가치 있다고 인정해야 한다. 단순히 정보를 제공하는 행위는 경쟁자들도 모두 하고 있는 일이다. 그리고 그것은 판매활동이 아니다. 정보의 제공에 치중한 프레젠테이션은 고객에게 반드시 계약을 해야겠다는 절박한 느낌을 주지 못한다. 당신에게는 단순히 정보를 제공하는 것이 더 편하게 느껴질지 모른다. 왜 그럴까? 정보만 배포할 경우 "싫어요."라는 거절의 말을 들을 필요가 없다고 생각하기 때문이다.

설득적으로 말하는 방법을 배워야 한다

사람들 앞에서 설득적으로 말하는 기술은 얼마든지 배울 수 있다. 효과적인 연설의 구성원칙과 토론전략을 세일즈 프레젠테이션에 그대로 적용하면 된다. 즉, 미국 대학의 연설학과에서 배울 수 있는 엄격한 원칙을 프로 세일즈맨들의 변화무쌍하고 매혹적인 세계에 결합시키는 것이다. 이것은 우리가 조절할 수 있는 요소들 가운데 '자기 자신'이 가장 중요하다는 확신을 갖게 만드는 일이기도 하다. 이것은 우리가 말하는 내용을 신뢰하게 만들고, 무엇보다 우리를 차별화할 수 있게 하는 방법이다. 이 주제는 Chapter 3에서 자세히 살펴볼 것이다.

비공식적으로 이루어진 한 조사에 의하면, 쇼가 시작되고 30초 안에 좋은 인상을 심어줄 수 있어야 성공가능성이 있다고 한다. 30초는 정말 짧은 순간이다. 1대1로 프레젠테이션을 하는 경우라면 보통 5분 내에 좋은 인상을 주어야 한다. 그것 역시 짧은 시간이다. 당신이 프레젠테이션을 진행하는 동안 청중은 당신에게 호감이 가는지 안 가는지 판단한다. 이것은 우리의 전문지식을 갖고는 어떻게 해볼 도리가 없는 요소이다.

사람들은 종종 진실이 아닌 것을 믿으려는 경향이 있다. 매일 사람들은 당신의 연설능력과 프레젠테이션 기술을 근거로 당신과 거래할지 말

지를 결정할 것이다. 당신은 예리한가? 발음이 명확한가? 당신의 메시지
는 고객을 끌어당기는가? 그 메시지를 듣고 고객들은 당신의 말에 귀를
기울일 필요가 있다고 느끼는가? 혹은 아주 지루해하는가?

쓰리 투 파이브 컴퍼니 원칙

잠재고객과 이야기를 나누다 보면 당신의 상품과 경쟁을 벌이는 제품들
이 있다는 사실을 느끼는 경우가 있다. 당신이 다른 누구보다 먼저 1루를
밟으려면, 잠재고객이 당신을 주목하며 당신이 말하는 내용에 귀를 기울
이게 만들어야 한다. 먼저 홈에 들어가려면, 고객이 예전에 만족했던 경
쟁상품보다 당신과 당신의 상품이 더 우수하다고 인정받아야 한다.

분명히 거기에는 경쟁이 존재한다. 그런 경쟁을 유도하는 것은 바로
잠재고객이다. 고객은 세일즈맨들의 경쟁이 자신에게 이득이 되기 때문
에 그것을 이용하려고 한다. 신중한 고객은 최종적으로 선택을 하기 전
에 종종 3~5개의 기업을 비교해본다. 우리는 이것을 '쓰리 투 파이브 컴
퍼니 원칙(Three-to-Five-Company Rule)' 이라고 부른다. 만일 당신의 프레
젠테이션이 잠재고객이 들은 첫 프레젠테이션이라면 그는 시장을 조사
하기 위해 충분한 시간을 가지면서 구매결정을 유보할 것이다. 고객이
당신의 프레젠테이션을 가장 처음 들었다면, 그는 당신이 말한 내용을
다른 기업의 세일즈맨이 말한 내용과 일일이 비교하고 싶어할 것이다.
어떤 경우든 당신의 프레젠테이션은 비교평가를 받는다. 그리고 당신도
마찬가지다.

　나는 늘 잠재고객으로 하여금 다른 누군가와 손을 잡을지 말지 여부를 내 앞에서 바로 결정하도록 만들려고 노력한다. 내가 그렇게 하지 않으면 고객들은 분명 자신들의 방식대로 우리를 탐색할 것이다. 고객에게 결정을 요구하면 그렇지 않을 때보다 더 설득력과 경쟁력을 갖게 된다.

사람들이 구매하는 것은 그것을 파는 '사람'이다

내가 많이 받는 질문 가운데 하나는 이것이다. "테리, 나는 '기초'는 알겠어요. 하지만 어떻게 '말'을 해야 하죠?" 이런 질문을 하는 사람은 상위 20%에 들어갈 수 있는 바른 길을 가고 있다는 증거다. 이런 사람은 큰 성공과 평범함을 가르는 요소가 자신이 설명하고 있는 상품이나 기업이 아니라 바로 자신의 행동이라는 사실을 잘 안다.

　부동산사업의 경우를 예로 들어보자. 이는 잠재고객의 선택에 세일즈맨이 얼마나 큰 영향을 미칠 수 있는지를 설명해주는 예다. 당신이 집을 팔고 싶어한다고 가정하자. 당신은 거래할 부동산회사를 선정하기 위해 쓰리 투 파이브 컴퍼니 원칙을 적용해서 여러 부동산회사를 부를 것이다. 각 회사에서 파견한 중개업자들이 당신의 집을 방문하여 자신들이 제공할 수 있는 서비스를 설명하고 계약후보자 명단에 들어가려 애쓸 것이다. 각 회사는 6%의 커미션을 조건으로 다중매물등록 서비스(Multiple Listing Service)에 당신의 집을 올리겠다고 제안한다. 당신의 이웃집을 팔았던 업체는 자기 회사에 소속된 모든 세일즈맨과 중개업자를 계속해서 보낸다. 자연스럽게 당신은 다른 회사에도 같은 것을 원하게 된다. 세 명의 중개업자는 당신에게 자신들도 똑같은 서비스를 제공하겠다고 약속한다. 만일 그들에게 토요일과 일요일에 집에 와달라고 부탁하면 당연히 그들은 승낙할 것이다.

세 번째 중개업자가 프레젠테이션을 끝내고 떠났다. 당신은 자리에 앉아서 어떤 업체가 가장 나은 프로그램을 갖고 있는지 평가하기 시작한다. 각 업체의 프로그램에 어떤 차이가 있는가? 한참 고민하던 끝에 한 가지 진실을 발견한다. 바로 '그들 사이에는 아무런 차이가 없다!'는 사실이다. 각 업체는 어떻게 시작해야 하는지 잘 알고 있다. 또 자신들이 제공할 수 있는 특징과 혜택을 프레젠테이션 했다.

그들 사이에 한 가지 작은 차이가 있긴 하다. 각 업체가 파견한 사람들이 만들어내는 사소한 차이 말이다. 그렇다면 당신은 어떻게 하겠는가? 보통 가장 마음에 드는 사람을 고를 것이다. 당신을 위해 가장 힘든 일을 해줄 것 같은 사람, 최상의 거래를 만들어줄 것 같은 사람. 이런 일은 1년 내내 반복된다. 요컨대 사람들은 상품을 판매하는 사람을 보고 상품을 고르는 경우가 많다. 사람들이 구매하는 것은 바로 그것을 파는 사람이다. 데일 카네기(Dale Carnegie)가 쓴 ≪카네기 인간관계론(How to Win Friends and Influence People)≫을 꼭 읽어보기 바란다. 이 문제에 대해서 처음으로 다룬 책이다.

프레젠테이션이 바로 당신의 얼굴이다

이제 당신은 이렇게 말할지 모른다. "지금 그대로의 모습이 바로 나예요. 그리고 나는 변할 수 없어요. 사람들이 이런 내 모습을 좋아하지 않더라도 어쩔 수 없죠." 다른 사람이 되어야 할 필요는 없다. 단, 항상 자신에게 진실해야 한다. 사람들은 당신의 말과 행동을 보고 당신에게 호감을 갖는다. 세일즈맨으로서 당신에 대한 평가는 당신이 진행하는 프레젠테이션을 바탕으로 이루어진다.

그렇다면 당신은 생기 없고 더듬거리며 지루한 프레젠테이션을 하고 싶은가? 아니면 열정적이고 체계적이면서 설득력 있는 프레젠테이션을 하고 싶은가? 당신이 진행하는 프레젠테이션이 바로 당신이다. 잠재고객이 당신에 대해 기억하게 되는 부분은 바로 프레젠테이션뿐이다. 기억을 남기는 데 실패하면 그대로 잊혀진다. 최고 수준의 프로 세일즈맨들은 기억에 오래 남는 프레젠테이션을 할 줄 안다. 그들은 기초는 물론 말을 하는 방법까지 알고 있다.

당신이 공식적인 프레젠테이션을 시작하기도 전에 이미 판매과정이 시작된다는 점을 명심하기 바란다. 잠재고객의 문을 여는 순간부터 이미 판매가 시작되는 것이다. 또한 회사 내에서 당신이 어떤 역할을 할 수 있는지를 효과적으로 설명할 줄 안다면 상사는 당신을 중요한 자리에 임명할지도 모른다.

흰 장미로 닫힌 문을 열다

1987년, 나는 새롭고 효과적인 판매술을 교육하기로 유명한, 미국 내의 프로 강사들을 대표하는 단체인 어치브먼트 그룹(Achievement Group)에서 근무했다. 내 역할은 세일즈맨들을 훈련시킬 필요가 있는 단체나 기업들을 찾아가서 우리의 강의를 듣도록 설득하는 일이었다.

■ 굳게 닫힌 문

내 첫 영업구역에는 주택용 부동산을 중개하는 큰 회사가 있었다. 짐 에머리(Jim Emery)라는 사람이 운영하는 이 회사는 전국 9개의 지점에 각각 50개 이상의 중개업소가 소속되어 있는 매우 성공한 기업이었다. 나는 이 회사의 영업사원들에게 그룹 프레젠테이션을 실시하겠다는 목표를 정했다. 하지만 이 회사는 직원회의에 외부 세일즈맨의 프레젠테이션을 허용하지 않는다는 정책을 지니고 있었다. 묵시적으로 문이 닫혀 있다는 사실에, 더구나 그것이 판매조직의 문이라는 사실에 나는 좌절감을 느꼈다. 하지만 동시에 경쟁심리가 꿈틀거리기 시작했다. 이 장벽을 어떻게 뚫고 갈 수 있을까에 대해 계속 마음속으로 질문을 던졌다. 하지만 내 동료들은 아무런 도움을 주지 않았고, 계속 용기를 꺾을 뿐이었다.

어치브먼트 그룹의 경험 많은 다른 프로 세일즈맨들에게 좋은 방법이 없겠느냐고 물으면 그들은 하나같이 이렇게 대답했다. "테리, 그 일은 잊어버려요. 그 회사에는 들어갈 수 없어요. 철통같이 굳게 잠긴 폐쇄적인 회사거든요. 다른 거래처를 찾아보는 게 좋을 거예요." 나는 폐쇄적인 회사와 개방적인 회사의 차이가 무엇이냐고 물었다. 어차피 '잡상인과 선거운동원 환영. 어서 오세요!' 라고 써 붙인 회사는 한 번도 본 적이 없다. 나는 그 둘 사이에 별 차이가 없다고 느꼈다. 단, 문 안으로 들어가기 위해 시간과 창조력이 조금 더 필요하다는 점만 다르다.

어쨌든 나는 계속 전화통화를 시도하고 우편물을 발송했다. 하지만 전혀 반응이 오지 않았다. 그래서 전략을 바꾸어 각 관리자들을 개별적으로 만나기 시작했다. 그러나 그들은 모두 똑같은 말만 했다. 즉 회사 안에 발을 들여놓고 싶으면 짐 에머리 사장의 허가를 먼저 받으라는 것이다. 그래서 나는 그와 약속을 잡는 쪽으로 방향을 돌렸다. 그런데 쉽지 않았다. 그의 유능한 비서는 세일즈맨의 전화를 거절하는 방법을 단단히 훈련받은 사람이었다.

거절당하면 당할수록 반드시 그 안으로 들어가고 말겠다는 결심이 더욱 확고해졌다. 하지만 시간이 갈수록 그것이 얼마나 어려운 일인지를 깨닫게 되었다. 나보다 앞서서 이들에게 프레젠테이션을 한 세일즈 훈련기관은 전혀 없었으리라는 사실은 짐작하고도 남음이 있었다. 그러니 그 안으로 들어갈 수 있다면 엄청난 거래를 할 수 있겠다는 생각이 들었다.

■ 굳게 닫힌 문을 열다

〈월 스트리트(Wall Street)〉라는 영화를 보다가 좋은 힌트를 얻었다. 이 영화에서 주인공 역을 맡은 찰리 쉰(Charlie Sheen)은 잠재고객의 생일에 시가가 든 상자를 배달한다. 나는 이 영화에서 묘사된 '창조적인 해결방법' 가운데 하나를 모방하기로 결심했다. 그래서 줄기가 긴 흰 장미 한 송이를 사서 그것을 짐 에머리에게 전달하겠다는 계획을 세웠다. 흰 장미를 선택한 이유는 이 꽃이 성실함을 상징하기 때문이다. 게다가 우리 회사는 영업사원들에게 경비를 지급하지 않았기 때문에 나는 가난했다.

그에게 접근할 수 있는 유일한 장소는 사무실 밖에 있는 주차장이었다. 오전 5시 30분, 나는 그의 이름이 선명하게 새겨진 주차석 근처에서 망을 보았다. 그곳에서 기다린 지 1시간 30분이 지나갈 무렵, 마침내 그 자리에 차 한 대가 와서 멈춰 섰다. 내가 기다리던 사람이 분명했다. "실례합니다. 혹시 짐 에머리 사장님이십니까?" 나는 수줍게, 하지만 내가 최선을 다하고 있다는 사실에 다소 용기가 나는 것을 느끼면서 물었다.

"그렇소. 내가 짐이오. 헌데 누구시오?"

"사장님께 말씀을 드릴 시간을 딱 10분만 허락해주십시오."

"뭘 팔려는 거요?" 그가 귀찮다는 투로 물었다.

"저는 아무것도 팔 생각이 없습니다. 그저 이 꽃을 전해드리려고 합니다." 나는 아주 정중하게 말했다.

마음이 조금 누그러진 듯 그의 입술 위로 엷은 미소가 지나갔다. 그는 내가 선물에 붙여놓은 카드를 꺼내서 읽었다. "에머리 사장님, 저에게 딱 10분만 허락해주세요. 사장님께서 틀림없이 흥미를 느끼실 주제가 있습니다."

그가 대답했다. "나는 10분이나 내줄 만큼 한가한 사람이 아니오. 이 차에서 현관문까지 걸어가는 2분만 허락하겠소." 순간 대학에서 배웠던 모든 설득기술이 한꺼번에 떠올랐다. 그리고 내가 그 이전 3개월 동안 다른 모든 고객들에게 설명했던 것보다 더 많은 이유를 2분 안에 말하면서, 그가 나를 만나지 않으면 위기에 처하게 될 것이라고 설득했다. 스피치 커뮤니케이션학과에서 배운 토론이론이 위력을 발휘하는 순간이었다.

나는 어떤 식으로 프레젠테이션을 구성해서 전달해야 하는지를 무의식적으로 알아차렸다.

"알겠소. 당신에게 10분을 주지요. 내일 9시에 다시 오시오."라고 그가 말했다. 나는 그와의 약속을 지켰고, 10분 동안 프레젠테이션을 할 수 있었다. 그러나 우리의 면담은 1시간 30분이나 연장되었다. 게다가 내가 기대했던 것 이상의 큰 성과를 얻었다. 즉, 에머리 사장이 직원회의에서 내가 프레젠테이션 하는 것을 허가하는 이유를 밝힌 추천서를 모든 관리자들에게 보낸 것이다. 그 후로 그는 모든 직원들이 내가 하는 이야기를 반드시 들을 필요가 있다고 믿게 되었다. 직원들이 내가 제안하는 판매 자세를 받아들이기만 한다면 그의 회사는 더욱 부유해질 수 있다고 에머리 사장은 확신하게 된 것이다.

■ 성공할 수 있었던 이유 – 창조적으로 행동했기 때문

그가 내게 협조하게 된 데는 더 근본적이고 개인적인 이유가 있다. 다른 사람들이 잠자리에서 일어나 일을 시작하기도 전인 이른 아침에 내가 그에게 전해준 장미 한 송이와 행동 덕분이 아닐까, 라고 나는 믿는다. 그것은 비싼 선물이 아니었다. 하지만 그 간단한 사건으로 에머리 사장은 내가 그를 특별하다고 믿고 있으며 그와의 계약을 따기 위해 창조적이고 열정적으로 노력하고 있다는 인상을 받은 것이다. 단순히 거래를 하는 것과 거래를 따내는 것 사이에는 큰 차이가 있다. 창조적으로 생각하면 사람들에게 독특한 방식으로 다가갈 수 있다. 일단 상대방의 관심을 끌고 나면, 알차고 설득력 있는 프레젠테이션으로 자신의 위치를 확고하게 다질 수 있다.

문 안에 들어서는 것이 첫 단계이다. 하지만 그 안에 들어간 후에 하는 행동 역시 무척 중요하다. 누구나 저지르기 쉬운 일반적인 실수로 원하는 결과를 놓칠 수도 있는 것이 바로 이 단계이기도 하다. 이 책의 목표는 세일즈 프레젠테이션에서 가장 저지르기 쉬운 아홉 가지 실수를 지적하고 그것을 피할 수 있는 방법을 알려주어 당신이 최상의 프레젠테이션을 통해 최고의 결과를 얻도록 하는 데 있다.

낙담하게 되는 순간, 이 흰 장미 이야기를 떠올리기 바란다. 혹은 이 책에서 소개할 다른 많은 일화들을 떠올려도 좋을 것이다. 사람들 앞에서 열정적으로 말하는 기술을 연습하기 바란다. 또 경쟁적인 시장에서 고객의 행동을 유도하기 위해 자신의 아이디어를 체계적이고 논리적으로 설명하는 습관을 들이도록 노력하라. 열심히 노력해야 한다. 기적은 갑자기 벼락처럼 일어나지 않는다. 언덕 아래로 굴리기 시작하는 작은 눈 뭉치에서 기적이 시작된다. 처음엔 작았던 기회가 시간이 지나면서 점점 커진다. 미래의 기적을 바란다면 지금 당장 시작하기 바란다. 정열적으로 프레젠테이션을 할 수 있는 날을 위해 우리는 열정과 노련함, 설득력, 독특함을 조화시키는 방법을 배워야 한다.

80/20 법칙 적용하기

누구에게나 익숙한 문제, '손익계산'에 대해 조금만 이야기해보자. 프레젠테이션 기술을 향상시키는 것이 얼마나 중요한지 설명하기 시작할 때마다 이 문제를 제기하는 사람들이 꼭 있다. 그들은 이런 식으로 말한다.

"좋습니다. 대중연설 기술이 당신 말대로 중요하다고 칩시다. 그런데 그것이 손익계산에 어떻게 영향을 미칩니까?" 손익계산에 프레젠테이션 기술이 어떻게 영향을 미치는지 쉽게 이해하려면 '80/20 법칙'이라고 알려진 파레토의 법칙(Pareto Principle)에 자신을 적용시켜보면 된다.

파레토의 법칙은 이탈리아의 경제학자인 빌프레도 파레토(Vilfredo Pareto)가 정립한 원칙이다. 그는 영국에서 가장 부유한 사람들 사이에 어떤 공통요소가 있다는 사실을 처음으로 확인했다. 즉, 국가에서 상위 20%에 드는 사람들이 부의 80%를 소유하거나 통제하거나 책임지고 있는 것이다. 조사를 하고 분석을 하면서 그는 부의 분배가 항상 불균형하다는 사실을 깨닫기 시작했다. 게다가 그 불균형은 수학적으로 예측이 가능했다. 그는 이 불균형이 시대나 국가와 상관없이 늘 반복된다는 사실을 알게 되었다.

리처드 코흐(Richard Koch)는 저서 ≪80/20 법칙, 적게 힘쓰고 더 많이 얻는 성공의 비법(The 80/20 Principle, The Secret to Success by Achieving More with Less)≫에서 파레토의 법칙 혹은 80/20 법칙을 이해하기 쉽게 설명하고 있다. 기업가이자 투자가인 코흐는 일상생활에서 모든 사람들이 활용하는 80/20 법칙을 강하게 옹호했다. 그는 이 법칙이 개인과 단체가 더 많은 성공을 거두고 개인이 능률과 행복을 향상시키는 데 도움이 되며, 기업과 조직의 이익을 배가해준다고 주장했다.

코흐를 비롯한 연구자들이 파레토의 발견이 옳다고 확인하기 시작하면서, 사람들은 파레토의 이론을 수없이 많은 분야에서 성공을 예측하고 평가하기 위한 잣대로 이용하기 시작했다. 여기에는 사업과 경제 외에도 자원의 분배가 불균형하게 이루어지는 갖가지 분야가 포함된다. 예컨대 인력, 품질, 시간, 기술 등의 분야가 있으며, 물론 영업분야도 포함된다. 코흐에 따르면, "여러 연구결과에서 나타나듯이, 판매실적의 70~80%를 좌우하는 것은 상위 20%에 드는 세일즈맨들이다."

간혹 짜증스런 투로 불만을 토로하는 동료들이 있다. "상급관리자들은 왜 그 사람들의 요구라면 늘 무엇이나 들어주지?" 그것은 그들이 사업에 이익을 가져오고 손익계산에 큰 공을 세우기 때문이다. 사업에 이익을 가져오고 수익을 창출하는 사람이 대부분의 권력을 차지하는 것은 당연한 일이다. 특히 영업분야에서는 더더욱 그렇다.

어느 조직에서나 상위 20%에 드는 세일즈맨들이 결과의 3/4 이상을 창조한다. 그러므로 이 엘리트집단에 속한 사람들의 특징을 더 자세히 살펴볼 필요가 있다. 그들은 어떻게 하기에 똑같은 것을 성취하려고 노력하면서도 거의 실패하는 다른 80%의 사람들보다 훨씬 더 많은 결과를 만들어낼까?

내가 진행하는 훈련프로그램에 참가하는 이들이 항상 궁금해하는 점이 있다. 상위 20%에 드는 사람들의 행동 가운데 나머지 80%의 사람들에게서 볼 수 없는 특별한 것이 있는가? 만일 눈에 띄게 다른 점이 있다면, 상위 20%에서 뽑아낸 그 특징들을 나머지 80%의 사람들이 따라할 경우 똑같은 결과를 기대할 수 있을까? 나는 자신 있게 대답한다. "그렇습니다."

루디 이야기 – 꿈은 이루어진다

단 한 번이라도 정식게임에서 뛰어보고 싶다는 희망을 품고 살아가는 노트르담대학 미식축구 팀 선수 루디 루티거(Rudy Ruettiger)의 생활을 그린 영화 〈루디 이야기(Rudy)〉가 생각난다. 마지막 영광의 순간, 루디는 어린시절의 꿈을 실현한다. 루디는 미식축구를 시작했을 때, 힘든 훈련을 하면서 자신에게 선천적인 재능이 부족하다는 사실을 깨달았다. 하지만 그는 진정으로 미식축구부의 일원이 되고 싶다고 마음과 영혼으로 절규한다. 루디는 단 한 경기를 뛰었다. 하지만 그 순간이 오기까지 그는 결코 팀에서 나가거나 포기하지 않았다. 그는 참으로 불굴의 인내력을 가진 사람이다. 아무런 활약을 할 수 없을 것 같은 상황에 처할 경우, 많은 젊은이들이 실망을 하고 말지만 루디는 그렇지 않았다. 그 결심 덕분에 오늘날 루디는 자신이 노트르담 미식축구팀 일원이었다고 솔직하게 말할 수 있는 것이다.

기쁘게도 나는 루디를 실제로 만날 기회가 있었다. 현재 그는 사람들에게 용기를 주는 강사로 성공가도를 달리고 있다. 오랫동안 그는 괴짜에 가까운 자신의 미식축구 이력을 영화로 만들면 어떨까 생각했다. 아마도 다른 사람들에게 '할 수 있다는 용기'를 줄 수 있으리라는 생각이 들었던 모양이다. 하지만 할리우드에서 돌아온 답변은 냉랭하기만 했다. "꿈 깨세요!" 하지만 그는 포기하지 않고 문이 열릴 때까지 계속 두드렸다. 영화를 만들겠다는 그의 꿈은 점점 현실이 되어갔다. 게다가 그 영화는 호평까지 받았다. 루디 루티거는 인생에서 성공했다. 다른 대부분의 사람들이라면 하지 않았을 일을 기꺼이 했기 때문이다. 사람들이 "포기해요. 가망 없는 일이에요. 그건 그저 꿈에 불과해요!"라고 말해도 그는 계속 노력했다.

다른 사람들이 정해놓은 한계가 당신의 목표를 방해하지 못하게 하기 바란다.

일류 세일즈맨들의 세 가지 공통점

대부분의 일류 세일즈맨들에게는 세 가지 공통점이 있다.

(1) 마음자세가 다르다.

   이들은 자신이 최고의 세일즈맨이 될 수 있다고 믿는다.
(2) 상대방의 말을 듣는 능력이 뛰어나다.

   다른 사람들의 의견에 열심히 귀를 기울인다.
(3) 남달리 뛰어난 프레젠테이션 기술을 갖고 있다.

네 번째 특징을 더 말한다면, 타이밍을 판단하는 뛰어난 감각, 좋은 기회를 찾기 위해 적당한 시기에 적당한 장소에 있을 줄 아는 능력을 지적할 수 있다. 하지만 행운 같은 것은 없다. 옛말에 '행운이란 준비가 기회와 만나는 순간이다'라고 했다.

남다른 마음 자세

최고 수준의 세일즈맨들에게서 찾아낸 첫 번째 특징인 '남다른 마음자세'부터 살펴보자. 우선 나는 '마음자세의 차이'가 강한 위력을 발휘한다고 믿고 있다는 사실부터 밝히겠다. 또한 나는 모든 사람이 마음을 무장할 필요가 있다고 생각한다. 영업에 처음 뛰어들었을 때, 나는 남다른 자신감을 갖고 있었고 의욕은 넘쳤다. 아침마다 일을 시작하기 전에 스스로에게 이렇게 말하곤 했다. "추진력을 갖춰야 한다. 힘을 내자. 하루 종일 분발하려면 조금 힘든 상황이 오히려 도움이 될 거야. 우선 무엇부터 해야 하지? 바로 자신감을 주는 이 테이프를 듣는 거야."

내가 처음 이용한 오디오테이프 프로그램은 데니스 웨이틀리(Denis Waitley) 박사의 '승리의 심리학(The Psychology of Winning)'이었다. 의욕과 용기를 불러일으키기에 더없이 좋은 테이프다. 그것을 들으면서 나는 이렇게 생각했다. '와, 이거 정말 대단한데.' 그리고 테이프를 다 들으면 다음 단계가 무엇인지 떠올렸다. '다음에는 나 자신에게 하는 긍정적인 약속을 적어보도록 하자. 카드에 적어놓으면 매일 해야 할 일들을 쉽게 기억할 수 있으니까.' 나는 이 방법이 나에게 필요한 변화를 일으킬 것이라고 스스로에게 계속 타일렀다.

나는 명함 정도 크기의 카드를 꺼내서 매일 읽을 수 있도록 욕실 거울에 붙였다. 그리고 마스카라를 바르면서 말하곤 했다. "좋아! 잘 해낼 수 있을 거야. 오늘이 내 생애 최고의 날이 될 거야." 그러고 나면 정말로 힘이 솟았다. 그리고 이런 생각이 들었다. '이 일을 잘 처리하면 성공의 문턱에 더 가까이 다가가는 거야.'

그렇게 30일이 지나갈 무렵, 나는 자신이 시험을 꽤 잘 치렀다고 생각했다. 그러나 조금 더 행복한 마음으로 출근하는 데는 성공했지만, 안타깝게도 실적은 제자리걸음이었다. 그 이유는 남다른 마음자세를 갖추는 데 필요한 인자가 이런 다짐만은 아니었기 때문이다. 지금 소개하려는 내 동료의 이야기는 진정 남다른 마음자세가 무엇인지 깨닫게 해준다.

나는 미치 게일로드(Mitch Gaylord)라는 동료와 함께 일하는 것을 좋아한다. 체조경기에 관심이 있는 사람이라면 그의 이름이 친숙할지 모른다. 그는 올림픽 체조경기 금메달리스트였기 때문이다. 현재 미치는 젊은이들에게 목표를 세우도록 돕고, 동기를 유발하거나 용기를 주는 프레젠테이션 프로그램을 진행하는 강사로 맹활약하고 있다.

얼마 전 나는 그에게서 전화를 받았다. "테리, 내가 가서 비디오테이프를 찍기 전에 당신과 잠깐 대화를 나누고 싶은데." 물론 나는 그렇게 하라고 했다. "그래요. 얼마든 좋아요, 미치." 그는 나를 찾아왔고 우리는 마주 보고 앉았다. 그렇게 앉아 있자니 그가 이룬 수많은 업적이 떠올랐다. 그래서 나는 솔직하게 물었다. "미치, 올림픽에서 10점 만점을 받을 때 어떤 기분이었나요? 나는 도대체 짐작도 할 수 없는 일이라서요."

그는 이렇게 대답했다. "결승에 진출할 때까지 경기장에 나온 선수들은 누구나 10점 만점을 받을 수 있는 가능성이 있어요. 문제는 누가 그런 능력을 가졌느냐가 아니에요. 중압감이 엄청난 게임에서 누가 흔들림 없이 그 능력을 끌어내느냐가 결과를 좌우하지요."

나는 이 책을 읽는 독자 한 사람 한 사람 모두가 프레젠테이션에서 10점 만점을 받을 능력을 갖고 있다고 믿는다. 문제는 실전에서 긴장이 극에 달한 상태일 때도 그 능력을 제대로 발휘할 수 있도록 평소에 어떻게 훈련하느냐가 중요하다.

데니스 웨이틀리 박사는, 성공하는 사람들은 야심 찬 목표를 성취할 수 있다는 믿음을 자신에게 주입시킨다고 말한다. 그들은 자신이 할 수 있다고 '믿기' 때문에 더 열심히 노력하는 것이다. 만일 당신이 무슨 일을 해낼 수 없다고 생각한다면 무엇 때문에 괜한 노력을 하면서 시간을 낭비하겠는가? 어떤 사람들은 성의 없는 태도로 시도하면서 성공할 가망이 있나 없나 눈치를 살핀다. 그러다가 실패하면 자신이 최선을 다하지 않았기 때문이라고 궁색하게 변명한다. 이들은 더 열심히 노력하는 것을 더 많이 일하는 것이라고 해석한다. 하지만 '게으른 사람은 절대 최고가 되지 못 한다'는 말을 명심하기 바란다. 성공하는 사람들은 그렇지 못한 사람들이 하지 않으려는 일들을 기꺼이 한다.

들을 줄 아는 능력

일류 세일즈맨들의 남다른 특징 두 번째는 남들의 이야기를 '듣고' 의사소통을 하는 능력이다. 나는 동료 한 사람과 함께 도널드 트럼프(Donald Trump)에 대해 토론을 한 적이 있다. 도널드는 동료들뿐 아니라 경쟁자들로부터도 존경을 받는다. 이는 그가 상대방의 말을 잘 들을 줄 알기 때문이다. 그는 1대1로 마주 보고 앉아서 대화를 나누는 동안 상대방의 말에서 많은 재료들을 끌어낸다. 그리고 이후에 프레젠테이션을 할 때, 자신의 주장을 뒷받침하기 위해 그 재료들을 사용한다. 이런 특별한 능력이 바로 그가 그토록 설득력 있는 인물로 손꼽히게 된 주된 요인 가운데 하나다.

내가 진행하는 훈련프로그램에 참가하는 많은 사람들이 자신의 연설 능력에 큰 관심을 갖고 있다. 프레젠테이션 기술을 향상시키면 더 능력 있는 세일즈맨이 될 수 있다고 생각하기 때문이다. 그러나 듣는 능력에 관심을 갖는 사람은 보지 못했다. 적어도 자신의 프레젠테이션 장면을 비디오로 녹화하여 보면서 그 점이 얼마나 부족한지 깨닫기 전까지는 말이다.

엠브로즈 비어스(Ambrose Bierce)라는 작가는 이런 말을 한 적이 있다. "당신이 하고 싶은 말이 있을 때도 저 혼자서 떠드는 사람이 있다면 그 사람은 정말 따분한 사람이다." 듣기는 집중해서 사고하는 능력을 필요로 하는 매우 활동적인 과정이다. 그리고 우리는 고객과 잠재고객뿐 아니라 자기 자신에게도 귀를 기울여야 한다.

세일즈 훈련프로그램에서 역할극 훈련시간에 참가자들의 실습광경을 녹화하여 보여주면, 대개 이런 반응을 보인다. "고객들이 어떤 점에 의문을 갖는지 이제 이해하겠어요!" 이런 비평은 대개 자신이 잠재고객의 질문에 제대로 답하지 못하거나, 경쟁자들이 치열하게 기회를 노리고 있는 상황에서, 길 가는 사람이라면 누구라도 할 수 있는 뻔한 대답을 한다는 사실을 깨달은 후에 나온다.

종종 우리는 고객이 하는 말을 듣지 않거나, 그들의 질문을 제대로 이해하지 못한 채 부적절한 답변을 하는 실수를 저지른다. 먼저 생각을 한 후에 입을 열기 바란다. 우리는 듣는 데 별로 시간을 들이지 않는다. 만일 자동장치에서 흘러나오는 목소리처럼 기계적으로 답변을 한다면 청중에게 깊은 인상을 줄 수 없을 것이다.

어느 칵테일파티에 참석했던 정신과 의사에 대한 유명한 일화가 있다. 걱정거리가 많은 손님이 그에게 다가왔다. "존경하는 선생님, 당신은 사람들이 말하는 그 많은 문젯거리들을 어떻게 하루 종일 참고 들어주시죠? 그것은 정말 우울한 일이겠어요." 그 남자의 무례한 질문을 받은 의사는 별로 짜증도 내지 않으면서 재치 있게 받아넘겼다. "들어요? 누가 뭘 들어요?"

■ 커뮤니케이션의 40%를 듣기에 할애하라

얼마나 많은 고객들이 "조금 더 생각해봐도 되겠죠?"라고 말하는가? 그런데 그들이 '그것에 대해 생각하기' 시작하면 어떻게 되는가? 대개 잠재고객들은 우리가 하는 말 가운데 반 정도만 기억한다. 당신은 일생에서 가장 훌륭한 프레젠테이션을 했다고 기고만장해 있을지 모르지만, 당신이 강연장 밖으로 나가는 순간 청중은 당신이 전달한 정보 가운데 상당한 양을 잊어버리기 시작한다. 사실 프레젠테이션이 끝나고 10분 안에 그들의 망각이 시작된다. 그 순간에는 벌써 당신이 말한 내용 가운데 50%만 기억할 뿐이다. 그리고 집에 도착해서 가족들과 시간을 보내거나 아이들과 놀아주는 사이에 10%를 더 잊어버린다. 게다가 다음날 자동차 속도위반이나 주차위반으로 예기치 않은 딱지라도 떼게 되면, 다시 10%의 정보를 더 잊어버린다. 그래서 당신이 다시 전화를 걸어서 "안녕하세요, 존스 씨. 테리 쇼딘입니다. 지난번에 설명 드렸던 일을 추진할까 해서 전화 드렸습니다."라고 할 때쯤이면, 그들은 당신이 했던 말 가운데 거의 4분의 3을 잊어버리고 있을 것이다! 결국 당신이 들을 수 있는 대답은 이 정도에 불과하다. "오 이런. 너무 바빠서 그 문제는 생각도 못 했어요."

잠재고객에게 우리의 제안에 대해 '생각'해보라고 주었던 시간을 그들은 그것을 '잊어버리는 데' 쓰는 경우가 많다!

그런데 세일즈맨이 고객의 불만이나 질문에 별로 신경을 쓰지 않는다면 그 결과가 어떻겠는가? 그렇지 않은 경우보다 고객은 당신의 말을 더 빨리, 더 많이 잊게 되며, 결과적으로 당신은 훨씬 많은 노력을 낭비하는 셈이다. ≪경청: 잊혀진 기술(Listening: The Forgotten Skill)≫의 저자 매들린 벌리 앨런(Madelyn Burley-Allen)의 지적을 눈여겨볼 필요가 있다. 그녀에 따르면, 사업가들은 일하는 시간의 거의 4분의 3을 커뮤니케이션에 소비하는데, 그 가운데 40%의 시간을 듣기에 소비한다. 나머지 시간은 말하기, 읽기, 쓰기에 쓰이며, 그 가운데 3분의 1이 말하기에 투자된다. 우리가 커뮤니케이션에 소비하는 전체 시간 가운데 읽기는 15% 정도, 쓰기는 10% 미만을 차지하는 것이다. 이처럼 전체 노동시간 가운데 3분의 1 이상이 다른 사람들의 말을 듣는 데 쓰인다면, 말하는 기술을 연마하기 전에 자신의 듣기습관을 살펴보는 편이 현명하지 않겠는가?

벌리 앨런이 들려주는 한 관리자의 예는 우리의 커뮤니케이션에서 듣기가 얼마나 큰 비중을 차지하는지를 새삼 일깨워준다. 그 관리자는 비서에게 자신이 전화통화 중 듣기만 하는 시간의 양을 기록해보게 시켰다. 그리고 그 시간을 월급으로 환산해보니, 듣기만 하고 받는 임금이 총급여의 거의 40%, 대략 1만 8천 달러에 해당한다는 사실을 깨닫고 매우 놀랐다. 그러나 대부분의 사람들은 듣기에 25% 정도만 신경을 쓴다. 만일 어떤 관리자가 듣기기술을 겨우 25% 정도만 발휘한다면, 그는 효과적으로 경청하지 않은 시간비용 1만 3천 5백 달러를 내놓아야 옳을 것이다.

들을 가치가 있는 프레젠테이션을 창조하고 경청능력을 향상시킨다면 고객의 기억력을 한층 높일 수 있다. 정보를 흡수하기 위한 방법인 '듣기'는 읽기와 쓰기를 결합한 것보다 더 믿을 만하다. 처음부터 잠재고객의 의문사항에 귀를 기울여서 프레젠테이션을 더 쉽게 이해할 수 있도록 돕는다면, 그들은 더 오래도록 당신의 설명을 기억할 것이다. 또 고객의 불만이나 의문이 무엇인지 잘 들어두면 그들의 거부를 극복하는 데도 상당히 도움이 되며, 결과적으로 계약을 성사시킬 가능성이 훨씬 높아질 것이다.

■ 1급 청취, 2급 청취

잠재고객이 당신의 구매요청을 거절하려고 이리저리 트는 상황을 상상해보자. 당신은 어떻게든 판매계약을 맺으려고 최선을 다해서 노력하는 중이다. 즉, 당신이 말하려는 내용의 요점을 정리해서 전달하고, 고객의 의견을 귀담아듣고, 거기에 대답을 하거나 반론을 제시한다. 요컨대 듣고, 대답하고, 프레젠테이션을 하는 것이다.

이번에는 반대 상황을 상상해보자. 즉, 까다로운 잠재고객이 교묘하게 계약요청을 거절하고 있는데, 당신은 그 사람의 마음을 끌려고 노력하는 대신 상대방의 말을 무시하고, 고객의 요구에 맞는 상품의 특징과 장점을 알리는 대신 당신 마음에 드는 점만 임의로 선택해서 설명한다. 사실 이런 경우가 훨씬 더 일반적이라는 사실을 알고 나면 놀랄 것이다. 훈련 프로그램 참가자들의 녹화테이프를 돌려보면서 함께 토론을 하다 보면 종종 잠재고객의 질문과 그들의 거부를 무시하는 세일즈맨들을 많이 발견하게 된다. 벌리 앨런은 이것을 '2급 청취(Level 2 listening)'라고 부른다. 이것은 상대방의 말을 듣기는 하되 그 깊은 의미를 전혀 신경 쓰지 않고 흘려듣는 것을 뜻한다.

이 두 경우 가운데 성공확률이 높은 쪽은 누구일까? 물론 첫 번째 경우다. 이 경우는 프레젠테이션을 계속 감독하면서 잠재고객을 가능한 한 최선의 결과로 유도하려고 노력하기 때문이다. 어떤 면에서 모든 잠재고객은 까다롭다. 그렇기 때문에 어떤 거래에서나 고객과 가까워지고 판매를 성사시키려면 특별한 청취능력이 필요하다.

■ 청취의 3요소

그렇다면 잠재고객의 말을 잘 듣기 위한 청취의 3요소는 무엇인지 살펴보자. 공감대 형성하기, 정보 처리, 비평적으로 듣기가 바로 그것이다.

공감대 형성하기

공감한다는 것은 진심으로 관심을 갖고 듣는다는 의미다. 세일즈맨은 잠재고객의 의견을 들어보지도 않고 미리 판단하는 우를 범하지 말아야 한다. 혹시 '구매자들은 거짓말쟁이'라는 말을 들어본 일이 있는가? 당신은 이런 냉소적인 말을 무시하고 싶을지 모르겠다. 하지만 구매자들은 정직하게 관심을 표현하기도 하지만, 관심이 있는 경우라도 거부하는 척함으로써 유리한 상황을 만들려고 하는 경우가 있다. 고객의 말이 진심인지 거짓인지의 여부를 판단하는 것은 당신의 몫이다. 실제로 마음을 정하지도 않은 잠재고객이 거짓으로 거부하는 척 연기하는 것을 방지하려면 최대한 감정이입을 배제하고 객관적인 입장에서 행동해야 한다. 무엇보다 잠재고객의 말을 주의 깊게 들으면 그의 진짜 관심이 무엇인지 파악할 수 있을 것이다. 상대방과 공감대를 형성하는 것이 무엇보다도 중요하다는 점을 명심하기 바란다.

정보 처리

청취의 두 번째 요소는 정보를 처리하는 것이다. 잠재고객이 말하는 내용을 객관적으로 분류한 다음, 그것들에 우선순위를 정한다. 정보를 처리하기 위한 분류활동은 몇 가지 단계를 거치게 된다. 간단하게 정리하면 다음과 같다.

1. 주된 의도 파악하기
2. 요점 파악하기
3. 상세하게 기억하기
4. 요약하기
5. 참고자료 찾기
6. 통찰력 있는 질문하기

세미나에 참석하는 세일즈맨들에게 내가 빼놓지 않고 하는 질문이 하나 있다. "당신이 행하는 프레젠테이션의 목표는 무엇입니까?" 간혹 이 질문을 받고 무슨 말인지 모르겠다는 듯 나를 빤히 쳐다보면서 되묻는 사람들이 있다. "무슨 뜻입니까?"

당신이 행하는 프레젠테이션의 요점은 무엇인가? 그 프레젠테이션의 결과로 고객들이 어떻게 하기를 바라는가? 자신이 전달하려고 하는 단 하나의 핵심메시지가 무엇인지 제대로 알고 있는가? 당신이 그것을 명확하게 깨닫지 못하면 잠재고객 역시 그것을 이해하지 못할 것이다. 혹시 당신이 20년 동안 한 분야에 종사해오고 있다면 자신의 주장을 뒷받침할 수 있는 장점들을 머릿속에 모두 담고 있을지 모른다. 하지만 그런 내용을 이해하기 쉽게 요점으로 정리해서 전달하는 능력이 부족하다면 상대방을 설득하지 못하고 다람쥐 쳇바퀴 돌듯 제자리만 맴돌게 될 것이다.

고객들이 당신이 전달하는 메시지의 주된 의도와 요점을 파악하지 못하거나 상세하게 기억하지 못한다면, 또한 정보를 요약하거나 통찰력 있는 질문을 하지 않는다면 당신은 '어떻게 해야 효과적인 프레젠테이션을 할 수 있을까?'라고 고민해야 한다. 고객의 입장에서 자신의 프레젠테이션을 평가해보자. 앞에서 말한 내용들을 평가기준으로 삼으면 된다. 그리고 다음에 만나는 고객의 반응을 보고 다시 한 번 평가해보라. 무엇보다도 정보를 전달하는 주체인 자신의 능력을 파악해야 하는 것이다.

비판적으로 듣기

청중은 당신이 스스로가 말하고 있는 내용에 관심을 갖고 있는지, 아니면 자동응답기처럼 별 느낌 없이 떠들고 있는지를 비롯하여 여러 가지 면에서 당신의 프레젠테이션을 평가할 것이다.

한편, 잠재고객이 질문을 하면 당신은 어떤 식으로 처리하는가? 당신의 메시지를 강화시킬 수 있는 방향으로 답변하여 고객이 계약서에 서명을 하도록 유도할 수 있는가? 아니면 질문과 별로 상관없는 엉뚱한 답변으로 고객을 혼란에 빠뜨리는가?

고객은 당신이 믿을 만한 사람인지 평가하고 있는 중이라는 사실을 명심하기 바란다. 당신과 당신의 말이 모두 믿을 만하다고 자신할 수 있는가? 고객의 질문을 좋은 기회로 활용하려면 비판적으로 듣는 능력을 개발하도록 힘써야 한다. 그리고 고객 역시 당신의 말을 비판적인 관점에서 듣고 있다는 사실을 잊어서는 안 된다.

효과적으로 듣기 위해서는 상대방에게만 관심을 기울이는 것으로는 부족하다. 자신에게도 관심을 가져야 한다. 자신의 프레젠테이션을 듣고 신뢰할 만한지 평가하고 싶다면 어떤 방법이 있을까? 청취의 세 번째 요소인 비판적으로 듣기는 다음과 같은 5단계로 이루어진다.

1. 주된 주장 기억하기
2. 전제 조건 확인하기
3. 증거 평가하기
4. 방어적인 자세 대신 객관적인 자세 취하기
5. 말하는 사람에게 얼마나 믿음이 가는지 평가하기

청중은 이런 단계를 통해서 당신의 프레젠테이션을 비판적으로 평가할 것이다. 그렇다면 실전에 앞서 자신의 프레젠테이션을 같은 기준으로 평가해보면 좋지 않을까? 헬 베커(Hal Becker)는 저서 ≪5분만 시간을 내주시겠습니까?(Can I have five minutes of your time?)≫에서 독자들에게 이렇게 묻는다. "판매를 떠나서 자기 자신과 대화를 나누어본 경험이 있는가? 아주 오랫동안 계속 그렇게 해보았는가? 판매를 떠나서 자신에게 귀를 기울여본 적이 있는가? 한 번도 없을 것이다!"

사실 우리의 잠재고객들 가운데 비판적 태도로 들을 줄 아는 사람이 그렇게 많지는 않다. 어떤 고객들은 당신이 말한 내용과 거의 혹은 전혀 관련 없는 자신의 개인적인 경험을 바탕으로 급하게 결론을 내리기도 한다. 이런 경우, 당신이 비판적인 자세를 유지하면서 들을 줄 안다면 잠재고객이 질문을 하는 순간 그런 오해를 알아차릴 수 있을 것이다. 요컨대 고객들이 질문이나 대답을 할 때, 당신 역시 비판적으로 들을 줄 알아야 한다는 말이다.

여기서 중요한 점은 잠재고객이 당신의 메시지를 제대로 받아들인다면 잘못된 억측을 바탕으로 결론을 내리는 일은 없을 것이라는 점이다. 그러므로 세일즈맨은 고객의 질문과 의견을 평가할 때 객관적인 자세를 유지하는 것이 중요하다. 전달하려는 요점을 명확하게 강조한다면 고객을 계약으로 유도하기가 한결 수월할 것이다.

설득력 있는 프레젠테이션 기술

일류 세일즈맨들이 평범한 사람들과 다른 세 번째 특징은 설득력 있는 프레젠테이션을 구사하는 능력이 남달리 뛰어나다는 점이다. 최고의 결과를 만들어내는 사람들은 탁월한 말솜씨를 자랑한다. 그들에게는 세련된 매력이 있어서 사람들을 끌어당긴다. 누구나 훈련을 하면 이런 세련미를 갖출 수 있다. 자신감 있는 태도에서는 카리스마가 느껴지게 마련이다. 그것은 당신의 마음, 영혼, 혹은 존재 안에 숨어 있는 자원이다.

오늘날 연설능력이 얼마나 중요한지 가늠하기 위해 1992년 대통령 선거를 떠올려보자. 무소속 후보였던 로스 페로(Ross Perot)는 전통적인 두 정당에 염증을 느낀 많은 유권자들의 지지를 얻었다. 무소속이었음에도 그는 당시 재임 중이던 공화당 출신 대통령 조지 부시와 민주당 후보 빌 클린턴 모두에게 위협적인 경쟁자였다. 선거캠페인에서는 선두 후보와 그가 지명한 부통령 후보자가 다른 후보들과 벌이는 토론이 매우 중요한 당락결정의 요인이 되곤 한다. 그런데 불행히도 페로가 지명한 부통령 후보 제임스 스톡데일(James Stockdale)은 대중연설에 뛰어난 재능을 가진 사람이 아니었다.

그는 베트남 전쟁의 영웅으로 매우 존경받는 인물이며 미군 최고위 장교까지 지냈다. 하지만 그는 표현력이 썩 뛰어나지 못하다. 토론을 지켜보던 시청자들은 스톡데일이 보청기를 만지작거리거나 재빨리 대답하지 못한 채 말을 더듬거리던 모습을 결코 잊지 못할 것이다. 그 순간 시청자들은 그가 미국의 제2인자 자리에 앉기에는 너무 늙어버렸다는 인상을 받았다. 스톡데일의 그런 토론 모습이 방송된 후에 행해진 여론조사는 부동표가 페로에게 등을 돌리고 말았음을 여실히 보여주었다. 그들은 대신 두 주요 정당 후보 사이에서 하나를 선택하기로 방향을 바꾸었다. 만일 스톡데일이 콜린 파월이나 로널드 레이건처럼 대중연설에 능했다면 선거결과가 달라질 수도 있지 않았을까?

스톡데일이 고위 장성이 될 수 있었던 것은 그가 믿음직스러운 사람이기 때문이었다. 하지만 선거전에서 유권자들의 마음을 결정하게 만드는 주요 인자는 그것이 아니다. 그는 유권자들에게 자신의 자질을 증명해

보여야 했다. 자신과 자신의 러닝메이트를 믿는다면 옳은 선택이 될 것 이라는 확신을 주었어야 했다.

공개 구직박람회 같은 종류의 토론회도 생각해보자. 말로 자신을 소개 하여 확신을 주지는 않고 오로지 이력서 한 장만으로 안정된 기업에 입 사하기를 기대하는 지원자가 있다면, 과연 좋은 직장에 들어갈 수 있겠 는가?

위대한 연설가는 영원히 기억된다

누구나 말 잘하는 강사의 강연을 듣고 싶어한다. 더 중요한 점은 그런 강 사는 오래 기억에 남는다는 사실이다. 위대한 연설가들을 떠올릴 때마다 대부분의 사람들이 마틴 루터 킹이나 존 F. 케네디, 로널드 레이건을 생 각한다. 하나같이 커뮤니케이션의 대가이며 천재적인 연설능력을 가진 인물들이다. 그들은 연설을 할 때 시각적인 자료나 유인물, 전단지 등을 활용하지 않았다. 수천 명의 사람들 앞에 그냥 서서 인기 없는 화제들로 여겨지기도 하는 메시지를 전달할 줄 알았다. 도대체 '어떻게' 그렇게 할 수 있었을까? 그들에게는 메시지를 전달하는 특별한 기술이 있었다. 그래서 개인적으로는 그리 존경스런 인물이 아니더라도 우리는 위대한 연설가들을 영원히 기억하게 된다. 스탈린이 바로 그런 예다. 재선에 성 공했던 빌 클린턴 대통령도 같은 경우다. 솔직히 모니카 르윈스키 (Monica Lewinsky)와 문제를 일으켰을 때, 클린턴의 연설능력이 스톡데 일의 말솜씨 정도밖에 안 되었다면 과연 재선을 꿈이나 꿀 수 있었을까?

이렇게 위대한 전달능력을 가진 인물들은 한 나라 전체를 움직일 수도 있다. 반면 또 다른 종류의 프레젠테이션도 오래도록 기억에 남는다. 바로 최악의 프레젠테이션이다. 어떻게 그들을 잊을 수 있겠는가? 평범한 강사들은 그저 그렇다는 인상을 줄 뿐이다. 당신이 자신의 프레젠테이션을 뒤돌아볼 때 그냥 괜찮았거나 나쁘지 않았다는 생각이 든다면, 그것이야말로 가장 잊혀지기 쉽다는 점을 명심하라. 요컨대 매번 스스로 평가하기에 최고였다고 느껴지는 프레젠테이션을 해야 한다는 말이다.

이 책을 읽는 독자들 가운데 내가 특별히 높이 평가하는 사람들이 있다. 바로 가능한 한 최고의 세일즈맨이 되겠다는 목표를 세운 사람들이다. 자신의 꿈을 실현시키기 위해 우수한 능력을 습득하기로 마음먹은 당신에게 찬사를 보낸다. 능력 있는 세일즈맨이 된다는 것은 훌륭한 프레젠테이션 전문가 혹은 강사가 되겠다는 의미와 상통한다. 그렇다면 남다른 마음자세로 무장하고 청취능력을 예리하게 갈고닦기 바란다. 그러는 사이 설득력 있는 프레젠테이션 능력이 쑥쑥 자라날 것이다.

S∪ MM ARY |

판매화술

1 　모든 사람은 상품, 서비스, 철학, 아이디어 등 무엇인가를 팔면서 살아간다. 심지어 구직자의 경우는 면접에서 자신을 팔아야 한다.

2 　대중연설과 고도의 프레젠테이션 기술을 훈련하는 것은 자기개발 차원에서 매우 중요하다. 또한 판매환경 속에서 더 큰 성공을 할 수 있는 힘이 된다.

3 　'쓰리 투 파이브 컴퍼니 원칙'을 기억하라. 대부분의 구매자나 의사결정자들은 우리에 대해 고려하면서 동시에 3~5명의 경쟁자들에 대해서도 알아본다.

4 　사람들이 구매하는 대상은 상품 자체라기보다 그것을 판매하는 사람이다. 그리고 프레젠테이션은 바로 판매자를 고스란히 표현하는 얼굴이다.

5 　고집, 창의성, 시간, 인내, 그리고 훌륭한 프레젠테이션 기술까지 겸비한다면 현대의 시장에서 '무서운 경쟁자'가 될 수 있다.

6 　'거래를 하는 것'과 '거래를 따내는 것' 사이에는 큰 차이가 있다.

7 크게 성공하는 사람들에게는 세 가지 공통점이 있다. (1) 남다른 마음자세, (2) 상대방의 말을 귀담아 듣는 능력, (3) 뛰어난 프레젠테이션 기술이 그것이다.

---

8 위대한 연설가는 영원히 기억된다. 반면 최악의 연설가 역시 오래도록 기억에 남는다. 그렇다면 가장 쉽게 잊혀지는 사람은 누구일까? '그냥 그런' 평범한 사람이다.

New Sales Speak

02

즉흥적인 대화를 피하라

"임기응변으로 처리하면 돼."라고 말하는 사람은 기껏해야 평범한 수준을 넘을 수 없다.
– 데이비드 A. 피플즈(David A. Peoples), ≪프레젠테이션 플러스(Presentation Plus)≫ 저자

좋은 프레젠테이션을 하지 못하는 사람들은 대개 성실하게 준비하지 않고 그냥 잘할 수 있기를 기대한다. 프레젠테이션을 '즉흥적으로' 진행하는 것이다. 만일 재능 있고 경험이 풍부한 사람이라면 이런 식으로 진행하는 것도 가능할지 모른다. 하지만 대부분의 사람들은 준비를 하지 않는다면 서투른 프레젠테이션을 할 수밖에 없으며, 듣는 사람은 이를 쉽게 눈치 챈다.

준비 없이 즉흥적으로 프레젠테이션을 하면 두서없이 헤매기 쉽고, 청중을 혼란스럽게 만든다. 또 이야기 전개가 논리적으로 매끈하게 이어지기 힘들다. 당연히 청중은 무슨 소리인지 제대로 이해하지 못한다. 결국 그들은 알고 싶었던 내용 가운데 반 이상을 놓치고 만다. 물론 계약은 물 건너간다.

"인쇄물 자료가 아주 잘 나왔어요. 그래서 특별한 준비 없이 그냥 진행하려고 해요. 임기응변 실력을 발휘하면 되겠죠. 별 문제없이 잘될 겁니다." 이렇게 말하는 사람들은 근본적으로 아주 잘못 생각하고 있는 것이다. 이렇게 프레젠테이션을 제멋대로 진행하는 이들에게 우리가 간혹 감탄하는 이유는 그렇게 준비도 못한 상태로 청중 앞에 서는 용기가 대단하기 때문이다. 즉흥적인 프레젠테이션은 청중뿐 아니라 당신의 시간도 낭비하게 만들 뿐이다. 차라리 그 시간을 더 효율적인 다른 일에 쓰는 편이 나을 것이다.

프레젠테이션 전달방식에 크게 신경을 쓰지 않는 것은 일이 잘되든 말든 상관없어 하는 것과 다름없다. '말' 이 얼마나 큰 영향력을 발휘할 수 있는지 미처 깨닫지 못하고 있다면 장기적인 성공까지 영향을 받게 될지 모른다. 그런 이유로, 프레젠테이션 준비에 시간과 노력을 투자하는 것이 왜 가치 있는 일인지를 잠깐 설명하려고 한다.

프레젠테이션의 위력 – 밥의 사례

밥이라는 내 고객은 지역의 한 정치가를 지지하는 집회에서 발표를 해달라는 요청을 받았다. 시의회의 현역의원들을 사퇴시키고 참신한 아이디어를 낼 수 있는 새로운 인물을 찾고 싶어하는 시민들이 모이는 집회였다. 밥은 많은 사람들 앞에서 연설을 하는 일이 두렵고 썩 내키지는 않았지만 옳은 일이라는 생각에 마지못해 승낙을 했다. 게다가 이미 부인이 초대에 응하겠다고 답변을 해놓은 상태였다. 이런 사정으로 밥은 나에게 전화를 했다.

밥은 많은 청중 앞에서 발표를 해야 한다는 사실에 몹시 걱정을 하고 있었다. 사람들 앞에서 연설을 해본 경험이 거의 없는 밥은 영 자신감이 서지 않는 모양이었다. 그는 절망스럽게 한숨까지 쉬었다. 그날은 금요일이었다.

"테리, 어떻게 해야 할지 도무지 모르겠어요. 다음주 월요일 정치집회에 모일 수백 명 앞에서 연설을 해야 하는데. 나 좀 도와줄 수 있어요?"

나는 대답했다. "물론이죠, 밥. 문제없어요." 우리는 연설의 윤곽을 잡기 시작했다. 먼저 이야기하고 싶은 요점을 정하고, 그것을 뒷받침해줄 자료들을 준비한 다음, 일화와 경험을 써내려갔다. 주말 내내 우리는 원고를 작성하며 보냈다. 월요일 밤 집회까지 밥은 열심히 준비를 했다. 흥분한 군중들 속에 끼어본 일이 있다면 그가 얼마나 두려움을 느꼈을지 짐작할 수 있을 것이다. 그 집회는 조용히 앉아 기다리는 회사 동료들이 모인 차분한 회의가 아니었다. 마음속에 걱정과 불안이 가득 찬 시민들이 모인 격정의 집회현장이었던 것이다.

밥은 대형 강당으로 들어가 연단을 향해 천천히 걸어갔다. 무릎이 떨렸다. 하지만 아무리 떨려도 그는 잘 해낼 것이라고 나는 믿었다. 그가 입을 열었다. 연설은 체계가 잡혀 있었다. 논리적이고 적절한 형식을 지니고 있었으며, 전달하고 싶어하는 주제를 제대로 담고 있었다. 아주 인상적이고 힘 있는 연설이었다. 그리고 효과적이었다. 청중은 일어서서 박수를 치며 환호했고 휘파람까지 불어댔다. 그는 안타를 날린 스타 같았다. 순간 그의 머릿속에 떠오른 생각은 멋지게 해냈다는 자랑스러움이 아니었다. 그의 머릿속에 떠오른 생각은 이것이었다. ‘휴, 드디어 끝났다.’ 연설은 끝났지만 사건은 그것으로 끝나지 않았다. 밥은 미처 보지 못했지만, 청중 가운데에 누군가가 있었다. 밥보다 3단계 위의 관리자, 즉 회사 부사장이 그 자리에 있었던 것이다.

부사장은 밥에게 이렇게 말했다. “밥, 자네가 연설에 그렇게 뛰어난 재능을 가진 사람인 줄 미처 몰랐네. 자네 같은 능력을 가진 사람이 필요한 자리가 비어 있어서 그러는데, 어떤가? 내일 9시에 특별한 약속이 없다면 내 사무실로 오게. 그 문제를 의논하고 싶네.”

물론 면접에서는 이야기가 잘 성사되었다. 밥은 갑자기 부사장의 신임을 받는 중요한 인물이 되었다. 그는 새로운 직위는 물론이고, 인상된 급여, 특별 배당금, 그리고 자동차 운영비까지 받게 되었다. 무료로 행한 연설의 대가가 그 정도면 상당하지 않은가?

이 이야기는 보다시피 해피엔딩으로 끝났다. 그런데 만일 밥이 연설 요청을 거절했다면 어떻게 되었을까? 그는 자기계발의 좋은 기회를 놓쳤을 것이다. 혹은 연설을 열심히 준비하지 않았다면 어떻게 되었을까? 아마 밥의 영향력이나 지위, 그리고 수입이 전혀 달라지지 않았을 것이다.

만일 밥이 즉흥적으로 연설을 했다면 그렇게까지 강력한 효과를 거두지는 못했을 것이다. 그리고 활기 없는 연설을 했다면 새 직위로 스카우트될 기회를 얻지도 못했을 것이다. 이처럼 기회를 창조하려면 모든 프레젠테이션에 열정을 다하고 미리 준비하는 자세가 필요하다. 당신은 별로 중요하지 않고 힘도 없는 사람에게 말을 하고 있다고 생각할지 모른다. 하지만 작은 물고기들은 큰 물고기 옆에 붙어 다니는 습성이 있음을 명심하기 바란다.

즉흥적으로 말하는 실수를 피하는 방법

즉흥적으로 말하는 습관이 몸에 밴 사람은 마음가짐부터 다시 가져야 한다. 우선 프레젠테이션 무대를 우리가 투우사가 되어 소와 싸우는 투우 경기장이라고 생각하는 견해부터 고치기 바란다. 대신 연주회 전에 많은 연습을 해야 하는 오케스트라의 지휘자가 되었다고 생각하라.

먼저 자신의 프레젠테이션 유형은 다음 중 어디에 해당하는지 따져보자. 크게 네 가지 유형이 있다.

1. 즉흥형 - 미리 작성된 원고 없이 그 순간 머릿속에 떠오르는 간단한 윤곽만 가지고 행하는 연설.
2. 즉석형 - 개요만 적어놓고 행하는 연설.
3. 원고의존형 - 미리 작성해놓은 원고를 글자 그대로 읽기만 하는 연설.
4. 암기형 - 미리 연습을 통해 원고를 암기한 다음 보지 않고 재현해내는 연설.

즉흥적으로 말하는 문제를 해결하려면 가장 먼저 자신의 연설유형이 이 가운데 어디에 속하는지 판단해야 한다. 이 가운데 마음에 드는 연설유형이 있다면 어떻게 준비를 시작해야 할지 알 수 있을 것이다. 그렇다. '준비'가 필요하다. 다시 말해 '시간'이 필요하다는 것이다. 멋진 프레젠테이션을 하고 싶다면 반드시 준비할 시간을 가져야 한다.

프레젠테이션의 네 가지 유형

말을 하기 전에 꼭 이렇게 많은 준비를 할 필요가 있느냐고 묻고 싶을지 모른다. 그런데 내 경험에 의하면, 아무리 뛰어난 재능을 가진 사람이라도 문제들을 종이 위에 적어놓고 연구하지 않으면 그것들을 제대로 파악하기 힘들다. 또 중구난방으로 말을 하다 보면 중요한 생각을 놓쳐버리거나 본래의 주제에서 벗어나기 쉽다. 중요하지 않은 문제에 너무 많은 시간을 할애하고, 더 중요한 문제는 제대로 언급하지도 못한 채 넘어가는 경우가 얼마나 많은가? 이제, 네 가지 프레젠테이션 유형을 자세히 살펴보기로 하자.

■ 즉흥형

즉흥형은 머릿속에 정리해놓은 대강의 윤곽에 따라 말을 하지만, 무슨 말을 할지는 마음속에 정해놓고 프레젠테이션을 행하는 유형이다. 즉흥형 프레젠테이션은 청중과 자유롭게 상호작용을 주고받을 수 있다는 장점이 있으며, 잘만 하면 당신이 그 주제에 관해 얼마나 많은 지식을 가지고 있는지를 보여줄 수 있는 기회가 된다.

그러나 즉흥형 프레젠테이션은 상대방을 설득하는 데 어려움을 겪을 가능성이 크다. 주제를 설명하기에 딱 맞는 표현을 바로바로 생각해서 골라내기가 쉽지 않기 때문이다. 즉흥적인 프레젠테이션을 하는 사람은 청중이 즉흥적인 질문을 할 경우 제대로 대답을 못하는 실수를 저지를 가능성이 있다. 두 사람 모두 즉흥적으로 말을 하지만 두 사람의 입장은 사뭇 다르다. 프레젠테이션을 하는 쪽은 즉흥적으로 말을 하더라도 어느 정도 준비가 필요하기 때문이다.

■ 즉석형

즉석형 프레젠테이션은 무슨 말을 할지 미리 생각하고 대강의 윤곽을 글로 정리해놓은 뒤에 프레젠테이션을 하는 것이다. 물론 연설내용을 원고로 적어두는 것은 아니다. 이는 세일즈맨들이 가장 흔하게 사용하는 유형으로, 밥의 연설도 이 유형이었다. 이것은 질문이 나올 경우 발표하는 사람이 자신의 프레젠테이션을 마음대로 조절할 수 있다는 장점이 있다.

즉석형은 대개 한두 장 정도로 요약해놓은 윤곽을 보면서 연설을 한다. 고객들이 이해하기 쉽도록 요점을 간단하게 써서 배포한 다음, 그것을 보면서 말을 풀어나가기도 한다. 나는 대부분의 사람들에게 이 방식을 택하라고 강력하게 권한다. 물론 거기에는 특별한 이유가 있다.

첫째, 말할 요지를 요약해놓은 원고가 앞에 놓여 있으므로 강연을 끝내고 나갈 때, '오 이런! 중요한 이야기를 빼먹었군.' 하고 한탄하는 일이 생기지 않는다. 언제든 요약원고를 참조할 수 있으므로 말이 엉뚱한 방향으로 새는 일을 방지할 수 있다.

둘째, 말하는 요지를 정리해서 청중에게 미리 나누어주면 그들은 당신이 말하는 내용을 더 잘 이해할 수 있다. 게다가 프레젠테이션을 듣는 동안 그 위에 필요한 내용을 메모하기까지 한다. 그러므로 아무리 번쩍거리는 안내책자와 각종 자료가 준비되어 있더라도, 당신이 종이 한 장에 단 한 줄로 써놓은 요약문만큼 프레젠테이션에 크게 도움을 주는 보조자료는 없다. 그 요약문은 당신이 연설을 하는 동안 청중의 손에 들려 있기 때문에 더욱 쓸모가 있다. 그들은 그것을 받아서 그 위에 추가로 메모를 할 것이다. 사람들은 자신의 소유라고 느끼는 것을 손에서 놓지 않으려는 경향이 있다. 그러므로 프레젠테이션을 할 때 한쪽 면에만 짧게 요약해놓은 종이를 나누어주는 것은 효과를 높이는 방법이다. 결과적으로 청중은 그 메모 한 장 덕분에 더 집중하여 프레젠테이션을 듣게 되며, 따라서 더 많은 양의 정보를 흡수할 수 있다.

한편, 이 유형의 약점은 주장을 정확하게 전달하기 위해 필요한 단어를 잊어버릴 가능성이 있다는 점이다. 프레젠테이션을 진행하면서 정확한 단어를 기억해내려고 애쓰느라 말을 더듬어본 경험이 있는 사람이라면 이 문제를 이해할 수 있을 것이다. 또 한 가지 단점은, 도입부에 너무 많은 시간을 써버리면 후반부에 시간이 부족해서 프레젠테이션이 균형을 잃을 우려가 있다는 점이다.

■ 원고의존형

원고의존형은 프레젠테이션에서 할 말을 모두 미리 적어두는 유형으로, 원고를 그대로 읽어 내려가는 방식이다. 이 경우 발표자는 자신이 하는 말이 정확하게 어떤 의도를 내포하고 있는지 제대로 이해한다. 그만큼 사용되는 언어에 힘이 있고 설득력이 있다. 또한 제한된 시간을 정확하게 지킬 수 있다. 이 유형은 정부 대변인이나 학술세미나 발표자들이 중요한 메시지를 발표할 때 종종 이용한다.

단점은 구어체와 달라서 조금 어색하거나 수필을 듣는 것처럼 맥 빠지는 분위기가 될 가능성이 있다는 점이다. 그리고 이런 식의 진행은 청중이 자연스럽게 반응하는 데 방해가 되는 경향이 있다. 판에 박힌 듯 그대로 읽어 내려간다는 느낌이 들지 않게 전문가다운 인상을 주려면 미리 많은 연습을 할 필요가 있다.

■ 암기형

암기형 프레젠테이션은 원고를 미리 작성한 다음 완전히 외워서 발표하는 것이다. 과거에는 이런 유형이 많았다. 하지만 최근에는 대부분의 세일즈맨들이 이보다는 즉석형 프레젠테이션을 선호하는 추세다. 나는 개인적으로 암기형을 높이 평가하는데, 발표자가 청중에게 집중하는 데 도움이 되기 때문이다. 이는 특히 형식적인 프레젠테이션을 할 때 효과적인 유형이다. 그러나 제대로 진행하려면 매우 많은 노력과 연습이 필요하다. 예컨대 중간에 할 말을 잊어버린다면 어떻게 될까? 굳이 답하지 않아도 짐작할 수 있을 것이다.

우리 훈련프로그램에서는 참가자들이 원고를 암기하여 프레젠테이션 실습을 하면서 고객이 이의를 제기할 때 어떻게 반응하는지를 비디오로 촬영하여 보여주었다. 그 결과 고객들이 이의를 자주 제기한다는 사실을 새삼 깨달았으며, 미리 연습을 통해 필요한 대답을 암기해놓으면 설득력이 커진다는 것을 느낄 수 있었다.

프레젠테이션을 미리 연습하면서, 예측 가능한 반대의견에 대답할 말까지 준비해놓으면 아주 유용하다. 특히 답변시간이 몇 분 이내로 제한되어 있는 경우에 아주 큰 효과를 발휘할 수 있다. 또한 주로 나오는 질문을 뽑아서 답변을 준비해둔다면 훨씬 효과적인 프레젠테이션이 될 수 있다.

리소스 다이나믹스(Resource Dynamics) 사에서 일할 때, 나는 콜레트라는 여자와 한 조를 이루어 일을 했다. 그녀는 그 전에 전혀 다른 종류의 회사에서 근무했다. 그래서 직업훈련프로그램에 대해서는 제대로 이해하고 있었지만, 전화로 상품을 설명하다 고객이 이의를 제기할 때는 어떻게 대처해야 하는지 잘 몰랐다. 그녀는 옆에서 내 전화통화를 듣다가 내가 고객의 이의를 처리하는 방식에 깊은 인상을 받았다고 고백했다. 그녀는 내 기술이 자신에게도 효과가 있을지 알고 싶어했다. 내 전화통화를 듣는 것이 도움이 되기는 했지만, 그녀는 아직 다양한 질문에 대처하거나 거절을 극복하기 위해 필요한 다양한 응답법들을 받아들일 준비가 되어 있지 않았다.

그녀의 문제를 해결하기 위해 우리는 우선 내 프레젠테이션과 내가 고객의 질문이나 거부에 응답하는 내용을 그대로 오디오테이프에 녹음했다. 또 여러 건의 전화통화도 녹음했다. 그런 다음 테이프를 돌려 들으면서 그대로 받아 적었다. 그리고 그 원고를 잘 정리해서 복사한 다음 벽에 붙였다. 그렇게 해서 그녀는 전화통화를 하다가 잠재고객이 이의를 제기하면 책상 앞에 붙여놓은 원고를 보면서 적절한 응답을 바로 찾아낼 수 있었다. 그녀는 고객들의 거부를 크게 8종류로 구분하고 그 밑에 응답을 달아놓았다. 얼마 뒤 고객의 질문에 반사적으로 응답할 경지에 이르자 그녀는 벽에 붙여놓은 것을 떼어버렸다. 내 응답을 녹음하고 베껴 적어서 책상 앞에 붙여놓는 방식이 그녀에게 큰 도움이 된 것이 분명했다.

이 사례에서 볼 수 있듯이 프레젠테이션을 미리 연습하면서 예상 질문에 대한 답변을 준비해놓으면 매우 효과가 크다. 특히 주어진 시간이 많지 않거나 바로바로 응답을 해야 하는 상황일 때 더욱 그러하다. 요컨대, 상대의 거절에 효과적으로 대응하기 위해서는 암기형 프레젠테이션 기법이 매우 유리하다.

사용할 유형 결정하기

좋은 프레젠테이션을 실시하는 방법은 여러 가지다. 특히 잠재고객에게 알맞은 말을 골라서 할 경우 좋은 프레젠테이션이 될 가능성이 높다. 여러 명의 청중을 앞에 두고 한 번만 프레젠테이션을 실시하는 경우도 있다. 이런 경우에는 상대할 집단의 구성원들을 몇 그룹으로 나누어 각 그룹의 요구에 응하기 위한 시간을 조금씩 할애하면 더 큰 효과를 발휘할 수 있다.

다음은 프레젠테이션의 유형을 결정하고 프레젠테이션을 구성하기 위한 일반적인 기준이다.

- 주어진 시간을 고려하라(이 문제는 Chapter 4에서, 그 외에 다른 점들도 뒤에서 다시 다룰 예정이다).
- 미리 시간을 내서 준비하고, 논리적인 구성에 맞추어 연습하라.
- 메시지를 전달하기 위해 필요한 모든 요점을 충분히 포함시켜라.
- 각각의 요점을 명확하고 일관된 관점으로 다루어라.
- 프레젠테이션 대상이 소집단인지 대집단인지 판단하라.
- 청중에게 알맞은 시청각자료를 선택하라.
- 청중에게 프레젠테이션의 요지를 종이 한 장에 정리해서 나눠주어라.

논리적이고 설득적인 프레젠테이션의 효과

당신은 프로 세일즈맨답게 예리하고 상대방의 마음을 움직이는, 정말 기억에 남는 프레젠테이션을 할 수 있다. 아니면 나중에 연락하겠다는 정도의 답변 외에는 다른 행동을 유도하지 못하는 맥 빠지고 활기 없는 프레젠테이션을 할 수도 있다. 어느 쪽을 선택하겠는가? 잘 짜여진 프레젠테이션은 자연스럽게 들리며, 청중의 관심을 끌어당기는 힘이 있다. 또한 당신이 의도하는 모든 요점을 제대로 전달하는 동시에 청중의 요구에 적절하게 맞아떨어지는 요소를 제시할 수 있다. 결과적으로 이런 프레젠테이션은 폭발적인 영향력을 발휘할 수 있다.

준비할 시간이 부족한 경우

이렇게 묻는 사람들이 있다. "만약 효과적인 프레젠테이션을 준비할 시간이 부족한 상황이라면 어떻게 하죠?" 비법은 당신이 말하고 싶은 내용을 꼼꼼하게 계획하는 데 있다. Chapter 4에서 소개할 프레젠테이션 구성양식을 잘 활용하면 하룻밤 사이에라도 각 상황에 맞는 프레젠테이션을 준비할 수 있을 것이다. 성패는 사실과 자료를 얼마나 꼼꼼히 확인하느냐, 그리고 작성해놓은 구성양식을 얼마나 충실히 따르느냐에 달려 있다.

1 임기응변으로 프레젠테이션을 진행하는 것은 중요한 시간을 쓸데없이 낭비하는 일이다. 되도록이면 즉흥적인 대화를 피하는 것이 바람직하다.

2 프레젠테이션의 위력은 우리의 상상을 뛰어넘는다. 미리 준비하고 연습해야 그런 위력을 발휘하는 프레젠테이션을 할 수 있다.

3 프레젠테이션에는 (1) 즉흥형, (2) 즉석형, (3) 원고의존형, (4) 암기형 등 네 가지 유형이 있다.

4 판매를 할 때는 대략적인 요점만 적어놓고 그것을 참고하여 말을 풀어가는 즉석형 프레젠테이션을 권하고 싶다.

5 하룻밤 사이, 혹은 아주 짧은 기간 안에 프레젠테이션을 준비해야 한다면, Chapter 4에서 제시할 즉석형 프레젠테이션 구성양식을 참고하기 바란다.

03

정보의 제공보다
설득에 치중하라

선택할 것이 너무 적어서 위험한 경우는 별로 없다. 오히려 선택할 것이 너무 많을 때가
위험하다. 수많은 선택안은 사람을 곤혹스럽게 만들기 때문이다.
– 리처드 리빙스턴 경(Sir Richard Livingston)

과도한 정보제공이 큰 실수인 이유

현대의 시장환경에서 대부분의 세일즈맨들이 저지르는 가장 큰 실수를 짚어보도록 하자. 많은 기업이 매년 이 실수 때문에 수백만 달러의 돈을 낭비하고 있다. 바로 고객을 설득하기보다는 정보를 제공하는 데 치중하는 프레젠테이션을 하는 경우다.

만일 당신이 많은 고객을 만나고는 있는데 정작 성사되는 계약은 별로 없다면, 한번쯤 자신에게 이렇게 물어보기 바란다. "내가 혹시 지나치게 정보를 제공하는 데만 치중하고 있진 않은가? 정말 설득력 있는 프레젠테이션을 하고 있는가?"

솔직히 말해서 사람들을 설득해서 어떤 행동을 하도록 유도하는 것보다 정보만 제공하는 쪽이 훨씬 마음 편하다. 판매는 도전이다. 혹시 고객에게 더 많은 정보를 알려주면 미안해서라도 당신과 계약을 맺으리라 생각하는가? 그것은 큰 오산이다. 그런 식으로 당신의 실적이 높아지지는 않는다.

불행하게도 고객은 당신이 전달하는 정보만 쏙 빼간 다음, 당신의 경쟁자들과 협상할 때 그 정보를 이용한다. 그런 상황은 상상하고 싶지도 않겠지만, 모든 정보를 뿌려대며 자선가처럼 행동할수록 당신은 더 큰 상처를 받을지 모른다.

프레젠테이션의 역할을 깨닫자

프레젠테이션을 할 때 반드시 알아야 하는 것은 사람들을 설득하는 방법이다. 설득적이 되라고 재촉할수록 당신은 점점 더 방어적인 자세를 취하고 있지는 않은가? 당신은 이렇게 말할지 모른다. "테리, 그런 것은 나에게 안 맞아요. 그건 내 모습이 아니란 말입니다." 혹은 이렇게 변명을 할지도 모른다. "어떻게 해야 그렇게 되죠? 나는 그런 성격이 아닌데."

판매를 할 때 당신의 역할이 무엇인지부터 정의해보기 바란다. 그리고 프레젠테이션의 결과로 어떤 일이 일어나기를 바라는지도 생각해보라. 만일 당신이 상품, 서비스, 아이디어, 철학, 혹은 자기 자신을 판다면 상대방에게 기대하고 있는 행동이 있을 것이다. 그것은 정보를 제공하기보다 설득하려고 노력해야 한다는 의미와 통한다.

세일즈맨의 역할은 엄격히 말해서 정보를 제공하는 것이 아니다. 당신이 전달하는 메시지에는 어떤 의도가 숨어 있어야 한다. 이렇게 말하면 당신은 뒤로 물러서면서 다음과 같이 말할지 모른다. "나는 그러고 싶지 않아요. 나는 계약을 하라고 끈질기게 졸라대는 세일즈맨은 되고 싶지 않단 말입니다." 혹은 "그런 식으로 내 고객을 공격하고 싶지 않습니다."라고 말하는 사람도 있을 것이다. 심지어 업종을 잘못 택했다고 후회하는 사람도 더러 있을 것이다. "나는 영업직에 종사하고 싶지 않아. 영업을 하더라도 그런 사람으로 인식되기는 싫어."

나는 당신의 성격을 바꾸어놓으려고 하는 것이 아니다. 설득력 있는 프레젠테이션을 하기 위해서 특정한 성격이 될 필요는 없다. 한 가지만 배우면 된다. 바로 표현하는 방법이다. 메시지에 담긴 의도를 전달하는 데는 당신이 어떤 성격이든 상관없다.

프레젠테이션의 세 가지 종류

프레젠테이션에는 세 종류가 있다. 정보전달형, 설득형, 의식형 프레젠테이션이 그것이다.

■ 설득형 프레젠테이션

설득형 프레젠테이션은 주장을 내세우는 것으로 시작해서 행동(계약)을 유도하는 쪽으로 결론을 맺는다. 계약서에 서명을 하거나 다음 약속을 정하게 하는 등 청중을 특정한 행동으로 유도하는 것이다.

■ 의식형 프레젠테이션

의식형 프레젠테이션은 참석자들이 소중히 여기는 가치에 호소하는 방식이다. 발표자는 청중과 교감을 나누려고 노력한다. 시상식, 입단식, 환영식, 환송식 등에서 행해지는 연설이 이 범주에 속한다.

■ 정보전달형 프레젠테이션

정보전달형은 가장 일반적으로 행해지는 연설의 형태다. 하지만 세일즈맨들이 영업을 할 때 이 형식을 사용하는 것은 실수다. 세일즈맨들은 정보의 제공보다 설득에 주력하는 대화를 할 필요가 있기 때문이다. 그런데 이런 실수를 저지르는 사람들이 의외로 많다. 정보제공형 대화나 프레젠테이션을 얼마나 많은 사람들이 이용하는지는 몰라도, 분명 세일즈맨을 위한 방법은 아니다. 그런데 전국의 세일즈맨들에게 세 가지 유형 가운데 어떤 종류의 프레젠테이션을 주로 이용하느냐고 물으면 대개 정보제공형이라고 답할 것이다. 당신 역시 정보제공형 세일즈맨이었던 경험이 있지 않은가?

정보제공형 프레젠테이션은 객관적인 자세를 유지하려는 경향이 있다. 이 형식은 어느 한쪽으로 치우침 없이 어떤 사실을 소개하는 형식이기 때문이다. 세일즈맨으로서 당신의 목표는 고객을 교육시키는 것인가, 아니면 판매를 하는 것인가? 정보제공형 프레젠테이션을 할 때는 무엇보다 공정한 입장을 취하는 것이 중요하다. 즉 주제와 관련된 모든 면을 공평하게 말해야 한다. 예컨대 당신은 경쟁하는 다른 제품들까지 가져와서 이렇게 말해야 하는 것이다. "이것이 저의 제품입니다. 그리고 경쟁자들의 제품도 모두 가져왔습니다. 그러니 당신이 알아서 결정하세요."

세일즈맨에게는 정보제공형 대화가 적합하지 않다. 정보제공형 대화는 공정해야 하며, 모든 면을 두루 말하고, 경쟁보다는 협조를 구해야 하고, 학습에 중점을 두어야 하기 때문이다. 그렇다면 정보제공을 주로 하는 직업이 있을까? 물론 있다. 바로 교사가 그렇다.

나는 종종 이런 질문을 받는다. "테리, 정보와 설득이 조화를 이루어야 가장 이상적인 프레젠테이션이 되지 않을까요?" 물론 그렇다. 때로 우리는 정보제공과 설득을 둘 다 하겠다고 욕심을 부린다. 하지만 대개 그 중 하나의 목적, 그것도 잘못된 목적만을 추구하는 것이 문제다. 지난 10년 동안 수많은 연수생들과 훈련 비디오테이프를 찍었다. 그런데 "당신의 프레젠테이션은 지나치게 설득적이네요. 조금 더 정보를 제공해야 겠어요."라고 지적했던 경우는 단 한 번도 없다. 왜 그럴까? 정보를 제공하는 일은 별로 어렵지 않기 때문이다. 정보를 제공하는 일은 쉽고 위험이 따르지 않는다. 적어도 "싫어요."라고 거절당할 일이 없기 때문이다. 고통, 염려, 혹은 두려움을 느낄 필요가 없는 것이다. '잠재고객에게 충분한 정보를 제공하기만 하면 내 상품과 서비스가 저절로 팔리겠지.' 이렇게 안일하게 생각하는 사람들이 있다. 그런 일이 천국에서는 가능할지 모른다. 하지만 이 세상에서 그런 일은 절대로 일어나지 않는다. 사람들을 어떤 행동으로 유도하려면 그래야 하는 이유를 설명하고 강력하게 설득해야 한다.

세일즈맨은 정보제공자가 아니다

많은 세일즈맨들이 제품의 특징과 혜택을 설명하는 '정보제공'에 시간을 보내다가 '설득작업'에 들어가지 못하고 우물쭈물하는 경향이 있다. 그들은 충분히 설득하지 않거나, 설득적인 요소를 너무 늦은 순간까지 감춰놓는다. 정보제공형 프레젠테이션만 선보인 뒤, 고객에게 구매를 결정하게 만드는 자극을 전혀 혹은 거의 가하지 않는 것이다. 정보제공형 프레젠테이션에는 절박함이 느껴지지 않는다. 결국 고객은 이렇게 말할 것이다. "대단하군요. 좋은 정보 고맙습니다!" 그런 다음 그들은 그냥 문밖으로 나간다. 당신은 그들이 죄책감 때문에라도 후에 다시 돌아와서 당신과 계약을 할지 모른다고 기대할 것이다. 그러나 한 가지 분명한 사실이 있다. 고객들은 당신과 구매계약을 맺지 않았다고 죄책감을 느끼는 일은 절대 없다는 사실이다. 당신은 정보를 제공하는 동안 "싫어요."라는 거절을 듣지 않아도 된다고 안심할지 모르지만, "좋아요."라는 대답도 절대 들을 수 없다는 점을 명심해야 한다.

다음 문장을 큰 소리로 반복해서 읽고 그대로 실천하기 바란다. "나는 세일즈맨이지 정보제공자가 아니다."

그렇다. 프로 세일즈맨은 정보를 제공하기 위해 고객에게 말을 하지 않는다. 당신은 설득하기 위해 말을 해야 한다.

다시 한 번 반복해보자. "나는 설득하기 위해 말하는 세일즈맨이다."

계속해서 마음속으로 외치자.

어치브먼트 그룹에서 경험한 세일즈

상품의 특징이나 혜택 등의 정보만 제공하는 차원에서 벗어나 더 설득력 있는 세일즈 프레젠테이션을 해야 한다는 깨달음은 개인적인 경험에서 나왔다. 나는 고교시절 운 좋게도 짐 카포리오(Jim Caforio. 1970년 전미 토론경연대회 2위 입상자 - 역주)에게서 연설방법을 지도받았다. 그는 학생들 가운데 나를 포함한 몇 명을 뽑아서 2학년 때부터 연설과 토론방법을 집중적으로 지도했다. 덕분에 나는 대학에 입학할 때까지 공식적인 프레젠테이션을 하는 데 늘 앞장섰다. 그리고 대학교 3학년 때는 미국에서 설득력 있는 연설가 13위로, 4학년 때는 6위로 뽑혔다. 진로를 결정하기 위해 고민을 시작하기 전까지는 그 기록에 자만하기도 했다.

대학을 졸업할 때 나는 정확한 진로목표가 서 있지 않았기 때문에 성적증명서와 각종 자료들을 추려서 취업상담실을 찾아갔다. 그리고 책상 위에 파일들을 내려놓으며 말했다. "제가 무슨 일을 해야 알맞을까요?"

"글쎄요. 당신의 연설과 토론경력을 보면 영업직이 맞을 것 같군요."

나는 곧바로 받아쳤다. "네? 농담이시죠! 대학까지 졸업하고서 세일즈맨이 되고 싶지는 않아요."

나는 대학만 졸업하면 영업 같은 일은 하지 않아도 먹고 살 방법이 있을 것이라는 잘못된 믿음을 가진 사람 가운데 한 명이었다. 지금은 그런 생각이 얼마나 어리석었는지 잘 안다. 누구나 무언가를 팔아야 살아갈 수 있다는 것을 깨달았기 때문이다. 하지만 나는 영업직에 종사하고 싶다고 생각한 적은 없었다. 그래서 "다른 길도 있을 거예요!"라고 주장했다.

"글쎄요. 로스쿨에 입학하는 것도 한 가지 방법이긴 합니다." 상담사가 대답했다.

"그게 더 낫겠어요!" 나는 이렇게 외쳤다.

그리하여 나는 로스쿨에 가기로 마음을 먹고 필요한 서류를 준비하기 시작했다. 그러던 중 당시 미국 상원의원이던 피트 윌슨(Pete Wilson)의 사무실에서 인턴사원으로 일할 기회를 얻었다. 곧 나는 로스쿨 3년 동안 학비가 얼마나 들지 계산해봤다. 당시로서는 총 6만 달러 이상이 필요했다. 부모님께 학비 예상 견적을 보여드렸으나, 스스로 알아서 해결하라는 대답이 돌아올 뿐이었다.

나는 생각했다. "좋아. 짧은 기간 안에 이 수업료를 마련할 방법이 없을까?" 한 가지 방법이 떠올랐다. 바로 판매수당을 받을 수 있는 일을 하는 것이다. 그래서 어치브먼트 그룹이라는 회사에 입사하게 되었다. 그 회사는 미국 전역의 세일즈맨 교육담당자들을 대상으로 마케팅과 프로모션을 펼치고 있었다. 나는 그 회사의 외판사원으로 입사했다. 우리는 한 다발의 팸플릿을 받은 다음 뉴욕 버펄로 등의 구역으로 파견되었다. 우리는 그 지역에서 6~8주 정도 지내면서 여러 회사 직원들에게 대규모 훈련개발 세미나에 참석하도록 권유하고 다녔다.

그 일은 거의 판매수당만을 받는 일이었기 때문에 아무것도 팔지 못하면 돈을 한 푼도 벌지 못할 수 있었다. 우리는 사람들을 세미나에 참석하도록 설득하기 위해 상품의 특징과 장점을 배웠고, 가치부가형 판매, 자문형 판매 같은 전형적인 세일즈맨 훈련프로그램으로 훈련을 받았다.

그런 다음 팸플릿과 상품의 특장점에 대한 지식, 동기부여 테이프, 그리고 열정으로 무장한 채 현장으로 나갔다. 그런데 35일 뒤 나는 굶어죽기 직전이었다. 판매수당만 받는 일을 할 경우 세일즈맨은 시간을 마음대로 운영하되 교통비와 전화비용까지 자비로 충당해야 하는 어려움을 겪는다. 그렇게 한 달을 지내고 아무것도 팔지 못했다면 지옥에 곤두박질치는 기분이 들고 만다!

기본으로 돌아가기

나는 얼마나 많은 시간이 물거품으로 변했는지 생각하면서 절망에 빠졌다. 다시 힘을 내야 했다. 그래서 기분을 달래기 위해 내가 성공적인 삶을 살았던 세상을 찾아가보기로 했다. 즉, 대학시절 내가 몸담았던 토론서

클을 방문한 것이다. 나는 캠퍼스를 돌아보고, 토론 지도교수를 방문하여 지난 시절에 대한 추억을 이야기하고 싶었다.

토론 지도교수의 사무실로 들어서자 교수님이 외쳤다. "야, 이게 누구야. 테리 쇼딘. 졸업생이 행차하셨네." 나는 갑자기 기분이 좋아지기 시작했다. 교수님이 다시 말했다. "앉아서 누가 잘하는지 심사 좀 해보겠나?" 그들은 대회를 준비하는 중이었다.

"그러죠." 나는 쉽게 수락했다.

"그런데, 진짜 세상에서는 잘 지내고 있니?" 선생님이 물었다.

"그럼요." 나는 대답했다.

그러자 교수님이 다시 물었다. "영업 일은 잘돼?"

"영업은 정말 힘들어요. 그 일이 정말 싫어요. 아주 죽을 지경이에요."

"자네가 그런 소릴 하다니, 놀랍군." 교수님이 말했다.

"왜요?"라고 내가 물었다.

"자네의 토론실력을 보면 영업을 썩 잘할 거라고 생각했거든."

"영업과 토론이 같다면 그렇겠죠. 그런데 그 둘은 전혀 다른 일이잖아요."

"그런가?"라고 교수님이 놀란 듯 물었다.

"그럼요. 영업은 특징과 장점만 말하지요. 그 다음 그것을 바탕으로 문의에 답해주고, 서비스에 가치를 부가하는 거죠. 정말 힘든 일이에요."

"그럴까?"

"언제 한번 보여드릴게요."라고 내가 말했다.

"그렇다면 지금 당장 보여주면 어떻겠나?"라고 선생님이 제안했다.

그래서 우리는 자리에 앉았고, 교수님은 내가 가장 싫어하던 행동을 했다. 즉, 오디오테이프를 꺼내서 녹음기에 넣은 다음 녹음버튼을 누른 것이다. 나는 녹음기 앞에서 세일즈 프레젠테이션 시범을 마쳤다. 시범이 끝나자 선생님은 녹음기를 끄고 테이프를 꺼내서 나에게 건네주었다.

"자네가 토론대회에서 우승했을 때도 이렇게 했던 것 같아?" 교수님이 물었다.

"아니요. 그게 문제예요. 토론과 영업은 완전히 다르잖아요." 내가 투덜거렸다.

"아냐. 사실은 그렇지 않아." 선생님이 힘주어 말했다. "집에 돌아가거든 이 테이프를 들어봐. 문제가 뭔지 깨달을 수 있을 거야." 괜히 짜증이 난 나는 최대한 정중하게 인사를 한 다음 교수님의 사무실을 나왔다. 그러는 사이에도 머릿속에선 이런 생각이 맴돌았다. "교수님이 뭘 알겠어? 이론만 아는 분인데. 이런 건 하고, 저런 건 하지 마라. 여전히 그런 식으로 가르치려고 하시네! 이건 진짜 세상이야. 여기서는 학문적인 방법 따윈 전혀 먹히지 않는단 말이야."

순간 좌절감이 밀려왔다. 하지만 이대로 무너지면 안 된다는 생각이 들었다. 나는 테이프를 자동차 스테레오에 끼우고 토론 참가자의 입장에서 내 프레젠테이션을 들어보았다. 다 듣고 나자, 프레젠테이션 방식을 전체적으로 개선해야겠다는 생각이 들었다. 우선 나는 쓸데없이 장황한 정보를 상당부분 던져버렸다. 내가 행한 프레젠테이션을 평가하면서 설득적인 프레젠테이션과 제품의 특장점만 강조하는 프레젠테이션의 차이가 무엇인지 확실하게 깨달았던 것이다.

특장점을 설명하는 프레젠테이션에는 긴박감이 없다. 그것은 정보전달형 프레젠테이션이다. 정보전달형 프레젠테이션에서 프레젠터는 결말에 고객에게 이렇게 말할 것이다. "좋습니다. 이제 생각할 시간을 드리겠습니다."

결국 나는 지도교수의 지적이 옳다는 것을 깨달았다. 변화가 필요한 부분을 수정하고 나자 나는 비로소 설득형 세일즈맨이 되어서 설득적인 프레젠테이션을 할 수 있을 거라는 자신감이 솟았다. 결과적으로 실적이 급상승했고, 얼마 뒤 나는 어치브먼트 그룹에서 가장 실적이 좋은 직원으로 꼽히게 되었다.

주장을 앞에, 특장점은 뒤에

설득적인 프레젠테이션을 구상할 때, 결말부분에 가서만이 아니라 전반적으로 설득력을 발휘할 수 있도록 계획한다면 더 좋다. 물론 결말에 가서 설득하는 형식이 가장 일반적이지만, 프레젠테이션 전체를 설득적으로 구상한다면 훨씬 유리할 것이다. 그렇게 하면 계약 이야기를 꺼낼 때도 부담을 덜 느낄 수 있을 것이며, 계약을 성사시키기도 더 쉽다. 또 처음부터 상대방을 결정으로 유도하려는 의도가 있음을 시사했기 때문에 고객 입장에서도 계약 이야기가 나올 때 거부감을 덜 느낀다.

세일즈맨은 구매자의 생각이나 행동에 영향을 미치는 데 중점을 두어야 하며, 보조도구들을 적절히 활용하여 그 목적을 달성해야 한다. 그 방법에 대해서는 뒤에서 살펴보기로 하자. 어쨌든 당신은 상품이나 서비스 혹은 아이디어를 '파는 것'이 목적이라는 사실을 명심하라. 만일 그 일이 성사되지 않으면 그 사람에게 정보를 제공하기 위해 들인 노력은 당신 혹은 회사 입장에서 볼 때 쓸데없는 낭비인 셈이다.

특장점을 설명할 필요가 전혀 없다는 얘기가 아니다. 특장점들이나 부가되는 서비스는 목록만 설명하고, 강연장 문을 나서기 전에, 그리고 고객에게 권한을 넘겨주기 전에 그들과 충분히 토론을 벌여야 하는 것이 우리의 임무다. 고객이 왜 당신에게 협조해야 하는지, 그들이 왜 당신의 회사와 계약을 해야 하는지, 그리고 왜 지금 그렇게 해야 하는지 분명한 이유를 10가지씩 생각해두기 바란다. 프레젠테이션 초반에 당신이 할 수 있는 가장 설득력 있는 주장을 내세워야 한다. 그리고 특장점은 맨 나중에 설명하라. 이렇게 하면 프레젠테이션의 구성에 균형이 잡힌다. 주장을 앞에 세우고 특장점을 뒤에 말하는 것이 어째서 현명한 방법인지 그 이유를 간단한 사례를 들어 설명하겠다.

법정을 떠올려보자. 재판관은 맨 앞에, 배심원은 측면으로 조금 뒤쪽에 배치되며, 검사와 변호사가 있다. 재판관이 의사봉으로 책상을 탕탕 두드려 재판이 시작되었다고 선언하면, 검사와 변호사가 일어나서 첫 진술(주장)을 한다. 즉, 특장점부터 설명하기 시작하는 것이 아니다. 그런 다음 증인을 비롯한 모든 증거를 내보이고 나서 재판 초에 제기했던 진술을 법정에 제출한다. 그렇다면 증거와 증언에 대한 프레젠테이션이 끝난 다음 무엇으로 마무리를 하는가? 바로 마지막 진술(주장)이다. 이처럼 재판과정 역시 정보제공뿐 아니라 설득에도 비중을 둔다. 프레젠테이션을 할 때, 법정에서 진술을 하고 있다고 생각하면 설득과 정보제공이 균형을 이룰 수 있을 것이다.

설득형 프레젠테이션의 다섯 가지 특징

설득형 프레젠테이션은 상대방의 생각이나 행동에 영향을 미치려는 의도를 갖고 있다. 그 의도는 전달하는 메시지와 밀접하게 연관이 있다. 상대방의 견해에 영향을 미치려 할 때 우리는 언어라는 도구를 사용한다. 청중은 당신이 제공하는 정보를 자신의 개인적인 상황에 연관시킬 수 있으며, 당신이 제공하게 될 상품이 자신에게 어떤 보탬이 되는지 판단할 수 있다.

설득형 프레젠테이션에는 다음과 같은 다섯 가지 기본적인 특징이 있다.

1. 상호작용
2. 확신 주기
3. 불이익(harm) 창조
4. 선택안 제시
5. 경쟁하기

■ 상호작용

상호작용은 화자와 청자 사이에 주고받기가 이루어져야 한다는 의미다. 상대방을 설득하려면 일방형 커뮤니케이션으로는 어림없다. 설득형 대화의 상호작용 혹은 상호교류적인 특징을 학술용어로는 '소크라테스식 접근법(Socratic approach)'이라고 부른다. 화자 혹은 세일즈맨은 올바른 질문을 하고 청중의 대답을 들은 다음 프레젠테이션을 끝내기 전에 그

대답에 따라 적절한 조치를 취해야 한다.

> 사람들을 설득하고 싶다면 상대방의 요구나 욕망과 관련 있는 표현을 써서 당신이 말하는 것의 가치와 타당성을 증명하라. …… 성공적인 협상은 상대방이 정말로 원하는 게 무엇인지 찾아내서 그것을 얻을 수 있는 방법을 제시하면서 동시에 당신이 원하는 것을 얻으려고 할 때 가능하다.
>
> – 허브 코헨(Herb Cohen)

내 훈련프로그램 참가자들은 잠재고객이 거절하기 전에 미리 일반적인 거절에 대해 답변을 하는 방식의 프레젠테이션을 실습한다. 나는 이런 접근방식을 '선행적 프레젠테이션(proactive presentation)'이라고 부른다. 이것은 '반응적 프레젠테이션(reactive presentation)'보다 훨씬 바람직하다. 반응적 프레젠테이션은 청중에게 단순히 정보를 제공한 다음 그들에게 거절할 기회를 준다. 이 경우 세일즈맨은 프레젠테이션이 끝나기 전에 청중의 거절을 뒤엎을 수 있어야 원하는 목적을 이룰 수 있다. 그러나 선행적 프레젠테이션은 일반적인 수준의 거절을 미리 어느 정도 차단할 수 있으므로 유리하다.

■ 확신 주기

듣는 이에게 확신을 주려면 프레젠테이션 내용이 논리적이어야 한다. 자신의 주장을 논리적으로 전개시키지 않고 프레젠테이션 내용을 억지로 꿰어 맞추려면 얼마나 어려운지 경험해보았을 것이다. 다음은 논리정연하고 설득력 있는 주장을 펼치기 위한 5단계이다.

1. 요구 일깨우기

2. 문제 제시하기

3. 해결책 제시하기

4. 변화를 시각적으로 보여주기

5. 행동을 요구하기

요구 일깨우기

이것은 잠재고객이 자신의 요구를 깨닫도록 도와주는 것이다. 만나는 고객마다 자신의 요구나 바람에 대한 자각수준이 다르다. 때때로 당신이 판매하는 제품이나 서비스에 대해 전혀 모르는 고객을 만나는 경우도 생긴다. 고객의 이해정도를 파악한 후, 완전히 깨닫도록 돕는 것이 세일즈맨의 역할이다. 실제로 우리는 자신에게 무엇이 필요한지, 혹은 우리가 어떻게 도와주어야 하는지 전혀 모르는 고객들을 수없이 많이 상대해야 한다.

문제 제시하기

모든 사람들이 무언가를 구매하는 이유는 그것이 필요하기 때문이다. 상품이나 서비스는 고객의 요구를 해결하거나 문제를 덜어준다. 문제는 크게 시간, 돈, 감정적인 요구로 분류할 수 있다.

해결책 제시하기

세일즈맨은 자신이 제공하는 상품이나 서비스가 고객의 문제를 어떻게 해결할 수 있는지 보여줄 수 있어야 한다. 해결책을 제시하는 것은 논리적인 주장을 펼치고 확신을 주기 위해서 반드시 필요한 요소이다. 당신이 고객의 문제를 자각하게 만들었다면 그 불만족스런 부분을 해결하게 도와주는 것 역시 당신의 책임이다. 당신은 해결책을 제시할 수 있다. 그들에게 상품이나 서비스를 구매하도록 설득하면 되는 것이다. 그렇게 함으로써 그들의 시간, 돈, 건강을 구제해줄 수 있다.

상품이나 서비스가 너무 비싸다고 거절하는 고객을 만난 적이 있는가? 다음의 사례를 읽어보면 그런 종류의 거절에 효과적으로 반격할 수 있는 답변요령을 깨닫게 될 것이다.

고객의 거절에 대응하는 방법을 알려주는 사례

나는 여행을 많이 다니는 편인데, 호텔에서 체크아웃을 할 때면 허겁지겁 서두르게 된다. 그래도 물건을 잃어버리는 일은 좀처럼 없었는데, 딱 한 번 호텔방에 운동화를 두고 나온 일이 있었다. 정확하게 말하면 한 짝만 가지고 나왔다. 집에 도착해서 나는 어머니에게 운동화를 한 켤레 사야겠다고 말했다. 어머니는 근처의 쇼핑몰 대신 조금 떨어진 대형할인점에 가자고 했다. 어머니가 그곳 회원인 데다 그곳 물건이 더 쌀 것이라는 이유에서였다.

나는 그런 대형할인점에 가본 적이 없었기 때문에 주차장이 매장에서 800미터나 떨어져 있으리라고는 예상하지 못했다. 하는 수 없이 입구까지 한참을 걸어서 갔다. 입구에서는 직원이 회원카드를 보여달라고 요구했다. 어머니는 카드를 찾느라 지갑 속을 한참 뒤적거렸다. 그 사이 우리 뒤에는 사람들이 길게 늘어섰고, 그들은 먼저 들어가겠다고 우리를 사방에서 밀어댔다. 마침내 어머니가 카드를 찾아내서 우리는 간신히 안으로 들어갈 수 있었다.

안으로 들어가서는 신발코너가 눈에 띄지 않아서 직원에게 물어보려했으나, 직원들 역시 보이지 않았다. 단 한 사람도 말이다. 한참을 헤맨 끝에 잔뜩 쌓아놓은 신발더미를 찾아내기는 했다. 그런데 말 그대로 신발더미였다. 전혀 정돈이 되어 있지 않아서 내 사이즈를 찾기 위해서는 그 속을 한참 헤집어야 했다. 그러다 마침내 발견! 사이즈 6 1/2을 찾다니, 정말 운이 좋았다. 그런데 상자를 열어보니, 신발이 한 짝만 들어 있는 게 아닌가? 나는 다시 한 번 신발더미를 헤집어야 했다. 그리고 간신히 다른 하나를 찾아냈다. 나는 상자를 팔 밑에 끼고 계산대로 갔다. 이미 15명이 줄을 서서 기다리고 있었고, 그들의 쇼핑카트는 물건들로 가득 차 있었다. 나는 신발 한 켤레를 계산하기 위해 거의 20분 이상을 기다렸다. 순서가 되어 계산을 하려고 신용카드를 내밀었다. 그러자 계산원은 그 신용카드는 받지 않는다고 했다. 그곳에서는 주요 신용카드를 대부분 사용할 수 없었다. 마침내 차로 돌아와서 생각해보니 우리는 10달러도 안 되는 돈을 절약하기 위해 거의 1시간 이상을 허비한 셈이었다. 게다가 몸은 지치고 기분까지 엉망이 되었다.

한 달 뒤, 나는 다시 한 번 여행을 떠났다가 집에 돌아왔다. 그런데 글쎄, 누군가 내 차문을 열고 그 안에 있던 새 운동화를 훔쳐 갔다. 하지만 이전의 할인매장은 생각만 해도 머리가 지끈거렸다. 그래서 이렇게 생각했다. '이번에는 사우스 코스트 플라자로 가야겠어.' 그곳은 사우스 캘리포니아에서 손꼽히는 쇼핑몰이다. 나는 차를 몰고 쇼핑몰로 갔다. 건물 앞에 주차담당자가 대기하고 있었다. 그는 차 문을 열어주면서 어느 정도 시간이 소요되겠는지 묻고 미소 띤 표정으로 차 열쇠를 받은 다음 주차증을 주었다. 나는 주차 때문에 마음 상하지 않고 곧바로 상점 안으로 들어갈 수 있었다. 주차장과 건물은 바로 붙어 있었다. 나는 곧장 신발 매장으로 갔고, 점원은 아주 친절하게 어떤 종류의 상품을 찾고 있느냐고 물었다. 브랜드명과 사이즈를 대자 점원은 금방 신발을 찾아서 내 발에 신겨주었다. "마음에 드네요." 이렇게 말하자 점원은 계산을 현금으로 할지 카드로 할지 물었다. 그리고 내 신용카드를 받은 다음(나는 자리에서 일어설 필요조차 없었다) 그 신발을 직접 가져가고 싶은지 아니면 배달로 받을지를 물었다. 나는 배달을 해달라고 부탁하면서 무척 만족스런 기분을 느꼈다. 그는 내 카드와 영수증을 돌려주고 배달증에 서명을 부탁했다. 그런 다음 나는 매장에서 나왔다. 나는 주차담당자에게 1달러를 팁으로 준 다음, 내 차를 타고 도로로 나왔다. 나는 대형할인점에 가는 것보다 거의 40분을 절약했다. 그리고 그 시간을 나의 다음 프레젠테이션 준비에 쓸 수 있었다. 게다가 기분은 아주 만족스러웠다. 그 정도면 10달러를 더 지불할 만하지 않은가?

바로 이것이다. 고객이 당신의 상품이나 서비스가 너무 비싸다고 불평한다면, 그것이 그의 시간을 얼마나 절감시켜줄 수 있는지, 혹은 건강을 지켜주는지 보여주라. 그리고 그것이 장기적으로 볼 때 훨씬 돈을 절약하는 방법이라는 사실도 상기시켜야 한다. 그들의 시간은 얼마의 가치가 있는가? 내 경우는 40분이 10달러보다 더 가치 있다고 느껴진다. 내가 처음에 갔던 할인매장에서 나는 돈을 절약한 것인가, 아니면 더 소비한 셈인가?

변화를 시각적으로 보여주기

프로 세일즈맨이라면 잠재고객에게 변화를 눈으로 확인시켜주어야 한다. 그들을 현재의 상황에서 더 나은 라이프스타일로 이끌어줄 수 있음을 증명해야 한다. 자신이 새로운 차원의 생활을 경험하게 될 거라는 사실을 눈으로 보지 못하면 고객들은 당신의 상품이나 서비스가 정말로 필요하다는 확신을 갖지 못한다.

행동을 요구하기

설득형 프레젠테이션의 논리적 구성을 갖추는 데 필요한 마지막 요소는 '행동 요구'다. 다섯 가지 단계 가운데 이것이 가장 중요하다. 당신이 고객에게 바라는 행동이 무엇인지 말하지 않으면 그들은 당신의 메시지를 오해할 가능성이 있다. 그들은 아무것도 구입하지 않을지 모른다. 혹은 다른 경쟁자의 상품을 구매할 가능성도 배제하지 못한다. 고객에게 그런 여지를 남겨주지 마라. 프레젠테이션 앞부분에서 고객에게 충분히 확신을 심어주었다면 그들은 이미 당신에게 동의하며, 당신이 요구하는 행동이 적절하다고 느낄 것이다.

■ 불이익 창조하기

설득형 프레젠테이션은 원래 어떤 대상에 대한 믿음을 다른 대상 쪽으로 바꾸도록 유도하려는 성향이 있다. 청중이 아직 경험하지 못한 새로운 가치를 알림으로써 현재의 상태가 결코 만족스럽지 않음을 일깨우는 것이다. 그것은 고객이나 청중이 현재 이용하고 있는 아이디어에 대한 도전이라고 볼 수 있다. 설득형 프레젠테이션은 고객의 충성에 효과적으로 맞설 수 있다. 고객은 당신의 것과 유사한 상품이나 서비스를 사용해보는 것도 괜찮다고 생각할 수 있지만, 그 정도로는 확실하게 구매를 할 만큼 충분한 동기가 되지 못할 가능성이 크다. 설사 구매하기로 결정하더라도 다른 상품들을 이것저것 돌아본 다음 당신 것이 최고라고 판단하여 당신에게 돌아올 것이라고 장담할 수 있을까?

과거에는 소비자들에게 상품의 특장점을 판매했다. 하지만 오늘날에는 특장점만을 판매해서는 경쟁에서 이기기 힘들다. 경쟁적인 시장에서 너무 특별한 것은 오히려 사라지기 쉽다. 고객들은 그것을 구매할 만한 여유가 없거나 그 상품은 별 소용이 없을 거라고 생각하기 때문이다. 고객들은 자신에게 필요하다고 느끼는 것을 구매할 것이다. 그러므로 세일즈맨은 고객들이 행동하도록 충동질하기 위해 고객의 마음속에 긴박감을 줄 필요가 있다. 불행하게도 특장점만 설명하는 프레젠테이션에는 이런 긴박감이 없다. 그러므로 잠재고객이 상품이나 서비스를 구입해야 하는 이유를 받아들이도록 새로운 요구를 창조하거나, 당신의 제안을 받아들이지 않을 경우 발생할 수 있을 불이익을 지적할 필요가 있다. 새로운 시대의 세일즈맨들은 고객의 요구를 분석하는 수준을 넘어서 새로 창조할 줄도 알아야 하는 것이다.

고객들이 행동에 돌입하려면 그 상품이나 서비스 혹은 사람이 없이는 살 수 없겠다고 느껴야 한다. 그들에게 그런 확신을 주기 위해 현대의 세일즈맨은 불이익을 창조할 줄 알아야 한다. 그렇다면 불이익은 무엇을 말하는가? 나는 이 용어를 토론 지도교수로부터 배웠다. 우리는 자신에게 유리한 상황을 만들어내는 기술로 이 방법을 배웠다. 사실 이것은 토론가, 법조인, 정치인들이 주로 사용하는 방법이지만, 세일즈맨과 사업

가 역시 잠재고객이나 청중 앞에서 주장을 펼치고 설득력 있는 상황을
조성하기 위해 이 방법을 이용할 수 있다. 불이익이란 고객이나 청중이
당신의 상품, 서비스, 관점을 구매하지 않을 경우 당하게 될 가능성이 있
는 '문제'를 말한다. 다시 말해, 불이익이란 고객이나 잠재고객이 당신
혹은 당신의 회사와 손을 잡지 않을 경우, 그리고 지금 당장 손을 잡지 않
을 경우 당할 수 있는 끔찍하고 지독한 경험이다. 불이익은 설득적인 분
위기를 조성하는 데 도움이 되는 방향으로 고객의 생각을 유도하는 자극
이 될 수 있다.

불이익을 창조하는 것은 오늘날 치열한 시장에서 상품이나 서비스를
판매하는 데 큰 도움이 될 것이다. 고객들이 당신이나 당신의 회사와 손
을 잡지 않는다면 어떤 일을 당할 수 있을지 생각해보자. 그들이 지금 당
장 그렇게 하지 않는다면 무슨 일이 일어날 수 있을까?

'스미스의 재판'과 불이익

어떤 상황에서든 누구나 불이익을 만들어낼 수 있다. 나는 세미나에서
피고인 스미스가 살인죄로 재판을 받는 법정을 자주 예로 든다. 당신이
검사라면 배심원들에게 스미스는 유죄이며, 다른 끔찍한 범죄를 저지를
가능성이 있다고 주장할 것이다. 이 경우 불이익은 배심원들이 스미스를
석방할 경우 세상이 위험해질지 모른다는 것이다.

반대로 당신이 스미스의 변호사라면 배심원들에게 감옥에 들어가야
하는 살인자는 다른 사람이라고 주장할 것이다. 스미스에게 유죄판결을
내린다면 배심원들이 무고한 사람에게 벌을 주는 꼴이라고 경고할 것이
다. 게다가 진짜 살인자가 세상을 돌아다니고 있는 이상 다시 흉악한 범

죄를 저지를 가능성이 있다고 경고한다. 이 경우 불이익은, 배심원이 공정하게 재판을 해야 하는 책임을 저버리는 것은 말할 것도 없고, 무고한 사람을 감옥에 넣는 큰 실수를 저지르게 된다는 점이다.

당신이 이 재판에서 검사나 변호사 가운데 어느 쪽을 맡든, 자신의 입장을 유리하게 만드는 데 도움이 되는 불이익을 창조할 수 있다. 그리고 똑같은 규칙을 설득형 세일즈 프레젠테이션에 그대로 적용할 수 있다. 불이익 창조하기의 요지는 고객의 마음속에 당신의 상품에 관한 요구가 생기게 만드는 것이다.

다소 가혹하게 보일지 모르지만 우리는 매일 불이익을 겪는 고객들과 만난다. 라디오와 텔레비전, 신문, 혹은 잡지에 실리는 광고를 보면 이런 불운한 상황을 당한 사람들의 이야기를 묘사하는 경우가 상당히 많다. 1980년대를 지나 1990년대부터 2000년대 이후까지 경제환경의 변화에 맞추어 각 매체의 광고는 불이익을 창조하는 방향으로 발전하고 있다. 물론 그 목적은 소비자의 요구를 창조하는 것이다.

나는 지금 특장점 판매, 상담형 판매, 가치부가형 판매의 요소는 전혀 중요하지 않다고 말하고 있는 것이 아니다. 그러나 이런 접근법들의 문제는 그 과정에서 세일즈맨이 종종 설득하기를, 다시 말해서 '판매 자체'를 그만둔다는 점이다. 이런 기술에 지나치게 의존하는 세일즈맨은 자신은 정보를 제공하고 있다고 둘러대기 일쑤다.

특장점 판매는 돈을 마구 써도 될 만큼 풍족하고 제약이 없던 1980년대에 인기를 끌던 방식이다. 그런데 특징과 장점이 늘어날수록 사람들은 점점 더 많은 것을 원했다. 그 결과 이제는 불이익을 상기시키는 방식으로 판매를 해야 한다는 깨달음을 얻게 되었다. 사람들은 자신의 상품에

더 큰 의미를 부여하고자 부가서비스를 계속 덧붙였다. 그런데 고객이
꼭 필요하다고 느끼는 것만을 구매하는 시대가 되면서 상황이 바뀌었다.
이제 모든 것이 요구와 밀접하게 관련이 있다.

구강청정제를 팔기 위한 불이익 창조

1980년대에 구강청정제 회사들은 주로 제품의 특장점을 홍보했다. 예컨
대 사람들이 키스하는 장면들을 보여주면서 이런 광고 문구를 내보냈다.
"이 구강청정제를 사용하면 누군가 당신에게 키스하고 싶어할 것입니
다."

구강청정제 광고에서는 여러 상황에서 키스하는 커플들이 등장했다.
키스가 구강청정제를 사용하는 특장점을 설명하는 데 도움이 되기 때문
이다. 이 제품의 특징이 무엇일까? 입에서 상쾌한 향이 나게 해준다는 점
이다. 장점은 무엇인가? 모든 사람이 당신에게 키스하고 싶게 만들 것이
란 점이다. 대부분의 광고가 그런 내용이었다. 그렇게 당시에는 특장점
을 내세워서 판매를 했다. 그런데 2000년대 들어서 구강청정제 광고가
많이 달라졌다. 구강청정제 제조회사는 제품을 판매하기 위해 더 많은
요구를 불러낼 필요가 생겼기 때문이다. 최근의 광고 중 하나는 존슨 부
부를 등장시키고 있다. 그들이 침대에 누워서 잠을 자고 있는데, 갑자기
시계가 울린다. 부부는 몸을 돌려 누우며 아침 인사를 나눈다. 그때 부부
의 입에서 끔찍한 회색 입김이 뿜어져 나온다. 두 사람은 즉시 손으로 얼
굴을 가리면서 말한다. "잘 잤어요?" 그런 다음 각자 다른 욕실로 급하게
뛰어가서 구강청정제로 입을 헹군다. 잠시 뒤 다시 방으로 돌아온 그들
은 키스를 한다. 이 광고는 여전히 특장점을 내세우고 있지만 그 앞에 제

품이 반드시 필요한 이유를 제시하고 있다. 불이익, 다시 말해 아침에 입에서 나는 구취를 참을 수 있느냐고 소비자에게 겁을 주고 있는 것이다!

얼마 뒤, 당신은 쇼핑카트를 밀면서 쇼핑을 한다. '구강청정제에 돈을 낭비하기는 싫어.' 이렇게 생각하는 순간, 갑자기 회색 입김의 이미지가 머릿속에 떠오르면 '아침에 키스하려고 몸을 돌렸을 때 아내 혹은 남편이 눈을 찌푸리면 좋을까?'라는 생각이 들 것이다. 대답은 물론 '아니오.'다. 그렇다면 어떻게 할까? 당신은 구강청정제 한 병을 꺼내서 카트 안에 넣는다. 당신이 그 상품을 구매하는 이유는 단순한 욕망보다는 그것이 꼭 필요하다고 느끼기 때문이다. 구강청정제를 구매해서 사용하면 구취 걱정을 하지 않아도 되므로 불이익을 피해갈 수 있게 된 것이다. 이런 수준까지 오면 구강청정제를 구매하는 일이 더 이상 사치라고 느껴지지 않는다. 시청자들은 아침에 구취가 날 때면 이 제품이 꼭 필요하다고 믿게 되는 것이다.

휴대폰을 팔기 위한 불이익 창조

불이익 창조하기 사상 최고의 모범사례는 휴대폰산업에서 찾을 수 있다. 휴대폰이 처음 나왔을 때 반응이 어땠는지 기억나는가? 당시에 휴대폰은 고가의 사치품으로 여겨졌다. 광고에서는 대단한 인물인 듯한 사업가가 운전사 딸린 차를 타고 바쁜 도심 한복판을 지나는 장면을 연출했다. 휴대폰으로 중요한 연락을 하거나, 부인에게 전화를 하거나, 만찬에 초대를 하는 내용이었다. 당시 카폰(car phone)으로 불리기도 했던 휴대폰은 호사스런 물건이라는 인상을 주기 위해 애를 썼다. 하지만 그런 이미지는 시장에 먹히지 않았다. 휴대폰은 부유한 상류층의 상징물로 여겨졌고, 너무 잘난 체하는 인상을 주는 물건이라고 생각하는 사람들도 있었다. 그래서 제조업체에서는 휴대폰이 더 넓은 시장에서 팔리도록 이미지 전략을 바꿀 필요가 생겼다. (광고대행사의 광고제작팀이 모여 앉아 회의하는 모습이 눈에 보이는 듯하다. "좋아요. 우리 고객들이 휴대폰을 사용하지 않을 경우 겪을 수 있는 참담하고 엄청난 문제가 무엇일까요?")

그 결과, 대도시 한복판을 차를 몰고 달려가는 여성의 모습이 광고에 등장하기 시작했다. 지하도의 환풍구 창살 틈새에서 도로 위로 연기가 올라온다. 밤 10~11시경, 도로에는 인적조차 드물다. 그녀가 차를 몰고 가다가 모퉁이를 도는데 갑자기 바퀴에 펑크가 난다. 그녀는 차 안에서 멀리 떨어져 있는 공중전화기를 바라본다. 차 밖으로 나가려고 밖을 살펴보다가 전화기 주위에서 어슬렁거리는 불량배들을 발견한다. 한 명은 갱 조직원처럼 머리에 스카프를 두르고 있고, 다른 한 명은 허리띠에 쇠사슬로 지갑을 매달고 있다. 또 다른 한 명은 술병을 들고 거들먹거리고 있다. 그녀의 얼굴에 두려움이 번진다. 순간 화면 위에 뜨는 광고문구. '차 밖으로 나가지 마세요!'

거기서 일단 광고가 멈춘 다음 다시 처음 장면이 재연된다. 같은 여자가 똑같은 차를 타고 똑같은 도로를 달린다. 모퉁이를 돌다가 이번에도 차에 펑크가 난다. 주변을 둘러보니 공중전화가 보인다. 다시 주변을 잘 살펴보니 불량배들이 보인다. 순간 그녀가 머리를 숙이니 휴대폰이 눈에 띈다. 그것을 들고 정비소에 전화를 건다. 그녀는 차 밖으로 나갈 필요가 없다. 그 광고는 휴대폰이 정말 필요하다고 느끼게 만든다. 비상시에 목숨을 구해주는 도구라고 말이다.

이 광고회사는 고객이 겪을 수 있는 불이익을 찾아냄으로써 요구를 창조했다. 그렇다면 당신은 그 광고가 여성들만을 표적으로 삼았다고 생각하는가? 아니다. 남성들 역시 그 광고에 민감하게 반응했다. 그들이 24시간 내내 여동생, 애인, 부인을 지켜줄 수는 없기 때문이다. 비상시에 목숨을 구하기 위해서는 휴대폰을 사용해야 한다. 당신의 목숨은 휴대폰을 사용하느냐 아니냐에 달려 있다. 이제 가격은 별 문제가 아니다.

세일즈맨들은 간혹 자신의 상품이나 서비스가 너무 비싸다고 걱정한다. 하지만 가격이 너무 비싼 것이 아니다. 당신이 설득력 있는 주장을 강력하게 펴지 못하고 있을 뿐이다. 어떻게 하면 설득력 있는 상황을 만들 수 있을까? 요구가 일어나게 만드는 불이익을 찾아보라. 특장점을 없애라는 얘기가 아니다. 고객이 당신이나 회사와 지금 당장 거래해야 하는 가장 설득력 있는 이유 세 가지를 먼저 주장하라. 그런 다음 특장점을 설명하고, 가치를 더해주는 서비스를 추가하라. 이렇게 하면 대부분의 세일즈맨들이 저지르기 쉬운 실수, 프레젠테이션에서 설득보다 정보전달에만 치중하는 실수를 피할 수 있다.

타이어 광고 가운데서도 불이익을 창조하여 소비자의 구매요구를 창조한 좋은 예를 찾을 수 있다. 큰 사고가 발생하기 전에 급정거하지 못하면 무서운 일을 당할지 모른다는 광고는 특정 브랜드의 타이어를 사용하지 않을 수 없게 만들었다.

또 자동차 제조업체들은 부서진 차 안에서 이리저리 부딪치며 나동그라지는 마네킹을 보여줌으로써 시청자들의 마음속에 불이익을 창조한다. 만일 소비자가 그 회사의 차를 타고 있지 않은 경우 이런 사고를 당하면 마네킹처럼 큰 부상을 당할 가능성이 있다는 불이익을 만들어내는 것이다.

내가 대학시절로 돌아가서 토론 지도교수와 함께 앉아 설득력 있는 주장을 펼 수 있는 방법을 찾고 있는 중이라면 우리는 가장 먼저 이렇게 말할 것이다. "불이익이 될 만한 일이 무엇이 있을까? 고객에게서 어떤 요구를 창조할 수 있을까?" 요구가 일어나게 만들 수 있는 불이익을 찾아냄으로써 설득력을 강화할 수 있다. 구강청정제 광고에서 그런 사례를 쉽게 볼 수 있었다. 그들은 불이익을 찾아냄으로써 요구를 창조했다. 그렇다면 구강청정제를 사용하지 않을 때 겪을 수 있는 끔찍한 일이 무엇인가? 구취 때문에 아무도 당신에게 키스를 하고 싶어하지 않을지도 모른다는 사실이다. 그렇게 그들은 불이익을 찾아냈다. 이제 소비자들은 아침에 나는 구취 때문에 다른 사람을 불쾌하게 만드는 실수를 범하지 않겠다는 요구가 생긴다. 이처럼, 고객이 당신과 당장 손을 잡지 않을 경우 겪게 될 수 있는 끔찍한 일이 무엇인지 곰곰이 생각해서 고객의 요구를 찾아내길 바란다.

불이익을 만들어내는 방법이 궁금하면 TV 광고를 유심히 살펴보기 바란다. 불이익의 창조는 매체에서 자주 활용하는 방법이다. 최근에는 낙농회사들까지 이 방향으로 전환하고 있다. 1980년대의 우유 광고는 '우유는 몸에 좋아요' 라는 특장점을 알리는 데 치중했다. 물론 그 광고는 효과가 좋았다. 하지만 그 후에는 어떤 광고가 나왔는가? 전신에 깁스를 한 남자가 병원 침대에 누워 있다. 그는 거의 꼼짝도 하지 못하는 상태다. 그런데 누군가 그에게 초콜릿 칩 쿠키를 먹여준다. 그는 괴로워하기 시작한다. 깔깔해진 입 안을 우유로 헹구지 못하기 때문이다. 그러나 누구에게 부탁할 수도 없다. 그 장면을 보는 시청자들은 자신도 우유를 충분히 마시지 않으면 그렇게 고통스러울 것 같은 기분을 느낀다. 이 광고는 메마른 초콜릿 칩 쿠키를 먹을 때처럼 우유를 함께 마셔야 입 안이 깔끔해지는 상황을 상상하게 함으로써 그렇지 못할 경우에 경험할 작은 불이익을 떠올리게 만든다.

또 다른 우유 광고에는 TV 시트콤 〈프레이저(Frasier)〉의 등장인물이 나와서 미국인들은 칼슘이나 비타민이 들어 있는 식품을 충분히 섭취하지 않기 때문에 칼슘이 많이 부족하다고 말한다. 그런 다음 우유를 충분히 마시면 모자라는 칼슘을 보충할 수 있는 장점이 있음을 설명한다. 이 광고는 요구를 먼저 설정한 다음 특장점을 뒤에 붙여주고 있다.

■ 선택안을 제시하기 위해 불이익 이용하기

불이익을 활용하여 우리는 고객에게 선택안을 제시할 수 있다. 때로 고객의 선택안을 한정시키기 위해 매우 구체적인 표현을 해야 하는 경우도 있다. 가장 자주 언급하는 불이익은 우리 대신 다른 경쟁자들과 손을 잡을 때 고객이 겪을 수 있는 위험이다. 예컨대 쉽게 손을 잡을 수 있는 상대는 그만큼 충분한 만족감을 주지 못할 가능성이 크다고 말하는 것이다. 누구나 세일즈맨에게서 부족한 서비스를 받은 경험이 있다. 고객에게 당신과 거래하지 않으면 덜 만족스럽고, 덜 효과적이며, 덜 윤리적이고, 덜 시간을 엄수하고, 덜 친절하고, 덜 열성적인 세일즈맨을 만날 위험이 있다고 경고해보자.

■ 지나치지 않게 경쟁하기

불이익을 활용하여 선택안을 제시할 때는 너무 지나치지 않도록 유의할 필요가 있다. 예를 들어 경쟁자를 비난해서는 안 된다. 또 불이익을 창조할 때 잠재고객이 부당하게 강요당한다는 기분이 들게 해서도 안 된다. 어디까지나 중용을 지키는 것이 중요하다. 조금만 연습하면, 고객에게 불이익을 떠올리게 함으로써 선택안을 제시하는 방법을 자연스럽게 구사할 수 있을 것이다.

물론 프레젠테이션을 하면서 '불이익'이라는 단어를 직접 입에 올리면 안 된다. 당신이 설득력 있는 주장을 펼치는 동안 상대방의 마음속에서 '불이익'이라는 말이 저절로 떠오르게 해야 한다. 그 결과 고객은 당신이 원하는 행동을 하게 될 것이다.

어떤 사람들은 오직 한두 가지의 불이익만 활용하는 반면, 프레젠테이션을 진행하는 동안 연속해서 여러 가지 불이익을 차례로 내보이면서 기회를 엿보는 사람도 있다. 어쨌든 불이익은 프레젠테이션을 설득적으로 이끌기 위해 사용할 수 있는 많은 방법 가운데 하나일 뿐이라는 점을 명심하기 바란다. 다음 장에서는 고객을 행동으로 유도하기 위해 활용할 수 있는 다른 방법을 알아보기로 하자.

SUMMARY |

**정보의 제공보다
설득에 치중하라**

1 대부분의 세일즈맨들이 프레젠테이션을 할 때 가장 흔히 저지르는 실수가 고객을 설득하기보다는 정보를 제공하는 데 치중하는 태도이다.

2 프레젠테이션의 세 가지 종류는 정보전달형, 설득형, 의식형이다. 취업하기 위해 면접을 보는 경우에는 설득형 화술이 필요하다. 심사위원들에게 당신을 고용해야 하는 이유를 설득해야 하는 것이다. 또한 모든 세일즈 프레젠테이션은 설득형이다.

3 설득형 프레젠테이션의 다섯 가지 기본 성격은 다음과 같다.
① 상대와의 사이에 상호작용이 일어난다.
② 상대에게 확신을 준다.
③ 설득적인 주장을 펼치는 데 필요한 요구를 창조하기 위해서, 고객이 얻을 수 있는 불이익을 제시한다.
④ 강요하지 않으면서 선택안을 제시한다.
⑤ 경쟁적이다.

4 청중을 논리적으로 설득하기 위한 5단계는 다음과 같다.
① 욕구를 일깨우기   ② 문제 제시하기
③ 해결책 제시하기   ④ 변화를 시각적으로 보여주기
⑤ 행동을 요구하기

5 프레젠테이션의 태도가 지나쳐서는 안 된다. 프레젠테이션을 성실하고
품위 있게 해야 믿음직스러우며 논리적이라고 느껴진다.

04

시간을
제대로 활용하라

인생을 사랑합니까? 그렇다면 시간을 낭비하지 마십시오. 인생은 시간으로 이루어지니……. - 벤자민 프랭클린(Benjamin Franklin)

프레젠테이션 시간 운용이 중요한 이유

이제 당신은 프레젠테이션 할 내용을 미리 계획하는 일이 얼마나 중요한지 알게 되었으며, 그 내용을 어떤 방식으로 전달하면 좋을지 판단할 수 있게 되었다. 이번에는 프레젠테이션을 어떤 내용으로 채울지 구상해보기로 하자. 우선 자신에게 할당된 시간이 얼마인지부터 알아야 한다.

많은 사람들이 프레젠테이션에 실패하는 요인 가운데 하나가 시간을 잘못 활용하기 때문이다. 말이 너무 길거나 너무 짧아서는 안 된다. 최근 나는 어느 대형 출판사 사장이 영업사원들에게 신간서적 설명회를 개최하는 모습을 지켜볼 기회가 있었다. 그는 영업사원들이 도서중개상, 서점 주인, 서점 관리자들에게 신간을 홍보하도록 격려하기 위해 각 책에 대해 간략하게 설명할 기회를 갖는 것이 좋겠다고 생각했다. 그리고 한 시간 동안 설명을 하기로 계획을 세웠다. 그러나 설명회가 시작되자 그는 각 책에 대한 설명을 30초 정도로 압축해버렸고, 결국 설명회는 몇 분만에 끝났다. 모든 사람들이 그 행사가 빨리 끝나서 기쁘다고 말했다. 그러나 그 프레젠테이션에 만족한 사람은 아무도 없었다. 상품을 팔러 현장으로 파견되는 영업사원들을 그렇게 간략한 설명만으로 충분히 무장시킬 수 있겠는가?

그 반대의 경우도 생각할 수 있다. 즉, 1대1로 대화를 할 때는 말이 너무 길어지면 상대방이 지루해하고 흥미를 잃기 쉽다. 게다가 말하는 사람 역시 주제에서 벗어날 위험이 있으며, 신속하고 활기차며 명확한, 한마디로 멋진 프레젠테이션을 하기 힘들다.

흙탕물을 맑게 만들 수 있는 사람이 있을까?
흙탕물은 그대로 두면 점점 맑아진다.
마찬가지로 말을 아끼면 만사가 바르게 돌아갈 것이다.

- 노자

훌륭한 강사는 프레젠테이션 시간을 효과적으로 운용할 줄 안다. 시간 운용을 능숙하게 하려면 말하는 속도를 조절하는 연습이 필요하다. 5분 동안 말하는 것과 10분 동안 말하는 것이 어떻게 다른지 감으로 알 수 있을 정도가 되어야 한다.

우선 자신이 프레젠테이션을 할 수 있는 시간이 얼마나 되는지부터 확인하라. 그런 다음 그 시간의 틀에 딱 맞는 프레젠테이션을 구상해야 한다. 만일 30분의 시간이 주어졌고 크게 여섯 가지 내용을 프레젠테이션해야 한다면, 우선 30분을 6등분한다. 그러면 내용당 5분씩 배분하면 된다는 결론이 나온다. 이러한 프레젠테이션을 진행하기 위해서는 미리 프레젠테이션을 연습해보는 것이 좋다. 그냥 현장에 가서 즉흥적으로 진행하면 절대 안 된다. 또한 시청각자료에 모든 주장을 일목요연하게 담아놓으면 한결 도움이 된다. 그리고 마지막 순간에 갑자기 프레젠테이션 시간이 연장되거나 줄어들 경우에 대비해서 추가하거나 줄일 내용도 미리 생각해두는 것이 현명하다.

시간에 맞춰 프레젠테이션 구성하기

프레젠테이션 내용을 구성할 때 가장 중요한 것은 길이를 조정하는 일이다. 이것은 설득력 있는 상황을 창조하기 위해서도 중요한 요소다. 공식을 알아두면 프레젠테이션을 구성하기가 한결 쉽다. 18세기의 웅변가들처럼 능숙하게 발표하고 싶다면 준비하는 데 조금 더 많은 시간을 할애할 필요가 있다.

자신이 주장할 내용을 요령 있게 구성한다면, 다시 말해, 증거를 제시하고 상대방의 변화될 모습을 보여준 다음 그 변화를 위해 필요한 행동을 분명하게 요구한다면 어떤 사람도 당신의 메시지를 무시하지 못할 것이다. 프레젠테이션의 줄거리만 설정할 수도 있고, 대사 하나하나를 원고로 작성할 수도 있다. 혹은 그 두 가지를 모두 해도 좋다. 어쨌든 연필과 종이, 혹은 컴퓨터를 이용하여 아이디어를 전개시키는 것이 중요하다. 그럼 이제 생애 처음으로 정말로 멋진 프레젠테이션을 구성해보기로 하자.

| 서론 |

- 청자의 관심 끌기
- 본론에서 다룰 내용 예고

| 본론의 3가지 주제 |

1. 청자가 당신을 선택해야 하는 이유
2. 청자가 당신의 회사를 선택해야 하는 이유
3. 지금 당장 그렇게 해야 하는 이유

| 결론 |

- 본론 내용 요약 (이야기한 내용을 상기시키며 주제를 강조)

| 마무리 |

- 원하는 행동을 청자에게 요구

이렇게 프레젠테이션은 대개 여섯 개의 요소로 이루어진다. 서론, 본론의 세 가지 주제, 결론, 마무리가 그것이다. 서론은 두 가지 역할을 한다. 청중의 관심을 끄는 것이 첫째 역할이고, 본론에서 어떤 내용을 다룰지를 예고하는 것이 둘째 역할이다. 프레젠테이션의 본론에는 3가지 요소가 반드시 들어 있어야 한다. 그것은 고객이 당신을 선택해야 하는 이유, 당신의 회사를 선택해야 하는 이유, 그리고 당장 그렇게 해야 하는 이유이다. 결론에서는 본론의 내용을 요약한다. 즉, 지금까지 말한 내용을 상기시키면서 주제를 강조한다. 그리고 마지막으로 당신이 원하는 행동을 청중에게 요구하면서 프레젠테이션을 마무리한다. 마무리는 청자가 당신이 바라는 행동을 실행에 옮기도록 촉구하는 부분이다.

서론 구성하기

서론은 프레젠테이션에서 아주 중요한 부분이며, 4가지 요소로 구성된다. 서론에 시간을 정확히 분배해야 그 뒤에 이어지는 본론에 청중을 집중시킬 수 있다. 청중의 관심을 끄는 데는 처음 35초가 중요하다는 점을 명심하라. 그 사이에 고객들은 이렇게 평가할지 모른다. "와! 이 사람은 정말 다를 것 같군." 혹은 "이 사람은 다른 사람들과 달리 아주 독특한 데가 있어." 놀랄 만큼 유쾌한 모습으로 등장하는 것이 효과적이다. 서론은 본론에서 무슨 이야기를 할지를 미리 알리는 구실도 한다. 프레젠테이션의 핵심내용을 제시하는 부분이라고 보면 된다.

■ 관심 끌기

처음에는 사람들의 관심을 끌 수 있는 대담한 말을 꺼낼 필요가 있다. 그 말은 모든 사람이 이해할 수 있는 내용이어야 한다. 보편타당한 내용이어야 한다는 말이다. 종종 그 뒤에 '닻(anchor)'을 배치한다. 이는 청중을 하나로 일치시키고 공통된 관심사를 끌어내는 것을 말한다. 더 크고 더 다양한 구성원으로 이루어진 그룹일수록 더 자극적인 자극을 가해야 효과적인 닻을 형성할 수 있다. 어느 집단에나 구성원들 사이에 공통분모가 있게 마련이다. 한편, 1대1 프레젠테이션을 할 때는 당신과 고객 사이에서 공통점을 찾아내는 것이 중요하다. 짤막하면서 재미있는 당신의 경험담 혹은 인용문을 활용하면 좋다.

■ 신빙성을 높여주는 자료 더해주기

다음으로 당신의 말에 신빙성을 더해줄 수 있는 한두 가지 자료들을 포함시켜야 한다. 예컨대 통계자료라든가 권위 있는 잡지에 실린 기사, 혹은 전문가나 유명한 사람이 한 말을 인용할 수 있다.

■ 중요성 부여하기

이제 당신이 말하려는 내용의 중요성을 부각시킬 수 있는 말을 할 차례다. 고객이 왜 당장 반응을 해야 하는가? 당신이 무엇인가 중요한 말을 할 것이라고 사람들에게 확신을 줄 수 있는 증거, 혹은 과학적인 자료는 무엇인가?

■ 배경설명 덧붙이기

네 번째로 나올 내용이 배경설명이다. 이것은 당신의 말에 청중이 관심을 집중해야 하는 더 많은 이유를 만들어준다. 또한 이것은 당신의 주장을 역사적 관점에서 뒷받침해주는 내용이므로, 당신의 말에 권위를 더해줄 수 있는 장치이기도 하다.

■ 방향 제시하기

주제를 성공적으로 전달하기 위한 기술 가운데 하나가 '방향 제시하기'이다. 이는 당신의 프레젠테이션이 지향하는 목적을 청중에게 미리 알리는 것이다. 이렇게 전반적인 방향을 미리 제시하면 청중이 당신의 말을 훨씬 쉽게 이해한다. 또한 미래의 방향을 제시해놓기 때문에 어느 지점에 도착하면 청중은 당신의 말을 이해하고 그 다음 단계로 넘어갈 준비를 스스로 할 수 있다. 이해에 도움이 되는 사실을 요약하여 미리 전달하는 부분이라 생각하면 쉽다.

배경설명과 방향제시 다음에는 본론 혹은 본주제로 넘어간다고 알리기 위한 완만한 전환장치가 필요하다. 화제전환은 당신이 옮겨가고 있는 다른 주제로 청자를 유인하는 구실을 한다.

본론 구성하기

프레젠테이션이 끝나면 청중은 대개 세 가지 정도의 주제만 기억하는 경우가 많다. 이왕이면 당신이 고른 주제를 기억해주었으면 하는 것이 당신의 바람일 것이다. 그렇다면 당신이 고객에게 주지시켜야 할 세 가지 주제는 무엇일까? 세일즈맨은 본론에서 다음과 같은 세 가지 질문에 답할 필요가 있다.

1. 고객이 왜 당신과 손을 잡아야 하는가?
2. 왜 당신의 회사와 손을 잡아야 하는가?
3. 왜 지금 당장 그래야 하는가?

이런 본론의 주제는 다시 각각 다섯 부분으로 나뉜다.

1. 당신이 말하고 싶거나 입증하고 싶은 주장
2. 정당성을 입증할 자료들

3. 당신의 주장이 유효한 이유

4. 고객이 당신과 계약하지 않을 경우 겪게 될 불이익

5. 상품이나 서비스의 특징과 장점

첫 번째 주제 다음에는 두 번째 주제인 '고객이 당신의 회사와 계약을 해야 하는 이유'로 넘어간다는 사실을 예고하는 화제전환이 따라온다. 그리고 세 번째이자 마지막 주제인 '고객이 지금 당장 그래야 하는 이유'로 넘어갈 때 다시 한 번 화제전환이 필요하다.

결론 구성하기

일단 본론의 세 가지 주제를 모두 전달했다면 결론으로 끝내야겠다고 생각해왔을 것이다. 결론은 요약이다. 지금까지 했던 말들을 되짚어보면서 한 번 더 강조하면 청자가 더 많은 양의 정보를 기억할 것이다. 그런 다음 고객에게 행동을 요구하는 말로 마무리를 지어야 한다. 결론은 그리 간단하지 않다. 결론은 다섯 부분으로 나뉜다.

1. 본론에 소개했던 정보 요약하기

2. 청자에게 행동하도록 호소하기

3. 당신의 개인적인 의도 표현하기(계약을 유도하기 위한 특별한 단계)

4. 소개했던 참고자료 되새기기(계약으로 강하게 유도하기 위해)

5. 요점을 강조할 수 있는 강력한 새로운 이야기(선택사양)

마무리

모든 프레젠테이션의 총정리 혹은 결론 뒤에는 반드시 마무리가 따라와
야 한다. 마무리는 당신의 메시지를 듣고 청중이 해주기를 바라는 행동,
혹은 계약을 완료하기 위해 고객이 취해야 하는 행동을 촉구하는 부분이
다. 예컨대 계약서에 서명을 하거나 다음 약속을 잡는 등의 행동을 말한
다. 그런데 많은 세일즈맨들이 결론만 있고 마무리는 없는 프레젠테이션
을 하는 실수를 저지른다. 이 문제에 대해서는 Chapter 6에서 더 자세히
살펴보도록 하자.

프레젠테이션 견본

122~124쪽에 수록한 '쉽게 사용할 수 있는 프레젠테이션 견본'은 설득
력 있는 프레젠테이션을 구상하는 방법을 간략하게 정리한 것이다. 이
견본을 살펴본 다음, 자신이 사용할 수 있는 프레젠테이션 내용을 실제
로 구상해보도록 하자. 141~142쪽에 수록한 '사용하기 쉬운 프레젠테
이션 구성양식'을 사용하면 아이디어를 정리하여 프레젠테이션을 기획
하는 데 도움이 될 것이다.

　　프레젠테이션을 구상할 때는 반드시 이런 종류의 구성계획이 필요하
다. 효과가 매우 좋은 방법이기 때문에 나는 훈련프로그램에 참가하는
사람들에게 반드시 이것을 하도록 강조한다. 이 견본을 사용하면 다음과
같은 효과를 기대할 수 있다.

- 정보를 명확하게 전달한다.

- 말이 옆으로 빗나가지 않게 한다.

- 자신의 지식을 전달하고 신뢰감을 구축할 기회를 만든다.

- 청중과 원활한 상호작용이 이루어지도록 돕고, 그들의 질문과 거부에 미리 대비하게 한다(또한 청중이 긍정적인 이미지를 갖고 개인적인 목표를 설정하게 돕는다).

- 명확하고 논리적인 구성으로 고객이나 청자가 더 많은 정보를 받아들일 수 있는 조건을 만든다.

- 고객이 당신이나 회사와 지금 당장 거래를 해야 하는 이유를 논리적으로 설명하게 도와준다.

- 프레젠테이션 과정을 도식화하여 보여주므로 사례와 시청각자료를 어느 부분에서 활용해야 효과적일지 계획할 수 있다(이런 자료는 요점을 더 명확하고 기억하기 쉽게 만들어주어 결과적으로 더 설득력 있고 훌륭한 프레젠테이션이 되도록 도와준다. 시청각자료 활용에 대해서는 Chapter 5에서 더 자세히 살펴보자).

- 전반적으로 우수한 프레젠테이션을 진행할 수 있게 해준다.

쉽게 사용할 수 있는 프레젠테이션 견본

1. 서론

| 내용 |

① 청자의 관심 끌기

② 집중시키기(짧고 재치가 느껴지는 개인적인 경험담이나 사례 인용)

③ 고객과 거래관계를 맺으려는 목적에 대한 신뢰도 강화시키기

④ 자신이 말하는 내용이 중요하다는 인상 주기(고객이 당신의 말에 귀를 기울여야 하는 이유)

⑤ 배경 설명하기

⑥ 방향 제시하기(어떤 방향으로 이야기를 진행할지, 그리고 본론의 세 가지 주제가 무엇인지 미리 알림)

• **화제전환** : 프레젠테이션의 본론으로 넘어간다는 사실을 예고한다.

2. 본론(대개 세 가지 주제로 구성)

본론에서는 계약을 해야 하는 전반적인 이유를 주장한다. '주제'를 나열한다. 각 주제는 다음과 같다.

① 잠재고객이 당신과 거래해야 하는 이유

② 당신의 회사와 거래해야 하는 이유

③ 지금 당장 그렇게 해야 하는 이유

| 주제 1 |

잠재고객이 당신과 거래해야 하는 이유를 설명한다. 중요한 이유를 세 가지 정도 생각하자.

① 당신의 주장(당신이 증명하거나 말하고 싶은 내용)

② 정당성을 뒷받침해주는 자료

③ 당신의 주장이 합당한 이유

④ 불이익(고객이 당신과 거래하지 않을 경우 겪을 수 있는 위험)

⑤ 당신의 특징과 장점 설명하기

  • **화제전환 :** 다음 요점으로 이동한다는 사실을 알린다.

| 주제 2 |

잠재고객이 당신의 회사와 거래해야 하는 이유를 설명한다.

① 당신의 주장(당신이 주장하거나 말하고 싶은 내용)

② 정당성을 뒷받침해주는 자료

③ 당신의 주장이 합당한 이유

④ 불이익(고객이 당신 회사와 거래하지 않을 경우 겪을 수 있는 위험)

⑤ 당신 회사의 특징과 장점 설명하기

  • **화제전환 :** 다음 요점으로 이동한다는 사실을 알린다.

| 주제 3 |

그것을 지금 당장 행동으로 옮겨야 하는 이유를 설명한다.

① 당신의 주장(당신이 주장하거나 말하고 싶은 내용)

② 정당성을 뒷받침해주는 자료

③ 당신의 주장이 합당한 이유

④ 불이익(고객이 당신과 거래하지 않을 경우 겪을 수 있는 위험)

⑤ 즉시 행동함으로써 얻을 수 있는 혜택 설명하기

  • **화제전환 :** 결론으로 넘어간다는 사실을 예고한다.

3. 결론

① 정보 요약

② 행동을 촉구

③ 개인적인 의도 설명하기(앞으로 거래를 성사시키기 위해 어떤 과정을 수
행할지 설명)

④ 서론을 다시 한 번 인용하기(계약으로 강하게 유도하기 위해)

⑤ 요점을 강조할 수 있는 있는 새로운 이야기(선택적인 항목)

이 지점에서 질의문답 시간을 넣어도 좋다.

4. 마무리

이제 고객에게 행동을 하라고 명확하게 요구할 차례다. 프레젠테이션의 결과로
당신이 고객에게 바라는 행동은 무엇인가? 프레젠테이션의 마무리에서 고객들
에게 요구할 수 있는 행동은 대개 다음과 같다.

① 계약서에 서명하라.
② 다음 약속을 잡자.

고객이 지금 당장 열의를 보이지 않거나 계약서에 서명을 하지 않으면 반드시 다
음 약속을 잡아야 한다. 가능하면 고객이 다음으로 미루지 못하게 막도록 한다.

■ 시간을 어떻게 조정할까?

이제 프레젠테이션 시간만 넉넉하게 주어진다면 모든 일을 멋지게 해낼 수 있을 것이다. 하지만 때때로 이런 상황이 발상한다. "당신은 30분 정도 여유가 있으리라고 생각했겠지만 실제로는 20분밖에 시간이 없습니다."

이런 경우에는 어떻게 해야 할까?

우선 구성계획서부터 다시 살펴봐야 한다. 이런 경우에는 임시구성을 사용하라고 권하고 싶다. 다시 말해 구성계획서를 보면서 말을 풀어나가라는 의미이다. 자신에게 이렇게 물어보자. "지금처럼 프레젠테이션 시간이 줄어들 경우 내가 정말로 초점을 맞추어야 하는 핵심은 무엇인가?" 구성계획서를 보면서 요점을 골라내면 된다. 상세한 설명 가운데 조금 덜 중요한 부분을 찾아보라. 통계나 증거자료 등이 될 수도 있다. 하지만 고객이나 거래처의 요구로 시간에 제약을 받아서 요점을 압축해야 할 경우, 보기 좋은 시청각자료를 활용하면 오히려 요점을 강조하는 데 효과가 있는 경우도 있다.

설득형 프레젠테이션의 구성계획서 견본

128~136쪽에 실린 프레젠테이션의 구성계획서 견본 두 가지를 보면서 지금까지 배운 내용을 복습해보기 바란다. 첫 번째 예는 '긴 프레젠테이션을 위한 구성계획서'로, 포괄적인 프레젠테이션의 세부구성을 보여준다. 두 번째 예는 '짧은 프레젠테이션을 위한 구성계획서'로, 간략하지

만 프레젠테이션의 기본인 핵심구성을 짜는 데 도움이 될 것이다. 두 종류의 프레젠테이션 모두 자료가 얼마나 충분하고 실전 전에 얼마나 많이 연습을 했느냐에 따라 효과가 달라질 것이다. 어쨌든 구성계획서를 보면서 그대로 실행한다면 매우 설득력 있고 강력한 프레젠테이션을 하여 계약을 성사시킬 수 있을 것이라 장담한다. 또한 청중은 당신이 바라는 행동에 좀더 마음을 기울이게 될 것이다.

주의 주제의 수가 달라질 수도 있고, 모든 주장에 반드시 불이익이 필요한 것도 아니다. 상황에 따라 적당하게 가감하여 사용하기 바란다. 새로운 접근법을 사용하고, 자신만의 창의력을 발휘해보라. 이제, 자신이 다음과 같은 상황에서 프레젠테이션을 준비한다고 가정해보자.

■ 가상 시나리오

어느 이사회가 새로운 투자자문기관을 선정하기 위해 네 곳의 투자관리회사를 평가하려고 한다. 각 회사는 30분 동안 프레젠테이션을 할 수 있다. 당신의 회사가 네 후보 가운데 하나로 선정되었다. 경쟁회사가 어디인지는 전혀 알 수 없는 상황이다. 당신은 회의를 겨우 24시간 앞두고 프레젠테이션을 할 사람으로 선정되었다. 이제 당신은 회사의 이윤창출실적에 대해 프레젠테이션을 해야 한다. 첫 프레젠테이션을 통해서 후보두 곳이 선정되며, 그 두 업체는 더 자세한 두 번째 프레젠테이션을 실시할 기회를 얻게 된다.

- 청중 : 이사회의 임원들로, 대체로 보수적이다.
- 청중규모 : 8~12명
- 평균연령 : 30~65세
- 남녀비율 : 남성 60%, 여성 40%
- 청중의 태도 : 현재의 투자자문기관에 그다지 만족하지 못하고 있다.
- 청중의 지식수준 : 자신의 분야에는 전문가들이지만 투자분야에는 초보자 수준

기타 정보

- 프레젠테이션 장소 : 대학교 캠퍼스의 회의실
- 시청각도구 : 오버헤드 프로젝터와 스크린 사용 가능. 그 밖의 자료는 직접 준비해야 한다.
  (좀더 정교한 시청각 장치를 원한다면 직접 준비해야 한다.)
- 시간 : 30분 동안 프레젠테이션을 실시한 다음 15분 동안 질의응답
- 발표자의 위치 : 회의장에서 결정
- 발표자 : 라이언 켈리, 캘리포니아 뉴포트 비치에 위치한 스펙트럼 에셋 매니지먼트 대표

긴 프레젠테이션을 위한 구성계획서

I. 서론

A. 1636년, 네덜란드에서는 튤립이 무척 귀했습니다. 튤립 한 송이를 사려면 밀 80되, 돼지 8마리, 양 12마리, 맥주 5작은통, 치즈 1,000파운드, 침대 하나, 고급 양복 한 벌, 은잔 하나를 모두 주어야 할 만큼의 가치가 있었습니다.

B. 다음과 같은 이야기를 생각해보세요. 같은 해, 해외화물을 운반하는 배의 선장이 갑판에서 양파처럼 보이는 뿌리가 굴러다니는 것을 발견했습니다. 아마도 자신의 배로 운송 중이던 비단 옷감 사이에서 떨어진 것 같았지요. 선장은 그 뿌리를 요리해서 점심으로 먹었습니다. 배가 부두에 도착한 후 선장은 튤립 뿌리를 먹은 죄로 감옥에 끌려가서 거의 1년이나 옥살이를 해야 했습니다. 그가 먹은 뿌리는 그의 배와 선원들을 1년 동안 먹여 살릴 만큼 귀한 것이었기 때문이지요. 만일 그 선장이 튤립의 가치를 알고 있었다면 절대 먹지 않았을 것입니다. 그런데 이듬해에는 똑같은 튤립의 가치가 95%나 하락해서 양 한 마리만 내면 튤립 한 송이를 살 수 있게 되었습니다.

II. 프레젠테이션의 주제

이사회 임원인 여러분은 회사라는 배의 선장입니다. 그리고 여러분은 회사의 자산을 투자하는 일에 매우 깊은 관심을 가지고 계시리라 생각합니다. 앞에서 소개했던 예를 떠올려보시기 바랍니다. 우리 회사는 튤립을 먹으면 안 된다는 사실을 잘 알고 있습니다. 또 그 꽃 한 송이가 양 몇 마리의 가치가 있는지, 또 튤립을 어느 시점에서 팔아야 투자금을 가장 많이 회수할 수 있는지도 잘 압니다. 이번에는 여러분과 여러분의 금융자산을 생각해보세요. 우리의 목표는 여러분의 투자 이익을 늘리고, 우리의 조사와 경험, 그리고 다양한 기술을 바탕으로 여러분 회사의 요구에 딱 맞는 투자전략을 설계하는 것입니다.

우리는 여러분의 특정한 요구에 맞춤서비스를 제공하는 독특한 장점을 지닌 회사입니다.

| **설명** | 투자관리회사와 투자기회는 수없이 많습니다. 하지만 여러분은 그 가운데 딱 하나만을 선택해야 합니다. 그렇다면 왜 스펙트럼 에셋 매니지먼트를 선택해야 할까요?

① 우리는 여러분을 전문가로 만들어드립니다. 우리는 여러분이 모르는 점을 이해할 수 있게 돕습니다. (짧은 비디오, 3분)

② 우리는 여러분을 위해서 골리앗과 맞붙어 싸우는 다윗입니다. 물론 여러분은 구약성경 사무엘서에 나오는 골리앗과 다윗의 이야기를 들어보셨을 것입니다.

| **시청각자료** | 적대관계에 있는 필리스티아와 이스라엘 두 왕국의 군대가 전투태세를 갖춘 채 서로 마주 보고 있었습니다. 필리스티아의 전사 골리앗은 엄청나게 몸집이 크고 힘이 장사인 거인이었습니다. 그는 이스라엘 최고의 용사들과 1대1로 싸워서 모두 물리쳤지요. 그러자 이스라엘 병사들 사이로 골리앗 공포증이 퍼져나갔고, 그와 싸우겠다고 앞으로 나오는 사람은 아무도 없었습니다. 그랬다가는 틀림없이 죽게 될 테니까요. 그렇게 며칠이 흐른 어느 날, 이스라엘의 어린 목동 한 명이 앞으로 나와서 하나님의 이름으로 골리앗을 심판하겠다며 결투를 신청했습니다. 두 사람이 전장에서 마주 섰을 때, 골리앗은 검도 방패도 없이 그의 앞에 선 꼬마를 조롱했습니다. 하지만 이에 아랑곳하지 않고 다윗은 무릿매에 돌멩이 하나를 장전한 다음 머리 위로 발사했습니다. 다윗은 골리앗을 땅에 쓰러뜨려 죽였습니다. 투자업계에는 수많은 골리앗이 있습니다. 우리는 골리앗의 세상에서 여러분을 위해 일하는 다윗입니다.

Ⅳ. 방향제시

이제 우리 회사 스펙트럼 에셋 매니지먼트가 여러분이 찾는 투자관리기관의 조건에 딱 들어맞는 회사라는 점을 설명하고자 합니다. 우선, 저에 대해 간단히 소개하겠습니다. 그런 다음 우리 회사와 거래할 때 얻을 수 있는 혜택에 대해 알아보기로 하지요. 마지막으로는 지금 여러분이 스펙트럼과 계약을 맺으면 누릴 수 있는 혜택을 말씀드리겠습니다.

Ⅴ. 왜 라이언 켈리와 거래해야 하나?

A. 저는 우리 회사의 사장으로서 여러분 회사의 성공에 많은 관심을 갖고 있습니다. 여러분이 잘되지 않으면, 저 역시 잘되지 않습니다. 그런데 투자회사 직원들의 경우는 잘못된 조언을 했을 경우에도 그대로 급료를 받습니다. 책임감이 적을 수밖에 없지요(불이익에 대해 보충 설명). 여러분이 잘되면 저 역시 잘됩니다. 저는 우리 회사의 주인이기 때문입니다(회사의 사장과 거래계약을 맺을 때의 특징과 장점을 투자회사의 일반직원들과 거래할 때와 비교하여 설명).

B. 저는 투자전문용어를 사용하지 않습니다. 사람들이 일반적으로 사용하는 쉽고 간결하면서 직설적이고 명쾌한 단어들을 사용하기 때문에 여러분은 포트폴리오와 관련한 모든 사항을 쉽게 이해하실 수 있을 겁니다. 우리 산업에는 두 종류의 사람들이 있습니다. 즉, 고객이 듣고 싶어하는 말만 골라하는 사람과 고객이 반드시 들어야 하는 말을 하는 사람이 그것입니다. (불이익 : 라이언과 거래를 해야 효과적인 결정을 하는 데 꼭 필요한 조언들을 듣게 될 것이라는 설명)

C. 저와 상담을 하시면 저희의 핵심서비스 외에도 더 많은 정보를 얻으실 수 있습니다. 게다가 추가수수료도 붙지 않습니다. 저는 여러분께 좋은 정보원이 될 것입니다(주장/주제). 저는 포트폴리오의 품질, 증권 양도, 애매한 주식의 가치 판단, 부동산 등에 관해 조언할 수 있으며, 기업 매수를 도울 수 있습니다. 또한 매우 신뢰할 수 있는 사람입니다(장점과 특징 설명).

VI. 왜 스펙트럼 에셋 매니지먼트와 거래해야 하나?

A. 저희는 50만 달러에서 2천만 달러 범위의 개별 포트폴리오 계좌를 관리하는 데 있어서 독보적인 위치를 자랑하는 전문가집단입니다(주장/ 주제).

B. 그것이 여러분께 무슨 의미가 있을까요? 저희는 특화된 조직이기 때문에 방어전략은 물론이고 서비스와 가격 면에서 경쟁자들보다 훨씬 뛰어납니다. 예를 들어 투자 조언자의 목표가 여러분에게 쿠키를 구워주는 것이라고 가정해봅시다. 큰 제과점들은 반죽을 민 다음 똑같은 모양의 틀로 찍어서 모든 고객에게 똑같은 모양의 과자를 제공합니다. 이에 비해 특화된 제과점인 우리 회사는 고객 한 사람 한 사람이 원하는 특별한 모양의 과자를 만들어드리지요. 만일 여러분이 생강과자를 원하신다면 저희가 만들어드리겠습니다. 케이크가 필요하다면 그것도 만들 수 있습니다. 그 위에 '생일 축하한다, 아들아'라고 쓰고 싶다면 그렇게 써드릴 수도 있습니다. 큰 제과점은 당신이 생강과자를 원할 때도 평범한 바닐라맛 비스킷만 만들어드릴 수 있습니다(불이익). 요컨대 저희는 경쟁사들이 대량으로 생산하는 과자와 달리 고객의 입맛에 맞는 과자를 더 좋은 가격에 제공합니다. 〈증거〉 저희는 최근 다수의 고객에게 이런 맞춤서비스를 실시하고 있습니다. 만일 여러분이 이 서비스에 대해 의논하고 싶으시다면 기꺼이 준비를 하겠습니다.

C. 저희는 방어에 능합니다(주장/주제). 우리의 목표는 위험을 피하는 것입니다(보충 주제). 그렇기 때문에 우리는 홈런은 아니지만 안타를 칩니다. 베이브 루스(Babe Ruth)는 생전에 홈런만 많이 친 것이 아니라 아웃도 많이 당했습니다. 야구에서는 그래도 좋습니다. 하지만 투자에서는 잃어버린 자본을 다시 회복하는 데 걸리는 시간이 너무도 깁니다(불이익). 여러분이 자산의 50%를 잃는다고 가정해봅시다. 본래의 상태로 회복하려면 여러분은 100%를 벌어야 합니다. 만일 20%만 잃었다면 25%만 더 벌면 됩니다. 후자의 경우가 훨씬 성취가능성이 크지요. 물론 우리는 자본을 한 푼도 잃지 않는 전략에 초점을 맞추고 있습니다.

VII. 왜 지금 거래해야 하나?

A. 여러분이 현재의 자산관리회사 대신 스펙트럼사와 지금 계약해야 하는 이유가 무엇일까요? 모든 사람들이 악마가 출현한 후에 종교를 찾습니다. 왜 그 이전에는 찾을 생각을 못할까요? 여러분에게 100만 달러가 있는데, 지금부터 6개월 뒤 그것의 가치가 70만 달러로 하락한다고 가정해봅시다. 어떤 기분이 들겠습니까? 때로는 아무것도 하지 않을 때 행동할 때보다 비용이 더 많이 들 수 있습니다(불이익). 혼란에 빠지기 전에 행동을 취해야 합니다. 그 후에는 너무 늦지요.

B. 우리는 여러분이 고객이 되는 순간부터 객관적인 회수전략(exit strategy)을 통해 여러분의 기본자산을 보호하고 지켜드립니다. 우리 업계에 종사하는 개인과 전문가들이 가진 가장 큰 약점은 판매할 시기를 놓치기 쉽다는 점입니다. 그들은 팔아야 하는 시기에 팔지를 않습니다. 우리가 지금까지 성장할 수 있던 요인은 재빨리 팔고 빠져서 큰 소실을 피해 갈 줄 알았기 때문입니다. 우리는 아주 객관적인 눈으로 판매시점을 판단하지요. 성장잠재력을 그대로 유지하면서 여러분의 자산을 보호해드립니다. 다시 말해 고객의 입장에서는 위험부담이 훨씬 줄어든다는 의미입니다.

C. 우리는 안정되고 조심스런 성장전략을 구사합니다. 불행히도 대다수의 고객들이 이미 큰 고통과 손실을 겪은 후에야 우리를 찾아옵니다. 그 이유는 대부분 앞을 내다보기보다 현재의 상황에 따라 반사적으로 투자결정을 내리기 때문입니다.

D. 시청각자료 : 1994년, 스펙트럼 에셋 매니지먼트의 기관계좌는 모두 이윤을 창출했습니다. 반면 카운티 오브 오렌지에 맡겨진 계좌들은 127억 달러의 손실이 났고 결국 파산했지요. 만일 카운티 오브 오렌지가 우리와 똑같은 관리전략을 구사했다면 이윤을 창출할 수 있었을 것입니다. 우리는 최소한 여러분의 원금을 그대로 보존합니다. 1994년, 국채시장이 1927년 이래로 최악의 상황이었습니다. 그러나 우리 회사가 관리하는 국채 뮤추얼펀드는 전국에서 3위의 실적을 기록했습니다. 이는 최악의 상황에서도 원금은 보장된다는 의미입

니다. 다시 말해 고객들이 기본자산을 그대로 유지할 수 있다는 말이지요. 우리는 고객들이 힘들게 번 자산을 보호합니다. 여러분의 회사도 똑같은 방법으로 지켜드리겠습니다.

VIII. 결론

A. 앞에서 설명했던 정보 요약(프레젠테이션의 요점을 빠르게 회고)

B. 행동 촉구하기

더 상세한 프레젠테이션을 할 수 있는 다음 약속을 잡도록 요구한다(행동 요구).

C. 개인적인 계획 언급하기

(사업관계를 진척시키기 위해 무엇을 할 것인가?) 그들의 특정한 요구에 맞는 활동계획을 세우기 위해 당신이 어떻게 적극적인 행동을 할지 설명한다. 그리고 그들의 투자전략을 어떻게 수행할지 자세히 설명한다.

D. 서론 재인용 : 앞에서 말씀드렸듯 저희는 여러분께 이윤을 안겨드릴 수 있는 일을 기꺼이 할 것입니다. 여러분께 다시 설명을 드릴 기회가 생기기를 바랍니다.

IX. 마무리

질문 : 이 프레젠테이션의 결과로 우리는 고객이 어떤 행동을 하기를 기대하는가?

대답 : 스펙트럼과 라이언 켈리에게 최종 프레젠테이션의 기회를 준다.

질문 : 첫 계약에서 그들은 얼마를 위탁할까? 그들이 계약서에 서명을 할까? 아니면 지금 당장 다음 약속을 잡을까?

짧은 프레젠테이션을 위한 구성계획서

I. 서론

A. 관심 끌기 : 튤립 비유

B. 짧은 이야기로 관심 집중시키기 : 선장이 튤립을 먹은 이야기

C. 사업관계의 목표 : 고객에게 이윤을 창출해주고 지식과 조사, 경험에서 나오는 조언을 해준다.

D. 그들이 당신의 말에 귀를 기울여야 하는 이유?

우리는 특화된 기업이기 때문에 여러분의 특정한 요구에 꼭 맞는 맞춤서비스를 실시한다는 장점이 있습니다. 세상에는 수많은 투자관리회사와 기회들이 있습니다. 여러분은 그 가운데 오직 하나만을 선택해야 합니다. 그렇다면 왜 스펙트럼 에셋 매니지먼트를 선택해야 할까요?

① 우리는 여러분을 전문가로 만들어드립니다. 여러분이 모르는 점을 알기 쉽게 이해시켜 드립니다.

② 우리는 골리앗들의 세상에서 당신을 위해 봉사하는 다윗입니다.

③ **배경설명** : 2개의 시청각자료를 보면서 다음의 주제들에 대한 말을 풀어나간다.

④ **방향제시** : 청중에게 당신이 어떤 방향으로 이야기를 진행할 것이며, 그 세 가지 주제는 무엇인지 알린다.

- 왜 라이언 켈리와 거래해야 하는가?
- 왜 스펙트럼 에셋 매니지먼트와 거래해야 하는가?
- 왜 지금 그렇게 해야 하는가?

II. 본론

A. 주제 1 : 왜 라이언인가?

① 나는 우리 회사의 사장이기 때문에 일반직원들보다 여러분의 성공에 더 큰 관심을 갖고 있습니다. 여러분이 망하면 저도 망하기 때문입니다.

② 나는 전문용어를 사용하지 않습니다. 명확하고 간결하며 직설적이고 쉬운 단어들을 사용하기 때문에 여러분은 포트폴리오와 관련된 모든 사항을 쉽게 이해할 수 있습니다.

③ 우리가 제공하는 주요 서비스보다 더 많은 것을 나는 여러분에게 제공할 것입니다.

B. 주제 2 : 왜 스펙트럼 에셋 매니지먼트인가?

① 간략한 회사 소개 : 견실한 전문가집단이라는 점을 강조.

② 우리는 다음과 같은 점에서 경쟁자들보다 우수합니다.

- 고객 맞춤화(Customization)
- 서비스
- 가격
- 방어전략

C. 주제 3 : 왜 지금 행동해야 하나? 왜 현재의 자산관리회사 대신 스펙트럼 에셋 매니지먼트를 선택해야 하는가?

① 여러분이 우리와 계약을 맺는 순간부터 우리는 객관적인 회수전략을 통해 여러분의 자산을 보존하고 지켜줍니다.

② 우리는 안정적인 성장전략을 구사합니다.

③ 우리는 최악의 상황에서도 고객의 자금을 손실 없이 그대로 보존합니다.

III. 결론

A. 프레젠테이션의 핵심주제를 빠르게 정리

B. 행동 촉구 : 두 번째 프레젠테이션 약속 요구

C. 개인적인 계획 : 두 번째 회의에서는 최선을 다해서 구체적인 활동계획을 제시할 것입니다. 그런 다음 그 투자전략을 그대로 수행할 것입니다.

IV. 마무리

첫 거래에서 그들이 얼마의 자금을 위탁할 의향인지 묻는다. 계약을 체결하거나 다음 프레젠테이션 약속을 잡는다.

짧지만 균형 잡힌 프레젠테이션을 하라

뛰어난 연설가이자 훈련전문가이고 나의 조언자이기도 한 플로이드 위크먼(Floyd Wickman)이 자신의 스승 지그 지글러(Zig Ziglar)에게 들었던 이야기를 나에게 그대로 들려주었다. "말이나 프레젠테이션을 더 잘하고 싶다면 더 짧게 줄여라." 불행히도 이 말을 오해하는 사람들은 이런 식으로 반응을 하는 경우도 있다. "정말로 프레젠테이션을 짧게 줄여서 핵심만 말하고 나왔습니다." 짧게 줄이더라도 균형이 잡혀야 한다. 우리가 '정해진 시간을 제대로 활용하지 못하는 실수'에 대해 말을 하고 있는 이유도 그 때문이다. 균형 잡힌 프레젠테이션을 진행하려면 아이디어를 충분히 개발할 필요가 있다. 생각을 발전시키고, 주어진 시간을 충분히 활용하라. 특히 청중의 시간을 존중하고 그들의 집중한계를 반드시 염두에 두기 바란다. 성인들은 정보를 빠르고 집중적으로, 그리고 간단하게 흡수한 다음 빨리 밖으로 나가고 싶어한다.

프레젠테이션 구성양식 활용하기

여기 소개하는 프레젠테이션 양식을 그대로 이용하여 당신의 프레젠테이션을 구성할 수 있다. 만일 당신이 다음에 실시할 프레젠테이션을 구상하고 연습하기 위해 140쪽과 141~142쪽에 첨부한 '프레젠테이션 참고용 총정보양식' 과 '사용하기 쉬운 프레젠테이션 구성양식'을 사용한다면 효과 만점의 프레젠테이션을 쉽게 준비할 수 있을 것이다. 이 양식을 복사하거나 컴퓨터에 입력해서 사용해도 좋다. 이 양식을 사용하면 고객 개개인의 요구에 맞는 새로운 구성을 개발하기가 한층 쉬울 것이다. 그리고 구성안을 자주 계획할수록 더 쉽게 구성하는 요령이 생긴다.

벼락치기 프레젠테이션 준비

짧은 프레젠테이션과 긴 프레젠테이션 두 경우의 구성방법을 각각 알아보았다. 이제, 당신이 다음과 같은 상황이라고 가정해보자.

■ 갑작스럽지만 절호의 기회

오후 3시 30분, 당신은 사무실에 앉아 한창 업무에 열중하고 있다. 퇴근 전에 처리할 업무가 아직 많이 남아 있다. 그때 지사장이 사무실로 들어온다.

"조안, 너무 급하게 통지한다는 점은 나도 인정하는데요, 내일 아침 부사장 직원회의에 나 대신 참석해줄 사람이 필요해요. 내가 갑자기 본사에 다녀와야 할 일이 생겼거든요. 그런데 비행기가 내일 오전 8시 30분에 출발합니다. 그러니까 조안이 나 대신 그 회의에 참석해주었으면 좋겠어요."

"알겠습니다." 당신은 지사장을 기쁘게 할 생각으로 일단 이렇게 대답했지만, 그것이 어떤 일인지 아직 이해하지 못한 상태다.

"좋아요. 그럼 됐어요. 우리는 벨웨더 프로젝트의 운영자금이 중요하다는 점을 재정위원들에게 일깨워줘야 해요. 내일 회의에서 필요한 모든 예산을 청구해야 하니까요. 예산안을 제출하지 못하면 내년 운영자금을 받지 못할 겁니다. 만일 그렇게 되면 프로젝트를 3년 반 동안 시작하지 못합니다. 지금 상황에서는 그 프로젝트를 진행하기까지 18개월 이상의 준비기간이 필요하리라 예상하고 있어요. 우리가 더 일찍 자료를 준비하지 못한 것은 계약업체에서 아직 견적을 내지 못했기 때문이에요."

"그럼 제가 뭘 어떻게 해야 하나요?" 당신은 이것이 매우 중요한 프레젠테이션인 데다 준비할 시간이 충분하지 않다는 사실을 깨닫고 조금 당황해서 이렇게 묻는다.

"재정위원들에게 이 프로젝트의 중요성을 이해시켜야 해요. 위원들이 이것이 정말 중요한 사업이며 향후 5년 이상 여기서 이익금이 발생할 것이라고 확신을 갖게 만드세요. 알겠지만 내일 당신이 할 프레젠테이션은 정말 중요해요. 프로젝트를 진행하느냐 못하느냐가 내일 프레젠테이션에 달려 있다고 보면 됩니다." 그렇게 말하면서 지사장은 당신의 책상 위에 묵직한 파일 8권을 내려놓는다.

"고마워요, 조안. 이번 일은 절대 잊지 않을게요."

지사장이 시야에서 사라지는 모습을 바라보며 당신은 이렇게 생각한다. '이제 어떡하지?'

| 프레젠테이션 참고용 총정보양식 |

Ⅰ. 프레젠테이션의 목표는 무엇인가?

____

____

Ⅱ. 청중 분석 정보

1. 청중은 누구인가?

____

2. 청중의 규모는?

____

3. 청중의 평균연령은?

____

4. 남녀 성비율은?

____

5. 청중의 태도는?

____

6. 청중은 정보를 얼마나 알고 있나?

____

Ⅲ. 기타 정보

1. 시설

____

2. 시청각자료

____

3. 프레젠테이션 허용시간

____

4. 당신 앞뒤로 발표하는 사람은 누구인가?

____

| 사용하기 쉬운 프레젠테이션 구성양식 |

서론

1. ____
2. ____
3. ____
4. ____
5. ____
6. ____

화제전환

본론 (다루어야 할 세 가지 주제)

1. ____
2. ____
3. ____

본론 주제 1

1. ____
2. ____
3. ____
4. ____
5. ____

화제전환

본론 주제 2

1. ______________________________
2. ______________________________
3. ______________________________
4. ______________________________
5. ______________________________

화제전환

본론 주제 3

1. ______________________________
2. ______________________________
3. ______________________________
4. ______________________________
5. ______________________________

화제전환

결론

1. ______________________________
2. ______________________________
3. ______________________________
4. ______________________________
5. ______________________________

마무리

1. ______________________________
2. ______________________________

■ 기회를 활용하라

이 일은 당신에게 더 푸른 목장으로 들어가는 길을 열어주는 입장표가 될 수도 있다. 이것은 일반적인 영업상황과는 조금 다르지만, 직장생활을 하다 보면 종종 생길 수 있는 일이며, 세일즈 프레젠테이션까지 필요한 경우이기 때문에 여기서 소개한다. 화려한 비디오테이프나 근사한 그래픽을 준비할 시간은 부족한 상황이다. 그렇지만 짜임새 있는 프레젠테이션을 준비하면 재정위원회 임원들을 설득하고 감탄시킬 수 있으며 지사장이 지시한 목표를 달성할 수 있다. 위원회의 권위를 고려해볼 때 이번 프레젠테이션을 잘 해낼 경우 당신의 경력에 크게 도움이 될 것이 분명하다. 그러려면 물론 임원들에게 강한 인상을 심어주어야 한다.

급하게 준비하는 프레젠테이션의 성공비법은 이야기할 내용을 얼마나 세심하게 계획하느냐에 달려 있다. 140~142쪽에 실린 ‘프레젠테이션 참고용 총정보양식’과 ‘사용하기 쉬운 프레젠테이션 구성양식’을 사용하여 당신이 알고 있는 사실과 자료들을 정리해보라. 빈칸을 채우는 일이 그리 어렵지는 않을 것이다. 이 양식대로 한다면 결론까지 쉽게 정리가 된다. 이제 당신은 논리적이고 체계적이면서 확신을 주는 프레젠테이션을 할 수 있을 것이다.

SUMMARY

시간을
제대로 활용하라

1 정해진 시간을 충분히 활용할 수 있는 효과적이고 균형 잡힌 프레젠테이션을 구성할 줄 알아야 한다.

2 구성을 어떻게 하느냐에 따라 프레젠테이션의 효과가 달라진다.

3 전형적인 프레젠테이션은 여섯 가지 요소로 구성된다. 서론, 본론의 세 가지 주제, 결론, 마무리가 그것이다.

4 주어진 시간 안에 균형 잡힌 프레젠테이션을 실시하려면 주어진 시간을 프레젠테이션 요소의 개수로 나누어보라. 예를 들어 30분짜리 프레젠테이션을 6요소로 나누면 각 요소에 5분씩 할애할 수 있다는 계산이 나온다.

5 프레젠테이션을 급하게 준비하는 일도 가능하다. '프레젠테이션 참고용 총정보양식'과 바로 이용할 수 있는 '사용하기 쉬운 프레젠테이션 구성양식'을 활용하면 한결 수월하게 준비할 수 있기 때문이다. 그런 기회를 잘 활용하면 성공의 문이 열릴 것이다.

05

충분한 자료를 제시하라

누군가를 설득하려 한다면 지식을 전달하기보다는 흥미를 유발하려고 애써야 한다.
– 벤자민 프랭클린

대부분의 프레젠테이션 발표자들은 청중을 완전히 설득하지 못한다. 이는 자신의 주장을 뒷받침해줄 수 있는 자료를 충분히 제시하지 못하기 때문이다. 증거자료가 부족할 경우 정보전달의 효과를 반감시킬 뿐 아니라 말하는 사람의 신용마저 의심받을 수 있다. 청중에게 어떤 행동을 하라고 설득하려면 당신의 의견 하나만으로는 충분한 힘을 발휘할 수 없다. 청중의 마음, 생각, 영혼을 자극하기 위해서는 여러 가지 사실과 사례를 충분히 제시할 필요가 있다.

증거자료가 부족한데 성공한 프레젠테이션은 단 한 건도 없다. 말하려는 주제를 창조적인 삽화나 도표 등으로 보여주면 한층 생동감 있는 프레젠테이션을 할 수 있다. 청중이 내용을 더 잘 이해하고 기억할 수 있기 때문이다. 요즘 세상에는 대중들이 접근할 수 있는 정보의 양이 무한하므로, 고객은 예전보다 많은 정보를 알고 있으며 당신의 상품이나 서비스를 경쟁자의 것과 더 잘 비교할 것이다. 그러므로 계약을 따내려면 구매자나 결정권자의 특별한 요구에 맞추거나 높은 신뢰감을 줄 수 있어야 한다. 구체적인 사례 등을 제시하면 한결 신뢰감을 높일 수 있다.

일화, 유추, 정의, 사례, 통계, 증언 등을 활용하는 것도 좋은 방법이다. 이런 종류의 자료들을 꾸준히 수집하여 프레젠테이션 아이디어 파일을 만들어두기를 권한다. 그 자료들을 프레젠테이션 양식에 끼워 맞추면 청중에게 훨씬 재미있는 프레젠테이션을 들려줄 수 있다.

신뢰의 중요성

우리는 자신이 신뢰감을 줄 수 있는 믿음직스런 사람이라고 생각하고 싶어한다. 그러나 누구든 나에게서 구매를 할 것이라는 자만한 태도로 고객을 대하면, 고객은 당신을 불신의 눈으로 바라볼 것이다. 게다가 도덕적인 타락으로 얼룩진 영업직의 역사를 고려해보면 신뢰감을 형성하는 일이 왜, 얼마나 중요한지 깨달을 수 있을 것이다. 제임스 M. 쿠제스(James M. Kouzes)와 배리 포스너(Barry Z. Posner)는 저서 ≪신뢰: 신뢰받는 리더와 신뢰를 잃는 리더, 사람들은 왜 신뢰를 필요로 하는가(Credibility: How Leaders Gain and Lose It, Why People Demand It)≫에서 이렇게 주장한다. "신뢰는 말과 행위 사이에 모순이 없다는 의미이다. 사람들은 당신의 말을 듣고 행동을 본다. 그리고 당신의 말과 행동 사이에 일관성이 존재하는지 판단한다. 그 둘 사이에 괴리가 없을 때 신뢰한다는 판정을 내린다."

개인에 대한 신뢰, 정보에 대한 신뢰

고객은 당신을 믿어도 될지 판정하기 전에 당신과 당신의 정보 두 가지를 각각 평가한다. 그러므로 그 두 가지의 신뢰성을 강화하면 더욱 설득력을 발휘할 수 있다. 신용할 수 있는 말을 해야 한다는 점은 아무리 강조해도 지나치지 않다. 잠재고객이 당신이나 당신의 말을 신뢰하지 않으면 당신이 판매하는 제품을 구매하기도 전에 실망부터 하게 될 것이다.

세일즈맨이 자신의 상품이나 서비스를 긍정적으로 느끼지 않으면 태도에 그것이 그대로 드러나게 마련이다. 이런 경우에는 당신이 전달하는 메시지와 관련하여 스스로 확신할 수 있는 다른 자료가 있는지 찾아보는 편이 좋을 것이다. 당신의 감정이 당신이 전달하는 메시지와 일치해야 좋은 효과를 얻을 수 있다.

주장을 뒷받침해주는 8가지 화법

주장을 뒷받침해주는 화법을 구사하면 신뢰감을 더욱 높일 수 있을 뿐 아니라 듣기에 훨씬 재미있는 프레젠테이션을 할 수 있다. 다음은 주장에 힘을 실어주는 여덟 가지 화법이다.

일화	유추
정의	견본
통계	증언
가설	수사학적인 질문

증거자료를 제시하면서 위의 화법들을 적절하게 활용하면 지식을 효과적으로 전달할 수 있을 뿐 아니라 프레젠테이션에 더욱 신뢰감이 느껴지게 만들 수 있다. 다양한 화법으로 충만한 강연은 믿음이 간다. 증거자료를 제시하면 신뢰가 생긴다. 그렇다면, 각 화법들을 간략하게 살펴보면서 그것들이 어떤 기능을 하는지 알아보기로 하자.

■ 일화

가장 효과적인 도구가 일화이다. 일화는 짧고 재미나는 이야기로, 실화나 허구 모두 가능하다. 사업과 직접 관련이 없는 이해하기 쉬운 이야기 안에 당신이 전달하고 싶은 주제를 담는 것이다. 이것은 청중을 즐겁게 만들면서 주제를 기억하기 쉽게 만드는 효과가 있다. 일화를 사용하면 당신이 좀더 현실적이면서 인간적으로 느껴지며, 한결 신뢰가 간다.

■ 유추

유추는 각기 다른 환경에서 찾아낸 유사한 특성들을 비교하는 기법이다. 예컨대 겨울에 점점 얼음이 얼어가는 시냇물과 동맥경화증을 앓는 환자의 동맥 사이에서 유사점을 유추해낼 수 있다. 유추는 청자가 이미 알고 있는 사실을 제시하기 때문에 낯선 사실을 설명할 때 효과적이다. 그러므로 잠재고객에게 새로운 상품이나 서비스를 설명해야 할 기회가 많은 세일즈맨들에게 아주 유용한 기법 가운데 하나이다. 이런 경우 유추는 옛것과 새로운 것 사이의 차이를 이어주는 다리 구실을 한다.

■ 정의

정확한 의미 혹은 의의를 말하는 것을 정의라고 한다. 프레젠테이션에서 정의를 사용하면 발표자에 대한 신뢰감이 더 커질 수 있다. 그리고 고객은 세일즈맨이 박식하다고 느낄 것이다. 정의를 사용하면 상대방이 말의 의미를 엉뚱하게 해석해서 생기는 오해를 줄일 수 있다.

정의는 해당 산업의 기술용어를 사용할 때 특히 중요하다. 혹은 일상적으로 사용하는 단어들이라도 청중을 위해 특별히 정의를 내려주면 좋다. 그 정의를 이미 알고 있던 사람들은 갑자기 당신에게 친밀감을 느끼면서 신뢰감을 갖게 될 것이다. 정의를 사용하면 당신이 말하는 의미를 고객에게 더 분명하게 이해시킬 수 있다. 정의는 고객이나 청중이 당신이 원하는 방식으로 보도록 유도하는 역할을 한다.

■ 견본

견본은 큰 집단에서 대표로 뽑아낸 것을 말한다. 종종 일반적인 생각을 명백하게 하기 위해 견본을 사용한다. 이익을 설명하거나 위험을 줄이기 위한 용도로 이용할 수 있으며, 어떤 상품을 어떻게 사용할 수 있는지 보여주기 위해 사용하는 경우도 많다. 또 미래에 일어날 수 있는 문제를 어떻게 피할 수 있는지 보여줄 때 효과적으로 이용할 수 있는 방법이다. 즉, 고객이 당신의 상품이나 서비스를 사용하지 않을 경우 일어날 수 있는 상황을 설명할 때 견본을 이용하면 좋다(불이익을 더욱 강조할 수 있음). 또 고객이 당신의 상품을 이용할 때 맛볼 수 있는 만족이나 긍정적인 느낌을 설명하고 싶을 때도 이용할 수 있다. 견본을 이용하면 그 상품이 어떻게 기쁨을 증가시키고 고통을 줄여주며 돈이나 시간을 절약하게 해주는지 명확하게 보여줄 수 있기 때문이다. 중요한 점은, 프레젠테이션에서 인용하는 사례들은 청중과 관련 있는 것이어야 효과가 있다는 사실이다.

■ 통계

사람들은 통계를 중요한 의미를 지닌 숫자라고 생각한다. 광범위한 의미에서 통계는 숫자로 된 자료를 편집하고 해석하는 수학체계라고 할 수 있다. 통계를 사용하면 말하는 내용에 신뢰감을 준다. 그 숫자가 얼마나 극적인가에 따라 충격효과가 커질 수 있다. 하지만 통계를 지나치게 많이 인용하다 보면 청중을 졸게 만들 수도 있다. 일화나 증언과 함께 정확한 통계를 적절하게 사용하면 인상적인 프레젠테이션을 할 수 있다.

■ 증언

특별한 사실이나 진실에 관해 공식적으로 고백하는 발언을 하거나 수기를 쓰는 것을 증언이라고 한다. 프레젠테이션 구성에 증언이 들어가면, 증언자의 명성에 따라 주장이 한층 무게를 얻게 된다.

증언이 암시하는 내용은 이렇다. "자, 보십시오. 이들은 매우 불안한 상태였습니다. 꼭 지금의 당신처럼 말입니다. 혹은 이들은 당신이 그랬듯이 걱정을 많이 했습니다. 그러나 일을 추진했지요. 그런데 지금 그들은 얼마나 행복한 모습입니까? 그들은 나에게 참고하라며 이렇게 편지까지 보내왔습니다." 증언에 등장하는 사람이 당신과 계약을 했을 때만 잠재고객에게 영향을 미칠 수 있다. 또한 증언은 적절하게 쓰일 때만 효과가 있다.

■ 가설

가설은 주장을 더 잘 전달하기 위해 어떤 사실을 가정해보는 것이다. 예컨대 이렇게 물을 수 있다. "이 기계가 6개월 동안 큰 도움을 줄 수 있다는 것을 우리가 증명할 수 있다면 어떨까요? 이것을 구매하시겠습니까?" 주제를 설명하기 위해 어떤 상황을 가정하는 것이 바로 가설이다.

■ 수사학적인 질문

종종 세일즈맨들은 고객에게 수사학적 질문을 사용하고 싶어한다. 수사학적인 질문이란 답이 너무나 뻔한 질문을 말한다. 예컨대 나는 이런 질문을 사용하는 경우가 있다. "여러분은 '좀더 생각해볼게요'라고 대답하는 고객을 얼마나 많이 만나보았습니까?"

이런 질문은 청중과 일체감을 형성하기에 좋다. 즉, 화자와 청자 양쪽이 똑같이 세상의 소금 같은 존재임을 보여줌으로써 유대감을 느끼게 만드는 것이다. "나는 당신과 같은 경험을 해보았기 때문에 당신이 하는 말을 잘 알아듣습니다. 또 당신이 매일 경험하는 일들을 잘 알고 있습니다. 그래서 앞으로 일어날 다른 일들에 대해서도 조언을 해줄 수 있습니다." 수사적 질문에는 이런 의미가 숨어있다. 이런 종류의 이미지를 잘 활용하면 신뢰감을 얻을 수 있다.

창의적 문제해결능력 개발하기

창의성만 있으면 어떤 문제라도 해결할 수 있다. 독창성을 발휘하여 창
의적으로 행동하고 잘못된 습관을 고치면 모든 것을 극복할 수 있다.

－조지 로이스(George Lois)

세일즈맨이 갖출 요건 가운데 종종 지나치기 쉬운 것이 창조적으로 문제
를 해결하는 능력이다. 세일즈에 독창성이 필요하지 않다고 말했던 사람
이 있던가? 누구든 쉽게 이해시키고 설득할 수 있는 프레젠테이션을 하
려면 대단한 창의력이 필요하다. 사람마다 능력이 다르긴 하지만, 우리
는 본래 모두 창의적인 존재로 태어났으며, 창의성 역시 다른 기술들처
럼 개발할 수 있다. 여기에는 독창성과 자기훈련이 요구된다. 하지만 대
개 사람들은 이렇게 말한다. "그것 참 멋진 말이군요. 하지만 나는 그렇
게 창의적이지 못해요." 이 얼마나 터무니없는 소리인가. 이렇게 말하는
것은 아마도 근래에 자신의 직업에 창조적인 우뇌의 기능을 활용한 경험
이 없기 때문일 것이다.

　대개 사람들은 사무적인 생각을 할 때 매우 1차원적이 되기 쉽다. 그
런 경우 자신의 개성과 창조성을 억제시키고 메시지를 전달하는 데만 신
경을 쏟는다. 이제 자신을 위해 잠재력과 동기가 발휘될 수 있는 환경을
조성하는 일부터 시작해보자.

■ 아이디어의 두 가지 원천

아이디어가 나오는 원천은 두 가지뿐이다. 즉, 다른 사람의 생각을 빌려오거나 스스로 창조하는 것이다. 대부분의 좋은 아이디어는 양쪽 원천에서 나온 생각들을 통합한 경우가 많다. 유명한 법학자 올리버 웬델 홈즈(Oliver Wendell Holmes)는 한 아이디어가 다른 사람의 마음속으로 옮겨지면서 개선되는 경우가 많다고 지적했다. 다른 사람들의 생각을 개선시키는 것 역시 창의성의 표현이며, 자신의 프레젠테이션 스타일을 발전시키기 위한 훌륭한 방법이다.

기억에 남을 만큼 독특한 프레젠테이션을 창조하는 것은 무척 중요하다. 당신의 주장에 힘을 실어줄 창의적인 상상력을 활용하는 것은 당신의 일화들 가운데 좋은 소재가 될 만한 것들을 찾아내고 근거가 될 수 있는 자료들을 보강한다는 의미이다. 종종 우리가 일상생활에서 경험하는 일들이 좋은 소재가 되기도 한다. 당신의 개인적인 경험담을 들려주면 고객은 당신을 더 잘 이해할 수 있으며, 프레젠테이션이 한층 재미있어진다.

다음은 더욱 활기 넘치고 창조적인 프레젠테이션 스타일을 개발하기 위한 11가지 요령이다. 그리고 이어서 각 요령을 자세히 알아보기로 하자.

행복은 성공의 기쁨과 창조적인 노력의 감동 속에 숨어 있다.

－프랭클린 D. 루스벨트(Franklin D. Roosevelt)

창조적인 문제해결법을 위한 11가지 요령

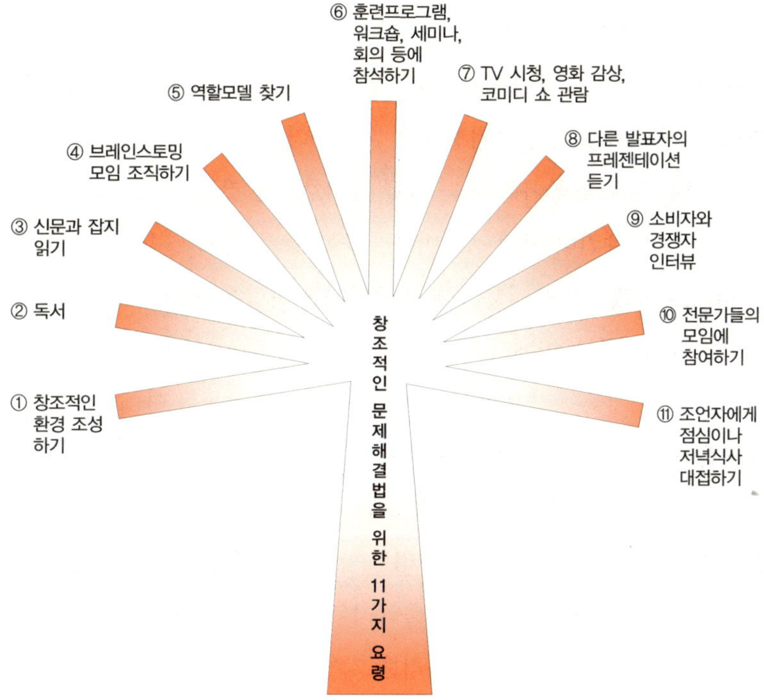

■ 창조적인 환경 조성하기

내 동료이자 비즈니스훈련 전문가이고 유명한 대중연설가인 마이클 제프리스(Michael Jeffreys)는 우리가 창조적인 환경을 만들지 못할 경우 일어나는 일을 설명하기 위해 '게'에 관한 이야기를 들려준다. 만일 당신이 살아 있는 게를 여러 마리 잡아서 한 양동이 안에 담아둔다면 게가 양동이 밖으로 기어 나올까 걱정하지 않아도 된다. 그 가운데 한 마리가 밖으로 나오려고 양동이 벽을 기어오르면 다른 게들이 다리를 뻗어서 밑으로 끌어내리기 때문이다. 게들은 다른 동료가 자신보다 앞서 나가는 것을 참지 못하는 성향이 있다. 그러나 게를 한 마리만 양동이 속에 놓아둔다면 밖으로 기어 나올 것이다.

우리 자신에게 질문을 돌려보자. 우리는 양동이 안에 갇힌 게가 아닐까? 만일 우리가 혼자만 남겨진다면 실제로 더 많은 성공을 거두게 될까?

'불행은 동료를 좋아한다'는 말을 들어보았을 것이다. 평범함도 동료를 좋아한다. 예컨대 이런 생각이다. "좋아. 모두 함께 평범해지자고. 대신 더 성공하겠다고 우리를 누르고 올라가는 사람은 누구라도 용납할 수 없어!" 당신이 양동이에서 탈출하려고 한다면 당신을 제자리로 끌어당기려는 다른 게들을 조종할 수 있어야 한다. 왜? 양동이 안에 있는 다른 게들을 누르고 올라가야 하기 때문이다. 당신은 둘 중 하나를 선택할 수 있다. 그들을 불러 모아 당신을 계속 받치게 하든가, 아니면 그들이 다리를 뻗어 당신을 끌어내리게 내버려두는 것이다. 양동이 바닥에 있는 평범한 게들 입장에서는 밖으로 탈출하려고 시도하는 야망에 찬 게를 위로 밀어주는 것보다 밑으로 끌어내리는 편이 훨씬 쉽다. 그렇기 때문에 당신은 가끔 자신이 탈출해야 하는 양동이 밑바닥에 앉아 있는 게와 같은 입장은 아닌지 자문해볼 필요가 있다.

이런 말을 들어보았을 것이다. "존과 내가 함께 일을 시작했을 때가 기억나요. 그는 정말 좋은 사람이었죠. 우리는 같이 열심히 일하고, 퇴근 후에는 맥주를 마시러 가기도 했어요. 그런데 돈이 그를 망쳐놓았어요. 얼마나 아첨꾼이 되어버렸는지…… 존처럼 삶에 균형을 잃은 사람을 보면 안타까워요." 그런데 사실, 존은 더 나아지려고, 양동이 밖으로 나가려고, 다른 무리들과 달라지려고 노력하는 사람일 뿐이다.

"자신을 극복하세요. 앞으로 나가고 마음을 비옥하게 가꾸세요. 더 큰 목표를 정하세요. 평균이나 평범한 수준에 안주하지 마세요." 사적으로든 공적으로든 이렇게 충고해주는 사람들과 교제하기 바란다. 평범해지기는 쉽다. 그러나 독특해지기는 어렵다. 자신이 위로 올라갈 수 없는 환경에 갇혀 있다고 느껴지면, 게의 양동이 안에서 그대로 희희낙락하며 지내고 싶은지 자문해보기 바란다.

■ 독서

책은 가장 조용하고 늘 한결같은 친구다. 또 가장 찾기 쉽고 가장 현명한 조언자이며, 가장 유능한 교사이다.

– 찰스 W. 엘리엇(Charles W. Eliot)

세상에 대한 시야를 넓히려면 고전적인 방법이긴 하지만 독서가 가장 좋다. 되도록 많은 책을 읽기 바란다. 물론 일, 육아, 그리고 텔레비전에까지 신경 써야 하는 급변하는 시대에 이것이 얼마나 비현실적으로 들리는지 잘 안다. 하지만 독서는 당신을 지식으로 무장시킬 수 있는 아주 요긴한 방법이다. 독서는 현대에 가장 과소평가받는 자원 가운데 하나다. 경쟁자보다 더 많이 알고 더 분명하게 표현할 수 있다면 회사의 매출이 늘고 당신의 임금도 올라갈 것이다. 도서관의 회원증을 만들기 바란다. 그것이 오늘날 최고의 지성과 오락성을 겸비한 사람이 되는 지름길이다.

책으로 읽은 내용을 다시 영화로 본 적이 있을 것이다. 이런 경우 당신은 어느 쪽이 더 좋게 느껴졌는가? 나는 언제나 책이 더 좋았다. 왜 그럴까? 우리의 상상력이 할리우드 최고의 제작자와 영화감독의 기술보다 낫기 때문이다.

독서를 하면 많은 이익을 얻을 수 있다. 우선 마음이 살찌고, 어휘력과 문장구성능력, 창의력이 향상된다. 또한 사고능력도 증진된다. 독서를 하면 이렇게 좋은 일들이 많다. 그럼에도 우리는 시간이 없다고 변명하거나 비즈니스 서적들만 읽는다. 누구에게나 인기 만점인 활기찬 사람들은 대개 책 읽는 것을 좋아한다. 그들은 책을 통해서 다양한 인생과 많은 일들을 경험한다. 당신도 그런 사람이 되고 싶을 것이다. 그들이 말을 하면 사람들이 귀를 기울이기 때문이다.

■ 신문과 잡지 읽기

신문을 정기구독하여 매일 읽자. 세상에서 일어나는 일들에 관해 고객들과 토론을 할 수 있으려면 다양한 정보를 알아야 한다. 최근에 일어난 사건은 프레젠테이션에서 추론의 소재로 사용하기 좋다. 또 당신이 종사하는 산업의 전문잡지를 구독하자. 대부분의 관리자들은 이런 잡지를 샅샅이 읽고, 거기서 얻는 정보를 비즈니스와 관련한 결정을 내릴 때 참고한다. 고객들이 보편적으로 흥미를 느낄 만한 기사를 발견하면 오려서 스크랩하라. 이렇게 신문과 잡지에서 자료로 활용할 수 있는 일화, 추론, 유머, 극적인 이야기 등을 많이 찾아놓길 바란다. 그리고 프레젠테이션 중에는 이런 식으로 말하라. "여러분도 읽으셨겠지만, 〈월스트리트 저널〉에 아주 흥미로운 기사가 실렸습니다." "혹시 그 소식 들으셨나요? 〈모기지 오리지네이터(Mortgage Originator)〉라는 상업전문잡지에서 읽었는데……." 혹은 "〈사이콜로지 투데이(Psychology Today)〉에 실린 기사에 의하면……." 이렇게 말하면 당신이 최근의 흐름에 매우 정통하다는 인상을 줄 수 있다. 그리고 더 넓은 시각을 가진 사람으로 비치기 때문에 남들보다 훨씬 돋보일 것이다.

■ 브레인스토밍 모임 조직하기

리더의 역할을 맡아서 브레인스토밍 모임을 조직해보자. 같은 회사 혹은 산업에 종사하는 사람들을 모아서 프레젠테이션에 이용할 여러 가지 '불이익'을 찾아보자. 또 효과가 있을 만한 아이디어를 조사하고 그렇지 못한 것들을 구별해내는 활동도 해보기 바란다. 이런 모임에서 개발할 수 있는 아이디어는 수천 가지가 넘는다.

■ 역할모델 찾기

당신의 목표에 더 쉽게 도달하게 만들어줄 역할모델을 찾아보자. 그 사람은 물론 당신이 건너가려고 하는 영역을 이미 앞서 지나간 사람이어야 한다. 그들이 만들어놓은 지도를 얻을 수 있다면 많은 시간을 절약할 수 있을 것이다.

■ 훈련프로그램, 워크숍, 세미나, 회의 등에 참석하기

개인의 능력을 개발하기 위한 훈련프로그램에 참가하자. 사람들이 이렇게 말할 때마다 나는 기쁜 마음이 든다. "테리, 우리 직원들 모두를 당신의 훈련프로그램에 참가시키게 되어서 얼마나 기쁜지 몰라요. 그런데 우리 직원들이 모두 프로그램을 마치고 나면 어떤 일이 일어날까요?" 이보다 더 좋은 질문은 이것이다. "만일 우리 직원들이 당신의 훈련을 받지 못하고 그냥 그대로 지낸다면 어떻게 될까요?" 한번쯤 생각해볼 중요한 문제다.

개인적으로 나는 다른 사람들의 강연을 들으면 좋은 공부가 된다는 점을 강조하고 싶다. 설사 그것이 당신의 업무와 직접 관련이 없는 종류의 강연이라도 말이다. 머릿속에 좋은 자료들을 집어넣으면 좋은 결과물을 만들어낼 수 있을 것이다. 그리고 더 긍정적이고 풍성하고 시사하는 바가 많은 아이디어를 머릿속에 입력할수록 우리의 삶은 더 비옥해지고 생각할 거리도 많아지며 흥미진진해질 것이다. 예컨대 내가 참석했던 그 강연에 처음 등장했던 두 명의 연사는 시인인 마야 안젤루(Maya Angelou)와 전 텍사스 시장 앤 리처즈(Ann Richards)였다. 두 사람의 강연은 모두 매우 감동적이었다.

■ TV 시청, 영화 감상, 코미디쇼 관람

대화에 가장 자주 등장하는 소재 가운데 하나가 그 당시 가장 인기 있는 영화나 TV 프로그램이다. 사람들이 텔레비전에 나왔던 내용에 대해 대화를 나누고 있는데 당신이 TV를 보지 않는다면 대화에 전혀 끼어들지 못할 것이다. TV나 영화, 코미디쇼를 봄으로써 프레젠테이션에 활용할 좋은 자료들을 모을 수 있다. 사람들의 관심을 끄는 가장 좋은 방법은 그들이 아직 들어보지 않은 멋진 농담을 하는 것이다. 코미디언들이 잘 쓰는 재담을 활용하면 즐거운 분위기로 프레젠테이션을 이끌어나갈 수 있고, 청중은 정보를 더 잘 기억하게 된다. 단, 소재가 당신의 청중에게 적절한 것인지 잘 판단해야 한다.

누구나 재미있는 이야기를 듣는 것을 좋아한다. 우리는 즐거움을 추구하기 때문이다.

■ 다른 발표자의 프레젠테이션 듣기

경쟁자나 다른 산업계의 리더가 하는 강연이나 세일즈 프레젠테이션에 참석해보자. 능력 있는 강사들은 그런 능력을 개발하기 위해 많은 시간과 노력을 들였을 것이다. 그들이 어떻게 말하는지 분석함으로써 많은 교훈을 얻을 수 있다. 현장에서 생생하게 진행되는 강연을 직접 보면 자기개발프로그램에 참여하는 것만큼 큰 도움을 얻을 수 있다. 발표자가, 당신을 변화시킬 수도 있는 자신의 경험담을 이야기하는 것을 현장에서 직접 듣는 것이 중요하다. 나는 이런 인상적인 강사들의 강연을 듣고 나면 직업의식을 발휘하여 그것을 분석하곤 한다. 내 안에 숨어 있는 토론자의 기질이 다른 강사들이 사용한 자료를 내용적인 측면에서 분석하는 것이다.

■ 소비자와 경쟁자 인터뷰

소비자나 경쟁자를 인터뷰하려면 밖으로 나가야 한다. 그들에게 당신이 늘 관심을 갖고 있는 영역에 대해 열정적으로 질문하자. 이것은 '첩보원 원칙'과 관련이 있다(Chapter 7 참조).

■ 전문가들의 모임에 참여하기

참가비나 입회금 때문에 협회나 위원회 모임에 참가하기를 주저하지 마라. 그런 모임에 참여하면 동종업계 종사자들을 사귈 수 있으며, 관심 있는 분야와 관련된 문제에 관심을 유지할 수 있다. 또한 그런 모임에 적극적으로 참여하다 보면 새로운 직장으로 연결되는 경우도 많다.

■ 조언자에게 점심이나 저녁식사 대접하기

직업적인 협조관계를 통해서 만난 사람을 점심이나 저녁식사에 초대하자. 그런 비공식적인 자리는 업계에서 리더로 인정받는 사람들과 깊이 있는 대화를 나눌 수 있는 기회가 되기도 한다. 또 그런 자리에서 알게 된 정보는 식사비 이상의 가치를 발휘한다. 요령을 잘 알고 있는 사람의 경험을 들어두면 시간과 돈을 아낄 수 있다. 조언자를 찾는 일이 얼마나 중요한지 이미 언급했지만, 무엇보다 강조하고 싶은 것은 당신이 무엇을 모르는지 정말 모르고 있다는 사실을 깨달아야 한다는 점이다. 원대한 꿈을 실현시키기 위한 첫 단계는 그곳에 이미 도착한 안내자를 찾는 일이다. 그들의 도움을 받으면 더 확실하고 쉽게 길을 찾을 수 있다.

한때 나는 이런 고민을 했다. "〈뉴욕타임스〉 베스트셀러 목록에 내 책이 올라가려면 어떻게 해야 할까?" 내가 유명해진다면 혹시 그것이 가능할지 모른다는 생각이 들었다. 그렇다면, 어떻게 해야 유명해질 수 있을까? 비즈니스 서적을 집필했고 그 책을 〈뉴욕타임스〉 베스트셀러 목록에 올리기 위해 텔레비전과 영상매체를 활용해본 사람에게 물어보기로 했다. 그런 사람으로 누가 있을까? 하비 맥케이(Harvey Mackay)와 돈 마틴(Don Martin)이 떠올랐다. 알아보니 하비 맥케이는 미니애폴리스에 살고 있었다. 나는 비행기를 타고 그를 만나러 갔다. 그리고 지난 3년 동안 나는 그와 함께 몇 권의 책을 내는 프로젝트를 진행했다.

그런 사람들에게 먼저 손을 내밀자. 그들이 당신을 찾아오는 일은 없을 것이다. 한계를 설정한 다음, 그 안에서 그들이 하라고 하는 일들을 하라. 당신이 먼저 서비스를 제공해야 한다. 누군가에게 무작정 찾아가서 "내 조언자가 돼주시겠습니까?"라고 할 수는 없는 노릇 아닌가. 하지만 이렇게 말할 수는 있다. "당신이 한 일에 큰 감명을 받았습니다. 제가 도와드릴 일이 없을까요? 조사라든가 아니면 다른 일이라도⋯⋯."

내가 아는 어떤 사람은 자신의 조언자로 삼고 싶은 사람을 위해 낙엽을 쓸어준 경험도 있다. 좋은 조언을 받기 위해 명심해야 하는 점은 겸손해야 하는 것이다. 장기적으로 볼 때 그렇게 해서 얻은 지혜의 진주는 상상할 수 없이 가치 있는 빛을 발하게 될 것이다. 한편, 조언자를 찾지 못하면 어떤 대가를 지불해야 할까? 원하는 목표로 갈 수 있는 길을 모색하느라 엄청난 시간과 돈을 낭비하게 될 것이다. 게다가 그 길을 따라가는 동안 수많은 실수를 저지르게 되며 필요 이상으로 좌절감에 시달릴지 모른다. 혹시 책을 찾아보고 싶다면 ≪멘토링: 꿈꾸었던 것보다 더 멋지게 성공하기 위해 가장 확실하면서도 가장 무시하기 쉬운 비법(Mentoring: The Most Obvious Yet Overlooked Key to Achieving More in Life Than You Dreamed Possible)≫을 권한다. 이것은 나의 조언자인 플로이드 위크먼(Floyd Wickman)과 내가 공동으로 쓴 책으로, 효과적인 조언관계를 구축하고 발전시키는 방법을 설명하고 있다.

여기 소개한 11가지 요령 가운데 절반이라도 실천한다면 당신의 프레젠테이션과 개인적인 지식은 함께 쑥쑥 발전할 것이다. 이 두 분야에서의 발전은 세일즈맨으로 더욱 성공하기 위한 밑거름이다. 자신에 대해 알게 됨으로써 생기는 자신감 외에도 고객에 대해 알게 됨으로써 솟아나는 자신감이 있다. 고객이 당신의 프레젠테이션에 정서적으로 어떻게 반응할지 예상할 수 있다면 계약으로 유도하기가 한층 수월할 것이다.

당신이 자신의 창의적인 아이디어를 따르지 않으면 다른 누군가가 그것을 빼내어 사용할지 모릅니다. 창의적인 아이디어를 갖고 있을 때 당신은 물속에 발가락만 살짝 적셔보는 대신 두 발로 풍덩 뛰어들 수 있습니다. 누가 당신을 평가하거나 비웃을까봐 망설이거나 두려워하거나 걱정하지 마세요. 당신 자신이 그런 것에 신경 쓰지 않으면 누구도 당신에게 상처를 입히지 못합니다.

– 구루 릇(Guru Rhh)

정서적인 요인 고려하기

사람은 원래 정서적으로 긍정적인 자극에 예민하게 반응하며, 그런 자극을 받으면 어떤 의욕을 느낀다. 그러므로 감성을 자극하는 요소들을 알면 설득력 있는 커뮤니케이션을 위한 또 하나의 좋은 무기를 갖추는 셈이다. 다음은 광고 분야에서 감성을 자극하기 위해 흔히 사용되는 요소들을 정리한 것으로, 세일즈 프레젠테이션에서도 큰 효과를 발휘한다.

- 낭만적인 사랑
- 품질에 대한 충동
- 가치 비교
- 소유의 자부심

- 유쾌한 매력
- 가슴이 떨리게 만드는 열정
- 명성을 뽐내는 기쁨
- 튼튼한 내구성
- 부러움을 일으키는 매력
- 안성맞춤으로 어울릴 때의 만족스러움
- 능률성
- 만족스러운 맛

위의 요소들을 조금 자세히 살펴보고 나면, 당신도 그런 요소들을 금방 알아챌 수 있을 것이며 프레젠테이션에서 잘 활용할 수 있게 되리라 생각한다.

낭만적인 사랑은 향수 광고에서 많이 애용되며 여행상품 광고의 극적 요소로 삽입되기도 한다. 광고주들은 소비자들이 매력적이라고 느끼는 것을 팔 때 낭만적인 사랑을 이용하는 경향이 있다.

품질에 대한 충동 역시 소비자 광고에서, 특히 자동차 광고에서 많이 볼 수 있다. 미국 자동차 제조사들은 자신들 자동차의 호화로운 내부 디자인에 자부심을 갖고 있으며, 소비자들이 자신들을 사업파트너처럼 믿음직하다고 여겨주기를 바란다.

슈퍼마켓 광고들은 쇼핑객들에게 자신들의 매장에서 얻을 수 있는 가치를 다른 곳에서 얻을 수 있는 가치와 비교하라고 끊임없이 외친다.

건축가들과 부동산회사들은 집을 소유할 때 느끼는 자부심을 이용해서 사람들을 유혹한다.

이 외에도 광고에서 많이 볼 수 있는 요소들이 몇 가지 더 있다.

- 헬스클럽은 매력의 즐거움을 광고한다.
- 놀이공원은 짜릿한 즐거움을 판다.
- 유럽의 고급자동차는 명성을 뽐내는 기쁨을 판다.
- 공구제조업체는 튼튼한 내구성을 홍보한다.
- 여행사와 항공사는 부러움을 느낄 정도로 매력적인 장면을 통해 휴가상품과 스키여행을 광고한다.
- 유명한 남성복 브랜드들은 몸에 잘 맞는 의상을 입은 사람의 자신만만한 모습을 표현한다.
- 노트북컴퓨터와 휴대폰, 소프트웨어기술은 능률성을 강조한다.
- 레스토랑은 특별한 메뉴를 홍보할 때 만족스러운 맛을 강조한다.

이런 정서적인 요소 가운데 몇 가지를 프레젠테이션에 잘 활용한다면 매우 강력하며 신뢰감과 즐거움을 동시에 주는 프레젠테이션을 할 수 있다. 또한 그런 프레젠테이션은 청중을 당신이 설명하는 행동으로 유도하는 효과가 크다. 이렇게 정서적으로 자극하는 요소들을 잘 활용할 경우, 당신은 청중에게 낯선 소재를 기억에 남을 만한 방법으로 전달할 수 있을 것이다. 또한 그런 프레젠테이션은 당신 자신도 오래도록 기억하게 될 것이다.

SUMMARY |

충분한 자료를
제시하라

1 프레젠테이션 본론의 주제와 관련 있는 강력하고 재미있는 자료를 제시하면 분위기를 활기 있게 이끌어가면서 더 큰 영향력을 발휘할 수 있다.

2 주장을 뒷받침해주는 화법을 구사하면 메시지를 더욱 강조하는 동시에 당신에 대한 신뢰도를 높이는 효과가 있다.

3 강연이나 프레젠테이션을 뒷받침해주는 화법에는 일화, 유추, 정의, 견본, 통계, 증언, 가설, 수사학적인 질문 등이 있다.

4 창의력과 상상력을 개발할 수 있는 11가지 요령을 다시 한 번 살펴보고 실천하여 창의력을 강화하고 효과적인 자료들을 많이 확보하기 바란다.

5 고객이 결정을 내리도록 만드는 데 도움이 되는 정서적인 요소들을 알아두면 유익하다. 그 요소들은 텔레비전 광고나 광고전략에서도 흔히 발견할 수 있다.

New Sales Speak

판매로 연결되게 하라

부탁을 함으로써 아무 것도 잃지 않고 오히려 무언가를 얻을 수 있는데, 왜 부탁을 하지 않는가? - W. 클레멘트 스톤(W. Clement Stone)

　세일즈맨이 잠재고객에게 구매를 촉구하기 위해 사용할 수 있는 다양한 계약기술을 소개하는 책은 수없이 많이 나와 있다. 그럼에도 불구하고 현대의 세일즈맨들이 가장 많이 저지르는 실수 가운데 하나가 프레젠테이션을 끝내면서 판매계약으로 연결시키지 못하는 점이다.

　정보를 제공했을 뿐 아니라 무척 설득력 있는 프레젠테이션을 실시했는데, 정작 계약이 성사되지 못하는 이유는 뭘까? 대개는 마무리 없이 결론만으로 프레젠테이션을 끝내기 때문이다. '결론'은 앞에서 설명했던 내용을 총정리하는 부분으로, 요약이라고 이해하면 좋다. 이에 비해 '마무리'는 고객에게 특별한 행동을 요구하는 부분이다. 다시 말해 어떤 정보를 제공한 다음, 그 결과 이러이러한 방향으로 행동하는 것이 바람직해 보인다고 고객에게 행동을 촉구하는 것이다.

제대로 된 마무리의 중요성

우리의 훈련프로그램에서는 세일즈 프레젠테이션 실습과정을 처음부터 끝까지 비디오로 촬영한다. 촬영한 테이프를 앞으로 돌려 보면서 우리가 가장 크게 느끼는 점은 대부분의 사람들이 마무리를 하지 않은 채 프레젠테이션을 끝낸다는 사실이다. 마무리는 하지 않고 요약만 하고 끝내버린다. 즉, 청중이나 잠재고객에게 무엇을 하라는 부탁을 한마디도 하지 않는 것이다. 상품이나 서비스를 구매하라거나, 거래를 하자거나, 하다 못해 다음 약속을 정하자는 말을 입 밖에 내지도 않는다. 이것은 해야 할 일을 하지 못한 것이나 마찬가지다. 대부분의 세일즈맨들이 이와 같은 실수를 저지르고 있으며, 그로 인해 매년 수천 달러의 손실을 본다.

계약으로 유도하지 못하는 문제는 대개 설득하기보다 정보를 제공하는 데 치중하는 경향과도 밀접하게 관련이 있다. 충분히 설득력 있는 상황을 만들지 못한다면 청중을 행동으로 유도하기는 힘들 것이다. 아마도 당신은 정보제공형 프레젠테이션만 한 다음 계약으로 유도해보려 했을 것이고, 결과는 그리 만족스럽지 못했을 것이다. 충분히 설득하지 못했기 때문이다.

지금까지 배운 내용을 바탕으로 당신의 프레젠테이션이 알차고 설득력 있게 구성되었는지 어떤지를 판단해보자. 훌륭한 프레젠테이션을 실시하는 것만으로는 충분하지 않다. 청중에게 '앞으로' 나아가도록 요구할 일이 남아 있기 때문이다. 일단 분위기를 조성했다면 행동으로 넘어가도록 요구할 필요가 있다.

거절에 대한 두려움을 극복하라

의심은 배신자와 같아서 종종 충분히 승리할 수 있는 일을 시도조차 못할 만큼 두려워하게 만들며, 결국 실패로 안내한다.

－윌리엄 셰익스피어(William Shakespeare)

"왜 사람들은 고객에게 행동을 하라고 더 많이 부탁하지 않을까?" 우리는 이런 의아심을 갖곤 한다. 부탁하지 않는 가장 중요한 이유는 거절당할까 두렵기 때문이다. 거절에 대해 두려움을 느끼다 보면 계약을 권유하기가 힘들어지고, 그 단계를 그냥 건너뛰고 싶어진다.

하지만 당신은 청중에게 부탁을 해야 한다. 거래를 하겠다는 '약속'을 부탁해야 하는 것이다. 사람들은 어떤 일을 부탁받으면 특별히 더 잘해주려는 성향을 지니고 있다. 한편 자신이 힘들여 번 돈과 관련이 있거나 조금 불편한 일일 경우에는 부탁을 받을 때까지 꼼짝하지 않고 버티기도 한다.

'마무리'의 중요성을 보여주는 사례

우리 훈련프로그램 참가자 가운데, 직원 수가 5만 명이 넘는 항공우주 분야의 대기업 인사부에서 근무했던 사람의 이야기를 들어보면, 프레젠테이션 끝에 마무리가 반드시 필요한 이유를 이해할 수 있을 것이다. 빌은 해마다 회사의 자선모금을 위한 홍보를 담당해왔다. 그것은 직원들의 봉급에서 매주 일정액의 기부금을 직접 공제하기로 직원들에게 허가를 받아내는 것이다. 매년 회사는 직원들에게 왜 기부를 해야 하는지 보여주기 위해 공들여 비디오테이프를 제작했다. 그리고 회사 전체 20개 지사의 현장 감독관들이 직접 홍보활동을 맡았다.

첫 해에 빌은 비싼 비디오테이프를 제작하는 일을 맡았다. 현장 감독관들은 그 비디오를 직원들에게 보여준 다음 그들의 질문에 답변을 했다. 기부를 원하는 직원은 이후에 신청양식을 작성해서 우편으로 발송하게 했다. 그런데 결과적으로 참여한 사람들이 별로 많지 않았다. 빌이 많은 노력을 했음에도 그의 상관은 한마디 칭찬도 하지 않았다. 나중에 회사의 마케팅팀 팀장이 빌을 불러 넌지시 조언을 했다. "빌, 직원들에게 비디오를 보여준 후 곧바로 신청서를 나누어주는 게 좋을 것 같네. 그런 다음 그 자리에서 신청서를 작성해달라고 해야 효과가 있을 걸세."

순간 빌은 큰 깨달음을 얻었다. 다음해에 그는 같은 업무를 다시 맡았다. 그리고 이번에는 감독관들에게 비디오를 보여준 다음 곧바로 신청서를 배부하라고 했다. 그리고 직원들이 회의실을 나가기 전에 신청서를 작성하도록 부탁하라는 내용의 안내서를 함께 전달했다. 그 결과는 예상보다 훨씬 놀라웠다. 그 어느 해보다 많은 직원들이 자선모금에 참여하겠다고 신청한 것이다. 당연히 빌은 두둑한 포상 보너스를 받았다.

두 해를 비교해보면, 기본적인 프레젠테이션 내용은 별 차이가 없었다. 양쪽 비디오 모두 매우 좋은 정보를 담고 있었다. 그리고 두 경우 모두 감독관들이 직원들의 질문에 답을 해주었다. 한 가지 차이는 두 번째 해에는 감독관들이 직원들에게 신청양식을 현장에서 작성할 것을 부탁했다는 점이다. 그것이 바로 '마무리'다. 행동을 하도록 '요청'하는 접근방식은 참여할지 말지 미처 결정하지 못한 개개인에게 영향을 미친다. 요청을 하면 중립적인 태도를 유지하고 있는 사람들에게 참여해야겠다는 확신을 주기 때문에 캠페인을 더 성공으로 이끌 수 있는 것이다. 그 결과, 그 전보다 수십만 달러 이상을 더 모금할 수 있었다. 그 덕에 회사에서 추가 지원을 받지 않고 간단하게 일을 해결할 수 있었다.

엘리베이터의 일화

내가 세미나에서 종종 인용하는 어느 젊은이의 이야기가 있다. 그가 세 번째 직장을 구하기 위해 한 회사의 부사장과 면접을 보던 때의 일화다. 잠시 대화를 나눈 후 부사장은 이야기를 마무리하기 전에 궁금한 점이 있느냐고 물었다. 젊은이는 없다고 대답하면서, 그 직장은 전망이 좋아 보였기 때문에 면접할 기회를 준 것에 감사한다고 말했다. 그리고 잠시 후 갑자기 생각난 듯 물었다. "누구를 고용할지 최종적으로 언제 결정합니까?" 부사장은 그 점에 대해 아직 결정하지 못했다면서 2주 내에 통보가 갈 것이라고 대답했다.

젊은이는 부사장에게 감사하다고 인사한 다음 사무실에서 나왔다. 복도에서 그는 조금 전에 했던 대화를 떠올렸다. 순간 그는 자신이 채용될지 여부를 직접적으로 묻지 않았다는 사실을 깨달았다. 그는 마무리의 중요성을 알고 있었기 때문에 마음속으로 자신을 질책했다. 그리고 다시 부사장실로 들어가서 마무리까지 제대로 짓고 나올 기회가 생긴다면 얼마나 좋을까라고 안타까워했다. 그때 휴대폰이 울려서 전화를 받았고, 그 다음 복도 끝으로 걸어가서 엘리베이터를 기다렸다. 엘리베이터가 도착하기를 기다리던 그는 갑자기 자신의 등 뒤에 서 있는 사람이 조금 전에 면접을 담당했던 부사장이라는 사실을 깨달았다. 그들은 어색하게 인사를 나누고 함께 엘리베이터를 탔다. 그리고 두 사람은 동시에 로비가 있는 1층의 단추를 눌렀다.

젊은이는 이번 기회는 놓치지 말아야겠다고 생각했다. 그리고 부사장의 눈을 마주 보면서 이렇게 말했다. "부사장님, 저는 면접실에서 나오자

마자 제가 이 직업을 얼마나 원하는지 밝히지 않았다는 사실을 깨달았습니다." 젊은이는 그 다음 30초 동안 자신이 그 자리를 얼마나 원하는지 강조하면서, 자신이 그 회사에 대해 얼마나 많은 조사를 했으며 그가 대화를 나누었던 사람들 가운데 얼마나 많은 이들이 부사장을 존경한다고 했는지를 설명했다. 그리고 끝으로 이렇게 말했다. "부사장님께서 이끄시는 팀에서 일하고 싶습니다. 부사장님께서 저를 기억해주셨으면 좋겠습니다. 그리고 제가 얼마나 이 일을 하고 싶어하는지 알아주셨으면 좋겠습니다."

젊은이는 부사장이 불쾌하게 여길지 모르겠다고 염려했지만 오히려 정반대의 반응이 돌아왔다. 그는 젊은 지원자를 바라보며 미소를 지었다. "자네가 그 자리를 그렇게 원한다니 주겠네. 다음 월요일 아침 8시 정각에 자네의 업무계획에 대한 보고를 듣기로 하지. 그리고 자네의 보고서를 인사부에 넘기도록 하겠네." 부사장은 젊은이의 손을 꼭 쥐고 악수를 한 다음 엘리베이터에서 내렸다.

젊은이는 믿지 못할 행운에 몹시 흥분했다. 그는 멍한 모습으로 엘리베이터에서 내려 하늘을 올려다보았다. "감사합니다!" 하는 소리가 절로 나왔다. 자신이 한없이 대견하게 느껴졌다. 만일 그가 그 자리를 요구하지 않았다면 얻지 못했을지 모른다. 그가 부사장과 같은 엘리베이터에 탈 수 있었던 것은 정말 행운이었다. 하지만 행운이 언제나 기다리고 있을까?

뚜렷한 목표가 필요하다

세일즈맨들은 판매계약을 따기 전에 여러 번의 프레젠테이션을 거쳐야 하는 경우가 종종 있다. 수천 달러가 달려 있는 사업들의 경우, 이것은 그리 이상한 일이 아니다. 그리고 구직자들은 번듯한 자리에 취직하려면 다섯 번, 아니 여섯 번 이상의 면접을 거쳐야 하는 경우도 허다하다. 일을 시작하기 전에 여러 명을 만나서 자신의 자격을 입증해 보여야 하는 것이다.

면접에서 좋은 결과를 얻으려면, 다음 단계로 넘어가기 위해서 무엇이 필요한지에 대해 마음속에 뚜렷한 목표를 세우고 있어야 한다. 그런데 대부분의 사람들은 특별히 마무리를 하지 못한 채로 면접을 끝내고 나온다. 다음 과정으로 전진하기 위해 필요한 상대방의 약속을 얻어내지 못하는 것이다. 간단하게 말해서, 거래를 하자고 부탁하지 않는다. 최소한 다음 약속조차 정하지 않고 그대로 물러난다. 현대의 시장에서는 "No." 라는 거절은 좀처럼 듣기 힘들다. 대신 "그 문제에 대해서는 조금 더 생각해볼게요."라는 말을 듣기 쉽다. 이 말을 경계하기 바란다. 이것은 아무것도 팔지 못하는 상황에 직면하게 될지 모른다는 경고와 같기 때문이다.

다음에 프레젠테이션을 할 때는 엘리베이터의 청년을 떠올리기 바란다. 그리고 기회를 충분히 살릴 수 있도록, 즉 고객이 계약서에 서명을 하거나 다음 약속을 정할 수 있도록 훌륭하게 마무리를 짓기 바란다. 자신의 의견을 전달하는 것만으로 끝을 낸 후 고객 스스로가 다음 단계를 실행하리라 기대하지 마라. 요구하지 않으면 아무것도 얻을 수 없다.

"조금 더 생각해볼게요."

세미나에 참석한 사람들은 이렇게 질문한다. "테리, 고객이 '그 문제에 대해서는 조금 더 생각해보고 싶어요'라고 말하면 당신은 어떻게 하나요?" 당신이 아무리 좋은 소리를 해도, 또 아무리 설득적인 분위기를 만들어도, 상대방이 요지부동으로 "조금 더 생각해볼게요."라고 말하는 경우가 있다. 이런 경우 나는 어떤 식으로 처리하는지 설명하려고 한다. 하지만 내가 쓰는 방법도 매번 효과가 있는 건 아니다. 사실, 모든 경우에서 효과가 있는 방법은 없다. 그러나 이런 상황이 발생할 때를 대비해서 당신의 도구상자 안에 여분의 장비를 하나 더 보관하는 셈이라고 여겼으면 좋겠다.

나는 프레젠테이션을 마무리할 때 청중에게 의무를 지킬 것을, 혹은 다음 단계를 수행할 것을 요구한다. 그런데도 상대방이 "당신도 이해하겠지만, 이 문제에 대해서는 조금 더 생각해보고 싶어요."라고 말하는 경우가 있다. 그러면 나는 이렇게 대꾸한다. "좋아요. 이번 결정은 중요하니까요. 제가 드리는 자료를 다시 한 번 살펴보고 싶으실 거예요. 제가 알기로 선생님은 무척 바쁘신 분이잖아요. 그러니까 지금 달력을 보면서 다음에 만날 약속을 정하는 게 좋겠어요. 제가 다양한 경험을 하면서 구한 자료들과 선생님을 위해 준비한 계약서를 다시 한 번 살펴보시면 분명히 묻고 싶은 게 생기실 거예요. 그런 점들에 대해서는 다음에 만날 때 답변을 드리도록 하겠습니다."

내가 이렇게 처리하는 이유가 무엇일까? 첫째, 우리는 스토커가 아니기 때문이다(당신도 스토커처럼 행동하는 실수를 저지를지 모른다!). 즉, 어느 고객을 2, 3일 혹은 5, 6일 동안 줄기차게 따라다니고 나면(5~10회 정도 답변이 돌아오지 않는 메시지를 남긴 이후) 상대방은 더 이상 우리를 만나고 싶어 하지 않을 것이다. 이유는 우리가 스토커처럼 느껴지기 시작하기 때문이다! 이런 경우, 잠재고객을 그대로 놓아주고서 거래가 무산되었다고 추측하게 내버려두는 것이 오히려 유혹이 될 수 있다는 점을 명심하라.

세일즈맨이 모든 것을 그냥 내버려두었기 때문에 계약이 성사되지 않거나 아무 일도 일어나지 않은 경우가 얼마나 많은지 알면 당신은 놀랄 것이다. 하지만 스토커 노릇을 하면 서로 불편해지기 때문에 그렇게 하고 싶어하지는 않는다. 그래서 나는 이런 문제를 피하기 위해 프레젠테이션 현장에서 곧바로 달력을 펴들고 고객과 약속을 정하려고 한다. 만일 상대방이 다음 약속을 정하는 것도 망설이면, 그들이 흥미를 느낄 만한 장소를 댄다. 예컨대 아주 멋진 레스토랑(그들이 선택한)이나 골프장을 권해본다. 사실 나는 개인적으로 골프를 좋아하지 않는다. 그럼에도 골프레슨을 받는 이유는 딱 한 가지다. 사업협상은 종종 9번 홀 후반에 마무리가 되기 때문이다. 골프는 내가 고객들을 만나고 거래를 성사시킬 수 있는 방법 가운데 하나일 뿐이다.

이런 식으로 접근하면 대부분은 다음 약속을 정하는 데 동의하며, 나는 스토커 노릇을 할 필요가 없어진다. 이렇게 하는데도 다음 약속을 잡기를 거부한다면 상대는 진짜로 거부하고 있는 것이라고 판단할 수 있다. 이런 경우 상대방이 거부하는 이유를 알아낼 수 있다면 어떻게든 그것을 극복할 수 있다. 그러나 "그 문제는 조금 더 생각해보고 싶네요." 같은 모호한 말로 일관하는 고객이라면 그야말로 처리하기가 가장 곤란하다.

부서 간 프레젠테이션에서의 마무리

결론은 중시하면서 마무리를 무시하는 경향은 사업계 전반에서 흔히 볼 수 있다. 때로는 한 회사의 여러 부서가 어떤 현안을 의논하기 위해 함께 모인 자리에서도 정보를 전달하는 것만으로 회의를 마치는 경우가 많다. 아직 해야 할 일이 남아있는데 말이다! 혹시, 부서 간 회의를 했음에도 결과적으로 아무것도 달라지지 않은 경우를 경험해보았는가? 혹은 일이 해결되는 데 너무 오랜 시간이 걸리는 경우는 없었는가? 그런 현상이 일어나는 이유는 회의의 마무리를 제대로 하지 못했기 때문이다. 부서 간 회의를 끝낼 때는 반드시 마무리를 철저하게 하라고 충고하고 싶다. '우리가 해야 하는 다음 단계는 무엇인가? 이 회의의 결과로 무슨 일이 일어나기를 원하는가?'

직장을 구하기 위해 면접을 볼 때, 부서 간 프레젠테이션의 결과로 동료들이 어떤 행동을 하게 되기를 바랄 때, 혹은 잠재고객에게 판매를 시도할 때, 한결같이 중요한 요소가 바로 마무리다. 마무리를 제대로 하면 잠재고객의 선택폭은 좀더 제한된다. 그들은 "싫어요."라고 하거나 "좋아요."라고 하거나 "좀더 생각해보고 싶어요."라고 말할 수 있다. 만일 세 번째 답변을 듣는다면 다음 약속시간을 정하는 쪽으로 목표를 선회해야 한다.

당신이 소매업에 종사하고 있는데 고객이 상품을 구매할지 결정을 못하고 망설이고 있다면, 고객의 전화번호를 받아둔 후 24시간 동안 사용해볼 수 있는 아이템을 골라주는 방법을 쓸 수 있다. 고객이 집에 돌아가서 가족들과 의논할 기회를 준 후, 다음날 고객에게 전화를 하겠다고 제안하는 것이다.

기타 세일즈맨의 일화

지금 소개하는 이야기는 내 친구의 경험담이다. 그는 자신의 이야기를 해도 좋지만 이름은 밝히지 말아달라고 부탁했다. 그래서 그냥 '찰리'라고 부르겠다. 찰리는 기타연주자가 되고 싶어했지만, 그 꿈을 포기했다. 어린 시절에 기타교습을 받았지만, 부모가 이혼하는 바람에 기타교습소가 없는 마을로 이사를 가야 했던 것이다. 그래도 언젠가는 다시 기타를 배우리라는 생각을 늘 품고 살았다. 그리고 기타연주자로 성공하면 어떤 기분일까 항상 궁금해했다. 그렇게 세월이 흐른 어느 날, 그는 대형 기타상점이 있는 캘리포니아의 산타모니카를 방문할 기회가 생겼다.

마침 시간이 좀 남아서 시내를 구경하다가 그는 기타상점 안에 들어가 보고 싶어졌다. 어떤 악기들을 팔고 있는지 구경하면서 아는 것이 많을 것 같은 젊은 세일즈맨에게 이것저것 질문도 했다. 세일즈맨은 좋은 기타를 갖고 싶어하는 그의 간절한 요구를 금방 알아챘다. 그런데 찰리가 흥미를 갖고 있는 가격대의 파란색 기타는 일시적으로 품절상태였다. 그래서 찰리는 그냥 나가려고 했다. 그가 막 문을 나서려는 순간, 세일즈맨이 그의 전화번호를 물으면서 재고가 들어오면 연락을 하겠다고 했다. 집에 돌아온 후 찰리는 기타가게에서 있던 일을 까맣게 잊어버렸다. 그런데 2주 후, 기타 세일즈맨이 전화를 걸어왔다. 찰리가 관심을 보였던 바로 그 기타가 그가 딱 원하는 가격대에 입고되었다는 내용이었다. 예기치 않은 전화를 받은 찰리는 세일즈맨에게 머지않아 그 상점에 다시 가겠다고 약속을 한 후 전화를 끊었다. 하지만 그는 시간이 나지 않았고, 다시 그 일을 잊어버리고 말았다.

하지만 세일즈맨은 찰리를 포기하지 않았다. 찰리가 정말로 그 기타를 갖고 싶어한다는 사실을 알기 때문이었다. 일주일 후, 그는 다시 전화를 걸어서 찰리에게 그 기타가 얼마나 좋은 소리를 내는지를 이야기했다. 그 가게에서 지금까지 판매했던 그 가격대의 물건들 중 그렇게 풍부하고 깊은 소리를 내는 기타는 없었다고 칭찬했다. 그리고 그 기타가 이제 딱 한 대 남았는데, 찰리가 그 다음날까지 올 수 있다면 팔지 않고 남겨두겠다고 말했다. 그리고 3개월 무이자로 구입할 수 있는 기회라는 말도 덧붙였다.

결국 찰리의 마음이 움직였다. 세일즈맨은 찰리가 정말 그 기타를 원한다는 사실을 알았다. 그리고 그가 그것을 살 수 있을 만큼 여유가 있다는 사실도 알았다. 한 가지 장애물은 찰리의 부인이었다. 부인은 필요 없는 물건을 구입하는 것을 싫어하는 사람이었다. 세일즈맨은 찰리에게 부인을 가게로 함께 모시고 나오라고 초대했다. 그리고 기타가게 바로 옆에 있는, 로스앤젤레스 서부 최고의 이탈리아 레스토랑에서 일이 성사되었다. 물론 찰리는 이제 아름다운 파란색 기타의 자랑스러운 주인이다. 그리고 최근에는 기타 연주를 다시 배우고 있다!

내가 말하고 싶은 요점은 현장에서 마무리를 제대로 하지 못하면 판매할 가능성은 없다는 것이다. 하루 종일 고객을 다시 만나려고 쫓아다녀야 하거나 "조금 더 생각해볼게요."라는 말만 듣게 될 것이다. 그러고 싶지 않다면 마무리를 확실하게 하라.

SUMMARY |

1 프레젠테이션을 판매로 연결시키기 위해서 고객에게 반드시 결정과 행동을 촉구하라. 프레젠테이션 끝에 결론만 내리고 마무리를 하지 않는 사람들이 의외로 많다. 이것은 정말 크나큰 실수다!

2 결론은 앞에서 말한 내용을 정리하는 단계다. 반면 마무리는 어떤 행동을 하라고 요구하는 단계다. 당신은 청중이 프레젠테이션을 듣고 나서 어떻게 하기를 바라는가?

3 사람들은 거절당하면 어쩌나 하는 두려움 때문에 프레젠테이션 끝에 마무리를 하지 못한다. 명심하라. 요구하지 않으면 얻을 수 없다. 당신이 요구하지 않으면 당신의 경쟁자가 요구하고 얻어낼지도 모른다.

4 "좀더 생각해볼게요."라는 대답이 돌아오면, 다시 만날 수 있도록 다음 약속을 정하는 방향으로 고객을 유도하라.

07

지루하지 않게 하라

세상에서 두 번째로 나쁜 범죄는 지루함이다. 첫 번째로 나쁜 범죄는 지루하게 만드는 것이다. — 세실 비튼(Cecil Beaton)

　　잠이 잘 오지 않는 사람들을 위한 새로운 불면증치료법이 나왔다. 바로 동료들의 업무 프레젠테이션에 참석하는 것이다. 청중을 지루하게 만들려는 의도로 프레젠테이션을 하는 사람은 없다. 하지만 사실 많은 프레젠테이션이 지루하다.

　　지루한 프레젠테이션을 하는 사람들은 한 번의 프레젠테이션에서 너무 많은 사실들을 알리려는 경향이 있다. 게다가 진부한 이야기들을 단조롭고 지루하고 졸린 목소리로 전달한다. 솔직히 이렇게 해서는 고객의 관심을 끌 수도, 흥미를 유지하게 만들 수도 없다. 지루한 프레젠테이션은 당신이나 고객 모두에게 시간낭비에 불과하며, 당신과 회사에 대해 부정적인 이미지를 남기기 쉽다. 또한 고객의 관심을 끌지 못하면 당신은 그들과 유대감을 형성할 수 없다. 결국 제대로 커뮤니케이션이 이루어지지 않으면 아무것도 기대할 수 없다.

　　지루함은 사람들이 정보를 듣지 않거나 기억하지 못하게 만드는 큰 원인 가운데 하나다. 사람들의 관심을 계속 끌려면 우선 우리의 말에 귀를 기울이게 만들어야 한다. 대학 시절, 강의실에 들어와서 매학기 똑같이 무미건조한 내용을 지루한 어조와 졸린 목소리로 강의하는 교수를 만난 경험이 있을 것이다. 결국 학생들은 꾸벅꾸벅 졸고 만다. 사람들이 당신의 말에 귀기울여주기를 바란다면 재미있고 즐겁게 해줘야 한다. 지루하게 만들면 안 된다.

지루한 프레젠테이션에 문제가 있다는 사실은 누구라도 알고 있다. 그런데도 계속 청중을 지루하게 만든다. 그것은 자신의 프레젠테이션이 어떻게 보이고 어떻게 들리는지 알지 못하기 때문이다. 많은 사람들이 자신의 프레젠테이션이 얼마나 지루한지 모른다. 프레젠테이션 장면을 녹화해서 보여주면서 스스로 평가를 해보라고 하면 틀림없이 이런 식으로 말한다. "음, 조금 길다는 느낌이 드네요." "조금 지루한 것 같네요."

나는 "그런데 왜 계속 그렇게 했습니까?"라고 묻는다. 그러면 그들의 대답은 한결같다. "주제를 청중에게 이해시켜야 하니까요."

프레젠테이션을 진행할 때는 청중이 그것을 흥미롭게 받아들이고 있는지 스스로에게 물어보기 바란다. 만일 당신 마음속에서 '지루한 것 같아'라는 목소리가 조금이라도 들린다면 청중 역시 분명히 그럴 것이다. 청중이 계속 경청해주기를 바란다면 들을 만한 가치가 있는 프레젠테이션을 해야 한다.

누군가 나를 지루하게 만든다. 나는 그것이 나 자신이라고 생각한다.

-딜런 토머스(Dylan Thomas)

"자신을 원하지 않는 사람들과 대화를 해본 경험들이 있지요?" 세미나에서 이렇게 물으면 늘 웃음바다가 된다. 이렇게 공감할 수 있는 분위기를 만들어야 하는 것이 바로 프레젠테이션 발표자의 역할 가운데 하나다. 세일즈맨의 책임 가운데 하나는 우리를 원하지 않는 사람들을 만나고 다니는 것이다. 우리는 잠재고객들의 주변을 서성이면서 그들이 기꺼이 우리에게 시간을 내게 만들어야 하는 직업에 종사하고 있다.

청중·고객 분석: 첩보원의 원칙

준비야말로 강력한 프레젠테이션을 개발하기 위해 중요한 열쇠다. 물론 자신이 파는 상품을 완벽하게 이해하고 있어야 하는 것은 기본이다. 이 책을 읽고 있는 사람이라면 그 단계는 충분히 이해했으리라 믿는다. 다음으로 고객이 누구인지 판단하고, 그들이 왜 당신의 서비스를 이용해야 하는지 생각해볼 필요가 있다. 그리고 당신의 경쟁자에 대해서도 알아둬야 한다. 마지막으로 고객이 경쟁제품을 이용한다면 왜 그런지 그 이유를 파악하는 것도 중요하다. 이런 정보를 알아내려면 적당한 사람에게 물어보아야 한다. 말하자면 첩보원이 되어야 한다. 그래서 나는 이 방법을 '첩보원의 원칙'이라고 부른다.

가장 먼저 수집해야 하는 것은 청중에 관한 정보다. 그들의 직업은 무엇이고, 취향은 어떠하며, 그들과 의사소통을 하려면 어떻게 해야 하는가? 이런 정보들을 바탕으로 판단해볼 때, 프레젠테이션을 더욱 흥미롭게 만들기 위해 활용할 수 있는 이야기들과 시청각자료는 어떤 것인가?

다음은 청중이 어떤 사람들인지 알고 있을 때 누릴 수 있는 효과를 설명하기 위해 내가 세미나에서 자주 인용하는 일화이다.

■ 배스낚시의 효과

내 세미나의 잠재고객 가운데 퉁명스럽고 다소 신경질적인 성격을 가진 남자가 있었다. 그래도 나는 그의 회사 세일즈 매니저들로부터 들었던 정보를 바탕으로 그에게 접근했다. 나는 할 수 있는 모든 방법을 동원해서 그의 마음을 열어보려고 노력했다. 예컨대 인쇄물을 보내고, 여러 차레 전화를 걸었다. 그러나 그에게는 충실하고 매우 능력 있는 노마라는 이름의 비서가 있어서 그에게 접근하지 못하도록 차단을 했다. 그녀를 따돌리기란 좀처럼 쉽지 않았다. 그런데 보통사람들 같았으면 포기하기로 마음먹을 만한 상황에서 모든 것이 바뀌었다. (보통 세일즈맨들은 세 번 시도한 후 포기하는 경우가 많다. 세일즈의 종류와 판매사이클에 따라 다르긴 하지만, 가장 힘든 거래는 그보다 더 많은 시도 끝에 성사된다.)

나는 잠재고객에게 여러 차례 전화를 걸었다. 그리고 금요일 오후 어쩌면 행운이 다가올지도 모르겠다는 생각을 했다. '근면은 행운의 어머니'라는 벤자민 프랭클린의 말처럼 말이다. 그때 나는 11번째 시도를 하는 중이었고, 그 정도면 아무리 완고한 사람이라도 감동시킬 만하다고 생각했다. 그런 생각을 하며 그의 전화번호를 돌렸는데, 놀랍게도 그가 직접 전화를 받는 것이 아닌가.

"아, 릭. 아, 아, 안녕하세요? 저는 테리 쇼딘입니다." 사실 그가 직접 전화를 받으리라고는 전혀 예상하지 못했던 터라 나는 마음을 가다듬느라 잠시 말을 더듬었다. "지난 2주 동안 당신과 통화하려고 시도했습니다. 사실 이번에도 노마의 목소리가 들릴 거라고 생각했습니다. 그런데 어떻게 직접 전화를 받으셨지요?"

그가 대답했다. "노마는 점심 먹으러 나갔소."

나는 이렇게 말했다. "노마는 정말 대단하더군요. 어쨌든 저는 당신을 계속 따라다니고 싶었습니다. 제가 몇 가지 자료를 보내드린 적이 있죠. 제가 지금 전화를 한 이유는……."

나는 전화 세일즈에서 사용하는 설득법을 총동원했다. 전화 세일즈 기법은 세일즈맨에게 매우 중요하다. 나는 자신에 대해 소개한 다음 왜 그를 만나려고 하는지 설명했다. 결국 그는 다음 월요일에 나를 만나기로 마지못해 동의했다.

수화기를 내려놓으면서 내가 이 사람에 대해 얼마나 알고 있나 하는 생각이 들었다. 사실 그렇게 많이 안다고 할 수 없었다. 그래서 나는 두 시간 후에 다시 전화기를 들고 그의 비서와 통화를 했다. "노마, 테리 쇼 딘입니다. 릭과 월요일 아침에 만나기로 약속을 했어요. 나는 언제나 고객의 요구에 맞는 프레젠테이션을 준비하려고 노력합니다. 그래서 말씀인데, 릭에 대해서 조금이라도 알려주시면 좋겠습니다."

그녀가 대답했다. "글쎄요. 어떤 점을 알고 싶으시죠?"

"예컨대 릭의 취미라든가 관심 분야에 대해서 알 수 있을까요?"

그녀는 이렇게 대답했다. "제가 알고 있는 건 릭이 배스낚시를 아주 좋아한다는 사실뿐이에요. 그게 도움이 될지 모르겠지만 그 정도가 내가 알고 있는 전부에요. 그리고 지금은 이만 끊어야겠어요. 다른 전화가 와서요." 그리고 전화를 끊어버렸다.

배스낚시에 대해 나는 거의 무지하다. 그래서 낚시에 대해 알 만한 주변사람들을 찾다가 아버지에게 도움을 청했다. "아버지, 혹시 배스낚시에 대해 아시는 게 있으면 얘기 좀 해주세요."

아버지가 대답했다. "배스낚시? 왜 배스낚시에 관심이 생긴 게냐?"

"고객이 한 명 있는데, 그 사람과 뭔가 유대감을 느낄 수 있는 소재를 찾으려고 그래요."

"내가 알고 있는 거라곤 일요일 TV에서 〈배스 마스터(Bass Master)〉라는 프로그램을 한다는 정도란다. 그 프로그램을 보면 도움이 될지 모르겠구나."

배스낚시를 다루는 프로그램이 있다는 말을 듣고 나는 뛸 듯이 기뻤다. 정말 믿기지 않는 일이었다. 나는 곧바로 TV 프로그램 안내서를 찾았다. 그 주 일요일에는 〈배스 마스터〉를 특별히 1, 2부로 연속해서 방송할 예정이었다. 그 프로그램의 진행자인 지미 휴스턴(Jimmy Houston)은 낚시계에서 오프라 윈프리(Oprah Winfrey)쯤 되는 인물이다. 지미는 프로그램에 스포츠낚시를 즐기는 사람들을 초대하여, 그들과 여러 가지 낚시기술과 장비에 대해 대화를 나눈다.

나는 배스가 낚시꾼들에게는 환상적인 대상이라는 사실조차 몰랐다. 낚시에 푹 빠진 사람을 '앵글러(Angler)'라고 부른다는 사실도 몰랐다. 또 각종 배스낚시대회가 열린다는 사실도 몰랐다. 그런데 이런 것이 과연 세일즈 프레젠테이션에 정말 필요하냐고 묻는다면, 나는 무척 중요하다고 대답할 것이다!

월요일 아침, 나는 잠자리에서 빠져나오자마자 릭의 사무실로 향했다. 하지만 그는 생뚱맞은 표정으로 자신은 그 약속을 전혀 원하지 않았음을 표현했다.

그는 나에게 이렇게 말했다. "쇼딘 씨, 우리는 정말 바쁜 사람들이오. 오늘 아침에 처리해야 할 일이 산더미 같아요. 그러니 대화는 5분 안에 끝내야 할 것 같소."

이런 경험을 해본 일이 있는가? 나는 심호흡을 한 다음 이렇게 말했다. "알겠습니다. 그런데 주말은 어떻게 보내셨나요?"

그가 대답했다. "아, 아주 좋았지. 아주 생산적인 주말이었소. 집에서 해야 할 일들이 아주 많았거든. 솔직히 그리 즐거운 주말은 못되었지."

"어쩜, 저하고 똑같으셨군요. 평소에는 여기저기 돌아다닐 일이 많아서 빨래할 시간도 없거든요. 건조기에서 빨래를 꺼냈더니 엄청나게 많더라구요. 저는 그걸 거실 바닥에 던져 놓고 뒤로 밀어놓은 다음 TV 볼 때 개곤 한답니다." 그런 다음 나는 비장의 무기를 끌어들였다. "당신이 배스낚시를 좋아한다고 알고 있어요. 그래서 저도 〈배스 마스터〉라는 프로그램을 보기 시작했지요. 그 프로그램은 물론 아시죠?"

그의 눈이 커졌다. 그리고 얼굴 표정까지 바뀌었다. 그가 물었다. "당신이 〈배스 마스터〉를 보았단 말이오?"

"그럼요."라고 나는 대답했다.

"지난주에 말이오?" 그가 확인하듯 다시 물었다.

"예. 정말 재미있었어요."라고 내가 대답했다

"그래요. 재미있더군. 게다가 1, 2부 연속해서 방송하고!" 그가 신이 나서 말했다.

"알아요. 저도 1, 2부 다 봤거든요."라고 나는 말했다.

그는 내가 그 프로그램을 1, 2부 모두 보았다는 사실을 대단하게 여기는 듯했다. 그리고 언젠가 지미 휴스턴과 함께 낚시를 가는 것이 꿈이라고 말하면서 프로 앵글러가 되고 싶다는 말까지 했다.

그리고 갑자기 스케줄표를 꺼내더니 이렇게 제안했다. "배스낚시를 해본 적은 있소?"

"아뇨. 안타깝게도 한 번도 못해봤어요."

"이번에 우리 가족들과 낚시를 가기로 했는데. 어때요, 함께 가겠소?"

"정말이요? 가고말고요!"

그렇게 몇 분 동안 대화를 주고받다가 마침내 나는 이렇게 말했다. "사장님이 바쁘시다는 건 잘 알고 있습니다. 하지만 저는 사장님의 회사에 도움이 될 만한 몇 가지 아이디어를 갖고 있습니다.”

그가 대답했다. “좋아요. 잠깐 들어봅시다.” 그는 자리에서 일어나 문을 닫았다. 결국 나는 원하던 계약을 따냈을 뿐 아니라 다른 여섯 가지의 프로그램까지 계약할 수 있었다.

이 이야기를 한 이유는, 프레젠테이션에 고객의 직업, 요구, 희망, 기대뿐 아니라 개성을 결합시키는 것이 얼마나 중요한지를 강조하고 싶기 때문이다. 이런 사실을 이미 알고 있다면, 이 일화를 듣고 그 기술을 더 자주 활용해야겠다는 결심을 하게 되기를 바란다.

계약을 성사시키는 비결은 창의성을 발휘하고 프레젠테이션에 열의를 다하는 것이다. 그렇게 하면 고객에게 더 흥미를 유발시킬 수 있다. 당신의 창의적인 아이디어와 과제를 대화 처음이나 중간, 혹은 끝, 어디에 넣어도 상관없다. 어쨌든 지루함의 함정에서 벗어나는 것이 목적이기 때문이다. 당신의 프레젠테이션을 녹음해서 들으면서 어느 부분부터 분위기가 가라앉기 시작하는지 판단해보자. 그 부분을 보강하면 된다. 프레젠테이션 대상이 한 명이든 천 명이든, 그 대상에게 맞는 소재를 택해야 한다는 점이 특히 중요하다.

정보를 묻고, 귀 기울여 들어라

결국 당신이 자신의 업무 외적인 생활에 대해 묻고 다닌다는 사실을 눈치 채는 고객이 생길지 모른다. 그런 상황이 생기면 어떡하겠는가? 그런 경우에는 이렇게 대답하면 된다. "존슨 씨, 그 말씀이 맞습니다. 눈치 채셨군요! 그게 제 숙제랍니다. 그런데 이것만은 약속할 수 있습니다. 저와 계약을 하시면 당신의 사업이 약해지지 않고 계속 발전하도록 돕기 위해 열과 성을 다하겠습니다." 이렇게 대답하면 상대방이 화를 낼 것 같은가? 전혀 아니다. 그들은 사업이 활성화되도록 활기를 불어넣어줄 사람을 원하기 때문에, 이런 식의 대답은 거의 항상 효과가 있다.

고객이나 청중에 대한 정보는 몇 가지 질문만 하면 쉽게 얻을 수 있는 경우가 많다. 대개 몇 분도 걸리지 않는다. 나는 약속시간이 되기 전에 전화를 걸어서 이렇게 말한다. "존스 씨, 테리 쇼딘입니다. 오늘 3시 약속을 다시 한 번 확인하고, 또 몇 가지 여쭙고 싶은 게 있어서 전화 드렸습니다. 사장님께 특별히 꼭 맞는 조언을 드리려면 몇 가지 알아야 할 내용이 있습니다. 몇 가지만 질문해도 될까요? 10분도 안 걸릴 겁니다. 질문에 답해주시면 사장님께 꼭 필요한 내용을 더 잘 설명해드릴 수 있거든요."

이런 경우 대부분의 사람들은 동의를 하며, 나와 일하는 것에 더 흥미를 느끼게 된다. 왜냐하면 나는 그들의 개별적인 상황에 맞는 고객맞춤형 프레젠테이션을 실시하는 것이기 때문이다. 이것은 또한 내 서비스에 대해 고객들에게 강한 인상을 주는 방법이기도 하다. 이와 반대로, 처음 10분 동안 고객이 이미 알고 있는 사실들만 말한다면 어떨까? 이것은 고객 입장에서 볼 때 용서할 수 없는 시간낭비이며, 당신 입장에서는 큰 손실이다.

　고객에게 맞춤 프레젠테이션을 실시하려면, 질문을 하고 그들이나 다른 사람들이 그들에 대해 하는 말을 잘 들어야 한다. 즉, 적극적으로 듣는 자세가 필요하다.

　니도 쿠베인(Nido Qubein)은 저서 ≪커뮤니케이션의 고수가 되는 법(How to Be a Great Communicator)≫에서, 사람들이 듣기능력을 향상시키는 데 관심을 두지 않는 이유는 그것을 당연하게 여기기 때문이라고 지적한다. 더 잘 듣는 사람이 되기 위해서는 '경청'이 무엇인지부터 이해할 필요가 있다. 그리고 과소평가되고 있지만 사실은 매우 중요한 판매활동의 일부인 '듣기 활동'을 새로운 시각으로 볼 필요가 있다.

　당신이 아는 사람들 가운데에도 특별히 잘 들을 줄 아는 사람이 있을 것이다. 그런 사람은 우리가 말한 내용을 기억한 후 통찰력 있는 질문을 한다. 또한 우리에 대해 대단히 잘 이해하고 관심을 가져주기 때문에 좋은 인상이 남는다. 그런데 안타깝게도 우리는 그런 모범을 따르지 않는 경우가 많다. 심지어 고객들에게도 말이다.

경쟁자 분석하기

고객의 말을 귀담아 듣고 그들에 대해 알아두는 것은 정말 중요하다. 경쟁자에 대해 알아두는 것도 마찬가지다. 일단 누가 경쟁자인지 알고 있다면 잠재고객이 그들의 상품이나 서비스를 사용하고 있는지 판단할 수 있다. 그리고 '고객이 왜 그들의 상품을 사용할까'라고 질문해야 한다.

그 대답을 알면 고객의 요구에 맞춰 프레젠테이션 하는 데 필요한 정보를 얻는 셈이다. 자, 한번 살펴보자. 누구나 경쟁자가 어떻게 하는지 알고 싶어한다. 축구 팀들도 상대 팀들의 경기를 녹화한다. 그 결과 양편 모두 다가올 게임을 더 잘 준비할 수 있다.

■ 경쟁자 파악

어떤 분야에서든 조금 시간이 흐르면 경쟁자가 누구인지 인식하게 된다. 만일 방금 다른 세일즈맨으로부터 상품을 구매한 사람에게 전화를 건다면 이렇게 물어보자. "정말이요? 그걸 누구에게 사셨나요?" 결과적으로 당신은 어떤 이름을 반복해서 듣게 될 것이다.

■ 경쟁자 분석

경쟁자의 사진과 경쟁 제품 혹은 서비스의 목록을 준비한 다음 경쟁자를 분석하기 시작한다. 그것은 시장에서 당신이 얼마나 우위에 있는지 엄격하게 판별한다는 의미이다. 경쟁자의 독특한 점이 무엇인지, 당신 대신 그들이 판매에 성공한 이유가 무엇인지 밝혀낼 필요가 있다.

이왕이면 당신 상품의 어떤 점이 경쟁자의 것보다 우수한지, 또 그들의 어떤 점이 당신 것보다 앞서 있는지도 알아내라. 그리고 당신 회사의 강점과 약점을 정리해보자. 그런 다음 강점을 더욱 알리고 약점은 최소화시킬 수 있는 전략을 구상해야 한다. 경쟁자의 강점을 극복할 수 있는 가장 좋은 방법은 무엇인가? 당신은 경쟁 회사가 긍정적인 평판을 얻게 된 몇 가지 점들을 따라하고 싶을지 모른다. 시장에서의 입지를 높이기 위해 경쟁자의 강점을 차용할 필요가 있는 경우도 있다. 이미 나와 있는 것을 다시 발명할 필요가 있겠는가?

열정이 담긴 서비스

경쟁자 분석의 결과가 어떻게 나왔든 당신이 항상 조절할 수 있는 부분이 하나 있다. 바로 서비스다. 당신이 얼마나 정확한지, 얼마나 친절한지, 또 사후점검은 제대로 하고 있는지 평가해보자. 서비스는 당신의 열정처럼 마음대로 조절할 수 있는 부분이다. 또 고객이 당신과 거래할지, 다른 사람과 거래할지 결정하는 데 아주 크게 영향을 미치는 요소가 바로 서비스이다(당신의 열정도 영향을 미치긴 할 것이다). 당신이 이 직업을 택한 이유를 항상 성의를 다해서 고객에게 보여주자. 열정과 의욕은 전염성이 있어서 사람들이 당신과 오랫동안 거래하고 싶게 만들 것이다.

재미있는 프레젠테이션을 위한 10가지 조언

단어를 잘 선택하는 것도 지루함을 덜어내는 한 방법이다. 내가 진행하는 훈련프로그램에서는 참가자들이 각자의 개인적인 경험담을 말하는 모습과 업무 관련 프레젠테이션을 하는 모습을 함께 촬영한다. 그런데 언제나 경험담 쪽이 훨씬 흥미진진하다. 그것은 주제 때문이 아니다. 사람들은 대개 자신의 경험담을 말할 때 훨씬 신이 나서 말한다. 억양과 얼굴 표정을 변화시키고 생생한 몸짓을 하면서 당시의 모습을 재연한다. 그러다 보니 이야기가 생동감이 있고 재미있다. 그러나 업무 관련 프레젠테이션을 전달할 때는 큰 변화가 생긴다. 아주 지루해져버린다!

자신의 업무 프레젠테이션 실습 장면을 녹화해서 본 참가자들은 대개 내용이 재미가 없어서 그랬다고 변명한다. 당신이 지루하다고 생각할 정도라면 청중 역시 그렇게 느낄 가능성이 크다. 직업적인 프레젠테이션을 전달할 때도 개인적인 경험담을 이야기할 때만큼의 열정과 힘을 쏟아 부어야 한다는 점을 명심하기 바란다. 다음의 10가지 조언을 따르면 프레젠테이션이 지루해지는 우를 범하지 않을 수 있다.

목소리에 변화를 주면 프레젠테이션에 한결 흥미를 돋을 수 있다. 특히 영업을 할 때 이 방법을 이용하면 청중과 교감을 이루는 데 좋다. 예컨대 어떤 사람이 부드럽게 말하면 당신도 상대방 목소리의 크기와 말투에 맞추어야 한다. 당신이 소곤소곤 물어보았는데 세일즈맨이 큰 소리로 여러 번 반복해서 대답하는 바람에 당혹스러웠던 경험이 없는가? 반대로 잠재고객이 우렁차고 적극적인 목소리로 질문했는데, 당신이 자신 없는 모습으로, 혹은 지나치게 차분하고 상냥한 목소리로 대답한다면 어떨까?

고객에게 다가갈 때, 목소리의 크기와 말투를 조절하면 상대방이 당신의 말에 더 흥미를 느낄 것이다. 목소리를 투사하여 상대방에게 당신의 목소리가 들리게 할 줄 알면 싸움에서 이미 반은 이긴 것이다. 대중연설 경험이 없는 사람들은 방안에 있는 모든 사람들이 듣고 이해할 수 있을 만큼 충분한 성량을 사용하지 않는 경우가 많다. 말투와 목소리를 변화시킴으로써 당신만의 개성을 표현할 수 있으며, 대상이 한 명이든 대집단이든 긍정적인 반응을 끌어낼 수 있다.

말투와 발음을 향상시킬 수 있는 몇 가지 연습법을 소개한다.

1. 자동차 안에서, 혹은 샤워하면서 노래하기(라디오를 틀어도 좋고 그냥 해도 상관없다)
2. 독특한 말투 흉내 내기
3. 사랑이나 분노 같은 다양한 감정이 섞인 어조로 말하는 연습하기

무엇보다 자신의 목소리가 어떻게 들리는지 알아야 한다. 이를 위해서는 말하는 연습을 할 때 녹음기를 사용하면 좋다. 음성 메일이나 전화 자동 응답기에 녹음한 자신의 목소리를 처음 듣고 이상하다고 느끼는 사람이 얼마나 많은가? 혹시 전화로 1대1 세일즈 프레젠테이션을 할 일이 생기면 당신이 말하는 소리를 녹음해보자. 당신이 말하는 내용이 지루하게 들리면 조금 양념을 칠 필요가 있다. 틀림없이 당신은 자신의 말에서 수정하면 좋을 부족한 부분을 찾아낼 수 있을 것이다. 이런 실수는 당신의 프레젠테이션을 더 잘 준비하도록 하는 좋은 자극이 되리라 믿는다. 도로시 리즈(Dorothy Leeds)가 쓴 ≪파워 스피크(PowerSpeak)≫는 이런 주제를 더 자세하게 다루고 있다. 이 책에서 그녀는 강연자가 목소리를 더 재미있게 만들기 위해 사용할 수 있는 여러 가지 방법을 소개한다. 그 가운데 몇 가지를 살펴보면 다음과 같다.

- **목소리 크기** : 무슨 말을 하느냐에 따라 목소리의 크기를 다양하게 변화시킬 수 있다.

- **음 높이와 억양** : 음 높이와 억양은 목소리의 크기와 달리 전체적인 어조에 영향을 미친다.

- **말하는 속도와 리듬** : 말을 얼마나 빠르게, 혹은 느리게 하는가.

- **강조** : 이것은 말과 음절에 강세를 주는 방법이다. 리즈는 이에 대해 다음과 같이 설명한다. "사람들에게 당신의 주된 생각을 알리는 것이 중요하다. 덜 중요한 사항들은 약화시킴으로써 중요한 사항에 대한 이해를 도울 수 있다. 강사들이 일반적으로 저지르는 실수는 너무 많은 요소들을 강조하는 것이다. 또한, 강조하고 싶은 요점들을 따로 떼어놓는 편이 효과적이다."

- **태도** : 같은 단어나 문장이라도 말하는 태도에 따라 근본적으로 함축하고 있는 의미가 전혀 달라진다.

- **말 끊기** : 말을 조리 있게 잘하는 사람들은 강조하려는 부분에서, 그리고 분위기에 따라 중간 중간 요령 있게 말을 끊을 줄 안다. 이렇게 말을 잠깐 중단하는 길이는 조금 길 수도 있고, 숨을 쉴 때처럼 아주 짧을 수도 있다. 또 화제전환을 표시하기 위해 말을 끊는 경우도 있다.

 바른 어법과 단어 이해력은 기본이다

바른 어법을 사용하는 것 역시 청중의 관심을 끌기 위해 꼭 필요한 기술이다. 여기서 말하는 어법이란 정확한 발음은 물론이고 단어의 선택과 사용까지 포함한 의미다. 바른 어법은 고등교육을 받았다는 표시로 여겨진다.

발음을 향상시키고 싶다면 조금 천천히 말하는 것이 요령이다. 대부분의 사람들은 너무 빨리 말하는 경향이 있다. 말하는 속도를 늦추기 위한 훈련 방법으로는 '혀가 잘 돌아가지 않는 어구(Tongue twister)'를 발음해보는 것이 좋다. 그런 어구들은 정확하게, 그리고 천천히 발음하는 것이 중요하다는 사실을 다시 한 번 상기시켜준다. 몇 가지 예를 소개한다.

간장공장 공장장은 강공장장이고,
된장공장 공장장은 공공장장이다.

상표붙인 큰 깡통은
깐 깡통인가 안 깐 깡통인가.

내가 그린 기린 그림은 긴 기린 그림이고,
네가 그린 기린 그림은 안 긴 기린 그림이다.

안 촉촉한 초코칩 나라에 살던 안 촉촉한 초코칩이
촉촉한 초코칩 나라의 촉촉한 초코칩을 보고
촉촉한 초코칩이 되고 싶어서 촉촉한 초코칩 나라에 갔는데,
촉촉한 초코칩 나라의 문지기가
'넌 촉촉한 초코칩이 아니고 안 촉촉한 초코칩이니까
안 촉촉한 나라에서 살아' 라고 해서
안 촉촉한 초코칩은 촉촉한 초코칩이 되는 것을 포기하고
안 촉촉한 초코칩 나라로 돌아갔다.

설사 1대1로 말을 할 때라도 당신은 권위자로 보여야 한다는 점을 명심하기 바란다. 만일 단어를 틀리게 발음한다면 의도한 의미와 다른 단어로 들릴 수도 있고, 지식이 부족한 사람처럼 보일지 모른다. 결국 상대방의 존경을 받기는 어려운 것이다. 그러나 모든 것이 상대적이다. 한 집단앞에서는 실수투성이로 들리는 프레젠테이션이 다른 집단에게는 선지자의 예언처럼 들릴 수도 있다는 말이다. 그러니 혹시 정규교육을 많이받지 못했더라도, 그 점만 가지고 괜히 주눅들 필요는 없다. 당신이 말하는 내용을 올바르게 평가해줄 수 있는 사람을 찾아보자.

당신이 성숙해지고 지식이 더욱 풍부해질수록 지적인 사람들에게도강한 인상을 줄 수 있다는 점을 명심하기 바란다.

조언 3 사전을 활용하라

어휘와 어법을 향상시키는 데 가장 좋은 친구는 사전이다. 두 권을 사서,한 권은 사무실에 두고 참고하라. 세 권을 준비하여 차 안에도 한 권을 두면 더 좋다. 하지만 값싼 포켓판은 절대 구입하지 말기 바란다. 조금 비싸더라도 두꺼운 사전이 다양한 의미를 수록해놓아 유용하다. 당신이 어떤단어를 정확하게 사용하고 있는지 미심쩍은 생각이 들면 아주 잠깐만 시간을 내어 사전을 펴보자.

조언 4 상대를 즐겁게 만들어라

청중에게 TV 코미디 프로그램에서 본 것을 그대로 모방해서 보여줄 수도 있다.

웃음은 두 사람 사이를 가장 가깝게 만든다.

－빅토르 보르게(Victor Borge)

프레젠테이션을 진행하면서 청중의 반응을 눈여겨보아야 한다. 그리고 그들이 계속 즐거워하고 열광하도록 만들기 위해 노력해야 한다. 당신은 그들이 당신과 함께 보내는 시간을 행복하게 느끼기를 원할 것이다. 꾸벅꾸벅 조는 사람들을 앞에 두고 말을 해본 경험이 있는가? 그것은 당신이 지루하게 만들어서가 아니라 그들이 밤새 일을 했거나 개인적인 사정 때문일지도 모른다. 그렇지만 그들의 잠을 확 깨워주어야 한다. 관객이 잠에 빠져 들 때, 다시 그들의 정신을 돌아오게 만들고 관심을 집중시킬 수 있다면 그들은 당신에게 매우 깊은 인상을 받을 것이다.

조언 5 상대가 정서적으로 호응할 수 있게 만들어라

당신이 말하려는 결론에 고객들이 정서적으로 호응하도록 프레젠테이션을 이끌어야 한다. 주제를 뒷받침하기 위해 어떤 일화와 유머를 사용하는가? 또 당신이 말하는 모든 소재들이 서로 얼마나 연관성을 가지고 있는가? 그리고 당신은 청중에게 행동을 얼마나 요구하고 있는가?

프레젠테이션 준비는 스키 경기를 준비하는 것과 유사한 점이 많다. 일단 출발선을 넘으면 되돌아갈 수 없다. 속도가 빠르고, 코스가 가파르며, 모든 사람들의 눈이 당신에게 집중된다. 선수는 고독하게 슬로프를 질주해 내려간다. 당신이 프레젠테이션의 결론을 성실하게 끌어낸다면 청중은 당신과 보낸 시간에 좋은 느낌을 가질 것이다.

프레젠테이션도 일종의 경쟁적인 활동이다. 이런 활동을 시작하기 전에는 모든 운동선수들이 하는 일을 해야 한다. 즉, 준비운동이 필요하다는 말이다. 편안한 상태에서 프레젠테이션을 시작하는 것이 중요하다. 나는 항상 심호흡을 하고, 눈을 감은 다음 내가 말을 잘하는 모습을 상상한다. 팔을 곧게 뻗어서 원을 그리며 돌린다. 그리고 내 강연이 끝나고 관객이 박수를 치거나 계약서에 서명하고 내게 미소를 짓는 모습을 상상한다.

나는 중요한 프레젠테이션이 있는 날은 늘 가볍고 영양가 풍부한 아침식사를 한다. 그리고 혀가 잘 돌아가지 않는 문장을 빠르게 말하는 연습을 한다. 프레젠테이션을 하기 전에 긴장을 풀고 준비운동을 한다면 모든 일이 훨씬 순조롭게 돌아갈 것이다.

좋은 프레젠테이션을 하려면 반드시 리허설이 필요하다. 리허설을 하지 않는 사람은 고객에게 이렇게 말하는 것이나 다름없다. "나는 당신의 시간을 소중하게 여기지 않아요." 철저한 리허설을 위해 기왕이면 집에서도 완벽한 복장까지 입어보기를 권한다. 프레젠테이션을 할 때 입을 옷을 입고, 예정된 프레젠테이션을 그대로 재현해보는 것이다.

행운은 미리 준비하는 사람에게 호의를 보인다.

－루이 파스퇴르(Louis Pasteur)

테이프에 녹음을 하면서 부드럽고 자신 있게 말할 때까지 연습을 하자. 그리고 동료들에게 당신의 말을 듣고 평가를 해달라고 부탁하자. 눈을 감고 당신이 연설하는 모습을 상상해보라. 그리고 청중이 긍정적으로 반응하는 모습을 그려본다. 계획한 말을 그대로 연습해서 단어 하나하나에 익숙해져야 실전에서 더듬거리지 않고 말할 수 있다.

조언 8 자신의 프레젠테이션을 평가하라

발전하려면 자신의 프레젠테이션을 매번 꼼꼼하게 평가하여 약점과 강점을 스스로 알고 있어야 한다. 또한 다른 사람들의 평가를 기꺼이 받아들이고, 그들에게 당신이 격려뿐 아니라 비평도 기다리고 있음을 알리자. 당신이 발전할 수 있는 방향을 알려주는 사람들의 말에 따라 변화하자. (Chapter 11에서, 당신이 활용할 수 있는 프레젠테이션 평가서 사용법을 배울 예정이다.)

조언 9 비평을 겸허하게 받아들이라

당신이 생각한 것보다 더 심한 혹평을 듣게 되더라도 상대방이 마음껏 말하도록 두라. 그렇다고 다른 사람의 비평에 움츠러들 필요는 없다. 그저 겸허하게 받아들이자. 먼 안목으로 보면 가장 신랄한 비평이 가장 도움이 될 것이다. 그리고 당신이 하고 싶어하는 일을 이뤄낸 역할모델을 찾기 바란다. 물론 프레젠테이션 능력이 아주 뛰어나며 당신을 돕기 위해 조금이라도 시간을 내줄 수 있는 사람이어야 한다. 그리고 이왕이면 당신이 그에 대한 보답으로 무엇인가 도움이 되는 일을 한다면 더 좋을 것이다.

시청각자료가 메시지를 강조하는 데 얼마나 도움이 되는지를 지적하지 않을 수 없다. 시청각자료들을 잘 활용하면 청중에게 요점을 한결 쉽게 전달할 수 있다. 물론 본론의 내용을 뒷받침하기 위해 활용하는 경우도 있고, 오락적인 요소와 눈길을 끌기 위한 방법으로 활용하는 경우도 있다. 그런데 세일즈맨들이 저지르기 쉬운 실수는 프레젠테이션의 초점을 이런 시청각자료에 맞추는 것이다. 주인공은 발표자인 당신이라는 점을 명심하라. 시청각자료는 조연에 불과하며, 단지 프레젠테이션의 질을 더 높이는 데 한몫할 뿐이다. 그 이상의 의미를 부여해서는 안 된다.

이 점을 명심하면서 시청각자료의 놀라운 효과에 대해서도 한 번쯤 짚고 넘어갈 필요가 있다. 데이빗 A. 피플즈는 저서 ≪프레젠테이션 플러스≫에서 다음과 같은 점들을 지적한다.

- 시청각자료를 활용할 경우 청중을 43%까지 더 설득할 수 있다.
- 같은 소재를 설명하는 시간이 25~40% 더 짧아진다.
- 청중의 학습능력이 200%까지 향상된다.
- 청중의 기억력이 38%까지 향상된다.
- 청중이 강사를 더 전문적이고 설득력 있으며 믿을 만하고 흥미로울 뿐 아니라 준비성이 좋은 사람으로 인식한다.

● **시청각자료를 언제, 어떤 부분에 활용할까?**

이 문제를 결정하기 전에 다음의 두 가지 질문에 답해보기 바란다.

1. 당신이 만든 프레젠테이션 구성안을 살펴본 다음 이렇게 자문해보자. "시청각자료를 이용할 경우, 아이디어나 개념을 명확하게 하는 데 도움이 될 만한 부분이 어디인가?" 프레젠테이션이 끝나도 청중이 기억해주길 바라는 핵심 아이디어를 강조하는 편이 좋을 것이다.

2. 그 시청각자료가 프레젠테이션의 가치를 높이고 영향력을 강화하는 데 정말 도움이 되는가? 혹은 단어나 글씨를 강조하는 데 주안점을 둔 문자 중심의 시청각자료인가? 이런 것은 진정한 시청각자료라 볼 수 없으며, 청중보다는 발표자 자신의 요구에 맞춘 자료다.

SUMMARY

1 청중이 관심을 유도하며 귀 기울이도록 발표자는 메시지를 재미있게 포장하여 전달할 책임이 있다.

---

2 고객의 개인적인 혹은 전문적인 요구, 욕망, 기대에 부합되는 프레젠테이션을 구상하면 진정으로 그들의 관심을 끌 수 있으며, 매우 효과가 크다. 이를 위해 미리 그들의 요구를 파악해야 하며, 여러 가지 재료들을 창의적으로 활용해야 한다.

---

3 프레젠테이션을 전달하기 전에 경쟁자에 대해 파악해두면 당신의 입지를 더 높이고 잠재고객에게 당신의 강점을 팔기가 더 유리하다. 경쟁자를 분석하고, 경쟁자에 대해 파악해야 한다는 점을 명심하라. 또한 체크리스트를 만들어서 당신이 경쟁자보다 어떤 점이 얼마나 우월한가 파악하라.

---

4 프레젠테이션을 하면서 지루함을 예방하는 10가지 조언을 다시 한 번 읽어보자.

　① 목소리를 적절하게 변화시켜라.

　② 바른 어법과 어휘를 구사하라.

　③ 사전을 활용하라.

　④ 프레젠테이션을 재미있게 전달하고 청중을 계속 웃게 만들어라.

　⑤ 결론적으로 말하려는 요점에 고객들이 정서적으로 호응하게 만들어라.

　⑥ 프레젠테이션을 시작하기 전에 준비운동으로 몸을 풀어라.

　⑦ 하루 전에 완벽한 옷차림으로 충분히 리허설을 하라.

　⑧ 자신의 프레젠테이션을 평가하고 동작을 모니터하라.

　⑨ 비평을 겸허하게 받아들이라. 훌륭한 조언은 지루함의 덫에 빠지지 않게 도와줄 것이다.

　⑩ 메시지를 더 강조할 수 있는 시청각자료를 활용하라.

08

시각적인 자료에만
의존하지 마라

한 장의 그림은 천 단어의 가치가 있다. 하지만 단 하나일 때만 정말 그런 가치를 발휘한다! —도로시 리즈(Dorothy Leeds)

새로운 잠재고객을 만나러 가는 사람들은 흔히 전단지와 인쇄물에 지나치게 의존하는 경향이 있다. 만일 전단지나 팸플릿, 노트북컴퓨터 등의 시청각자료가 혼자서 상품이나 서비스를 팔 수 있다면 당신의 아이디어를 판매하고 홍보하기가 훨씬 쉬울지 모른다. 그러나 그것은 유쾌한 환상에 지나지 않는다. 그런 도구를 활용하여 프레젠테이션 내용을 창조해야 하는 것은 당신의 몫이다. 그리고 마술은 당신의 메시지 속에서 일어나는 것이다.

시청각자료는 당신이 전달하는 요점을 청중이 이해하기 쉽게 도와준다. 프레젠테이션의 내용을 뒷받침해주기 때문이다. 하지만 많은 세일즈맨들이 프레젠테이션의 초점을 이런 시청각자료에 맞추는 실수를 저지른다. 주인공은 세일즈맨 자신이어야 한다. 시청각자료는 어디까지나 조연에 지나지 않는다. 프레젠테이션 전체를 압도하는 것이 아니라 당신이 말하는 내용을 돋보이게 만드는 장치에 불과하다는 말이다.

시청각자료를 적절히 이용하라

말하는 내용을 강조하거나 쉽게 이해시키기 위해서가 아니라, 프레젠테이션을 쉽게 진행하려는 의도로 시각도구를 목발처럼 사용하는 사람들이 많다. 예컨대 컴퓨터업체들이 개발해온 하이테크 하드웨어와 소프트웨어는 대개 그것을 구입하는 사람들의 능력을 능가한다. 그래서 이런 도구들을 그리 적절하게 이용하지 못하는 경우가 많다. 그 결과 우리는 재기 넘치고 설득력 있는 전달자로서의 역할을 포기하고, 더 재미있는 방법, 즉 컴퓨터를 이용한 멀티미디어 프레젠테이션에 의존하고 싶어한다. 하지만 우리가 사용하는 도구들이 우리 자신보다 더 중요할 수는 없다는 점을 항상 명심하기 바란다. 만일 시청각자료가 당신보다 인기가 있으면 당신은 프레젠테이션을 제대로 통제할 수가 없다. 그 결과 판에 박히고 지루한 프레젠테이션이 되고 만다.

'시청각자료'라는 말의 진정한 의미는 무엇일까? 많은 사람들은 그것이 '매체(medium)'라는 말과 관련이 있다고 혼동한다. 사실 시청각자료는 눈에 보이는 것이지만, 뭔가를 보여주기 위해 사용하는 '도구'를 가리키는 말은 아니다. 예컨대 당신이 여행사라고 가정해보자. 당신은 바하마제도에서 보내는 최고급 휴가의 주요 특징들을 멋진 글자체를 이용해서 차트로 만들 수 있다. 예컨대 이런 식이다.

- 아름다운 해변
- 모래 해변
- 야자수

앞에 점까지 찍어가며 정리한 차트는 얼핏 시청각자료처럼 보인다. 하지만 이것은 그냥 문서일 뿐이다. 모래 해변과 휴양지의 여러 시설들을 찍은 실제 사진을 보여주는 편이 훨씬 좋은 시청각자료일 것이다. 사진이

야말로 참다운 시청각자료이며, 글씨 중심의 차트보다 청중에게 더 효과
적으로 전달된다.

청중의 마음속에 강한 인상을 심어줄 수 있는 시청각자료는 이 외에도
많다. 그림, 만화, 차트와 표, 제품 시연이나 모델 등이 여기 속한다.

그렇다면 이런 시청각자료들을 보여주기 위해 사용할 수 있는 도구 혹
은 매체는 무엇일까? 우선 하이테크 매체를 사용할지, 로우테크(low-
tech) 도구를 사용할지부터 결정해야 한다.

■ 하이테크 시청각자료

하이테크 도구들은 조작하기가 복잡하며 대개 비싸다. 여기에는 다음과
같은 것들이 있다.

- 노트북컴퓨터(PC 모니터로 직접 보여주거나 더 큰 화면에 비추어 보여줌)
- 비디오테이프와 영화

이런 하이테크 도구뿐 아니라 다른 평범한 도구들도 잘못 사용하는 경
우가 많다. 사용법을 정확히 알고 사용하지 않으면 안 된다. 그리고 고객
을 새로운 단계로 유도하는 데 하이테크 도구가 로우테크 도구보다 무조
건 더 낫다고 할 수는 없다.

내가 가장 자주 받는 질문 중 하나가 이것이다. "프레젠테이션에서 시
청각자료나 인쇄물을 더 효과적으로 사용하는 방법이 있습니까?" 주인
공은 당신이고, 그 외의 자료들은 모두 조연이라는 점만 잊지 않으면
된다.

■ **로우테크 시청각자료**

로우테크 시청각자료에는 다음과 같은 것들이 있다.

- 전단지와 팸플릿을 비롯한 각종 인쇄물(청중이나 잠재고객에게 배포하는 전단지와 기타 부수적인 자료들)
- 플립 차트(한 장씩 넘기면서 보는 게시판 형태로, 도표나 그림 등을 정리할 때 사용. 여전히 많은 전문가들이 이용한다.)
- 슬라이드(프로젝터와 스크린이 필요하다.)
- 오버헤드 프로젝터(소 · 중규모 집단 프레젠테이션에서 가장 유용한 도구로, 내가 제일 애용한다.)

오버헤드 프로젝터의 장점은 다음과 같다.

- 전등을 끌 필요가 없다.
- 청중과 상호작용하기가 쉽다.
- 필요하다면 슬라이드 위에 쉽게 표시를 할 수 있다.
- 노트북컴퓨터보다 문제가 적게 발생한다.
- 단순하게 혹은 정교하게, 원하는 대로 만들 수 있다.
- 가격이 합리적이다.
- 대부분의 장소에 프로젝터가 있다.

단점은 100명 이상이 모인 대집단에 사용할 경우 청중이 스크린을 읽기가 어렵기 때문에 사용하기 곤란하다는 점이다.

- 제품 시연과 모델(특별한 종류의 소프트웨어를 구동시킨 컴퓨터에서 수공품까지 거의 모든 종류의 장비를 소개할 때 이용할 수 있다.)

1대1 프레젠테이션에서 인쇄물을 사용하는 경우

내가 어느 잠재고객을 1대1로 만난다고 가정하자. 나는 훈련프로그램 상품을 파는 데 도움이 되도록 인쇄물을 사용하려고 한다. 우선 나는 인쇄물을 고객에게 내밀면서 말한다. "이 인쇄물을 일단 한번 훑어보세요. 저희가 진행하는 프로그램을 홍보하고, 교육의 성과를 촉진하는 데 도움이 될 만한 책과 오디오테이프, 몇 가지 상품들을 소개해놓았습니다."

내가 이렇게 하는 이유는 무엇일까? 몇 가지 이유가 있다. 첫째, 고객에게 인쇄물을 건네면서 그것을 잡으라고 권한다. 그러면 상대방은 무의식적으로 손을 내밀어 그것을 받는다. 이것은 아주 자연스러운 일이다. 당신이 누군가에게 인쇄물을 내미는 것은 그것을 받으라고 권하는 것이기 때문이다. 그러나 나는 인쇄물의 겉표지가 위로 오게 해서 내놓지는 않는다. 그것은 두 가지 이유 때문이다. 우선, 내가 시청각자료를 계속 통제해야 하기 때문이다. 팸플릿을 고객 앞에 그냥 쑥 내민다면 그는 그것을 읽을 것이다. 순간 그의 관심은 나에게서 떠나 시청각자료로 옮겨간다. 또 다른 이유는, 내가 원하는 부분을 강조하기 위해서다.

인쇄물을 내민 다음 나는 이렇게 말한다. "지금 보여드리는 이 자료는 다시 제가 가지고 가야 합니다." 왜 그래야 하는지 궁금한가? 내가 고객 앞에 있던 팸플릿을 치우면 그는 속으로 이렇게 생각할 것이다. "이봐! 그건 내 거야." 사람들은 언제나 가질 수 없는 것을 갖고 싶어하는 경향이 있다. 그렇기에 당신은 인쇄물을 통제해야 한다.

이런 식으로 인쇄물을 활용하면 고객의 집중력이 당신에게서 벗어날 염려가 없다. 그리고 인쇄물을 필요한 순간에만 보여주고 바로 치우겠다고 하면 고객은 다급한 마음이 들어서 당신이 치우기 전에 인쇄물을 읽어볼 가능성이 커진다.

컴퓨터의 불안전성

시청각자료는 말로 설명하지 못하는 것들을 설명하고 전달하는 도구다. 많은 기업들이 투자가와 고객들에게 이미지를 강화하기 위해 컴퓨터 프레젠테이션을 표준으로 삼고 있다. 대개 이들은 마이크로소프트의 파워포인트(Power Point)와 로터스(Lotus)의 프리랜스 그래픽스(Freelance Graphics) 같은 프로그램을 활용한다. 이런 도구들을 이용하는 것은 적절해 보인다. 하지만 모든 하이테크 도구들과 마찬가지로, 당신이 직접 말로 주제를 이해시키려는 노력을 게을리 하게 만들 위험이 있다.

캘리포니아에 본사가 있는 프레젠테이션 시스템 판매업체 버클리(Berkeley)에 의하면, 최근의 한 조사에서 프레젠테이션과 관련된 문제의 60%가 컴퓨터 때문에 발생한 것으로 보고되었다고 한다. 더 놀라운 사실은, 조사에 참가한 프레젠테이션 전문가들 가운데 절반 정도가 컴퓨터 프레젠테이션에서 일어날 수 있는 문제에 대비하여 백업파일을 준비하지 않는다고 한다.

■ 뉴욕에서 경험한 노트북컴퓨터 프레젠테이션

나는 뉴욕의 어느 컴퓨터업체에서 경영 관련 설명회를 했던 일을 절대 잊지 못한다. 그 회사는 자신들의 스타일에 맞게 노트북컴퓨터를 이용해서 프레젠테이션을 해달라고 요청했다. 그래서 나는 프레젠테이션 할 내용의 요점을 파워포인트 슬라이드로 작성해서 준비했다.

컴퓨터장비를 사용할 때 내가 가장 걱정하는 문제 가운데 하나는 아주 중요한 순간에 장비가 작동하지 않아서 프레젠테이션을 망칠지도 모른다는 점이다. 강연 도중 컴퓨터를 고쳐야 하는 일이 생기면, 500명의 관중은 다음 슬라이드가 나오기를 기다리는 동안 아무 할 일 없이 가만히 앉아 있는 수밖에 없을 것이다.

그래서 나는 그 프레젠테이션을 위해서 컴퓨터 외에 슬라이드를 따로 준비했고, 모든 것이 제대로 갖춰졌는지 철저하게 확인했다. 그리고 행사 두 시간 전에 행사장에 도착해서 음향과 접속부분이 확실한지 확인했다. 그런 다음 위층으로 올라가서 커피 한 잔을 마셨다. 행사는 제시간에 시작되었다. 내 앞에서 그 회사 직원 한 명이 먼저 발표를 하기로 되어 있었다. 그는 자신의 노트북컴퓨터의 전원을 연결하고 프레젠테이션을 시작했다. 그런데 그가 한참 말을 하는 도중에 갑자기 메인시스템이 고장나버렸다. 그는 용감하게도 이렇게 말했다. "전체적인 개요를 말씀드리겠습니다. 시청각자료는 없어도 무방합니다!" 그 사이 회의실은 혼란스러워졌고, 시청각 담당자가 머리를 숙인 채 분주하게 돌아다녔다. 5분 후, 그들은 시스템이 오전 안에 복귀되기 힘들 것 같다고 밝혔고, 결국은 그의 발표가 끝날 때까지 작동되지 않았다. 회의 기획자가 걱정스런 표정으로 나를 돌아보면서 물었다. "테리, 어떻게 하시겠어요?" 그녀는 내가 시청각자료가 있든 없든 프레젠테이션을 할 수 있을 것이라고 확신한다는 태도였다.

소란스러움을 진정시키기 위해 사회자는 잠깐 휴식시간을 가지기로 결정했다. 그러는 동안 시청각 기술 담당자가 시스템을 원상 복귀시켰다. 그래서 나는 문제가 해결되었을 거라고 생각하면서 프레젠테이션을 시작하기 위해 컴퓨터에 전원을 연결했다. 내 프레젠테이션은 두 시간 동안 진행될 예정이었다. 그런데 내가 프레젠테이션을 시작한 지 45분 정도 지났을 무렵, 느닷없이 시스템이 다시 멈춰버렸다. 이번에는 정말 제대로 서버린 것 같았다. 그러나 언제나 그렇듯이 나는 청중에게 이미 나누어준 복사물에 중요한 요점들이 정리되어 있다고 자신 있게 말했다. 그리고 그대로 프레젠테이션을 진행했다. 내 고객이 크게 감명을 받은 것은 물론이고, 다른 사람들까지 나에게 감탄했다.

프레젠테이션에서 컴퓨터장비를 활용하는 사람이라면, 언젠가는 프로그램이 멈추는 사고가 일어날지 모른다는 사실을 명심하고 대비를 해야 한다. 내가 세미나에서 이 이야기를 하고 나면, 휴식시간에 여러 사람들이 다가와서 자신들도 비슷한 경험을 한 적이 있다고 고백하곤 한다. 그러고 보면 이것은 매우 보편적인 문제임에 틀림없다.

컴퓨터 프레젠테이션 기술을 완전히 신뢰하지는 않는 나는 항상 구성계획서를 보면서 프레젠테이션을 진행하라고 권장한다. 그리고 시청각 자료는 어디까지나 '보조' 자료라는 사실을 잊지 말라고 강조한다. 당신이 강연을 하는 도중에 노트북컴퓨터를 작동할 수 없게 될 경우 어떻게 할지 늘 대비책을 세워놓기 바란다. 컴퓨터 없이 프레젠테이션을 할 수 있도록 준비하고 연습하라고 권하고 싶다. 그리고 늘 일찍 현장에 도착해서 장비를 확인하는 일도 잊지 말기 바란다!

하이테크 시청각자료의 장점

하이테크 시청각자료는 사용법을 제대로 알고 있는 사람이 활용할 경우 엔 매우 큰 장점을 발휘할 수 있다. 많은 사람들이 미래에는 세일즈와 비즈니스에서 자동화시스템을 활용한 프레젠테이션이 대세가 될 것이라고 예상한다. 전문가들이 한아름의 자료 뭉치를 앞에 놓고 세일즈 프레젠테이션을 진행하던 모습 대신 노트북 하나만을 갖고 다니는 모습을 더욱 많이 보게 될 것이다.

작은 기업의 직원들은 말하는 내용뿐 아니라 말하는 '방식'에까지 신경을 써야 한다. 정보를 전달하는 스타일은 성공에 매우 중요한 영향을 미친다. 그런데 비디오와 개인용 컴퓨터가 일반화된 시대에 슬라이드 영사기로는 관객의 관심을 끌 수 없다고 주장하는 사람이 간혹 있다. 전형적인 오버헤드 프로젝터로 프레젠테이션을 진행하면 청중이 자신을 시대에 뒤떨어진 사람으로 볼지도 모른다고 염려하는 것이다.

새로운 하이테크 장비들을 사용하려면 특별한 교육을 받아야 한다. 아무런 훈련도 받지 않고 이런 하이테크 장비들을 무작정 구입한다면 운전면허도 없이 차를 구입하는 것과 다르지 않다. 프레젠테이션에 노트북컴퓨터를 어떻게 활용할지 배우기도 전에 무조건 구입만 한다면 신기술에 돈만 낭비하는 셈이다. 청중의 관심을 끌기 위해서는 컴퓨터를 언제 사용하고 언제 끄는 것은 좋을지 계산해두기 바란다. 물론, 컴퓨터를 적절하게 활용하는 방법을 아는 것은 세일즈의 성패를 좌우하는 중요한 요소이다.

노트북 프레젠테이션을 성공으로 이끌기 위한 십계명

프레젠테이션에 노트북을 활용할 경우 반드시 알고 있어야 할 사항이 몇 가지 있다. 그 가운데 가장 중요한 것들을 요약해보면 다음과 같다.

1. **화면을 가리지 않도록 화면 좌측에 서라.**

   사람들은 좌측에서 우측으로 글을 읽는다. 당신은 관객의 눈이 다시 돌아오는 자리인 화면의 시작 지점에 서는 것이 좋다.

2. **불빛 밑에 서라.**

   그래야 사람들이 당신을 볼 수 있고, 그렇게 함으로써 당신은 프레젠테이션을 통제할 수 있으며, 당신이 주인공이라는 확신을 줄 수 있다.

3. **몸짓을 이용하여 사람들의 관심을 유도하라.**

   청중이 스크린을 보도록 유도하고 싶으면 그쪽으로 몸을 돌리면 된다. 다시 당신을 보도록 유도하려면 한 바퀴 다시 돌면 된다. 슬라이드 단락 사이에는 빈 슬라이드를 사용해서 청중이 스크린 대신 당신에게 집중하게 만든다. 1대1 프레젠테이션을 할 때는 상대방이 당신에게 관심을 갖도록 노트북컴퓨터의 뚜껑을 닫는 것이 좋다.

4. **늘 여분의 충전지를 가지고 다녀라.**

5. **슬라이드는 필요한 만큼만 간결하게 이용하라.**

   슬라이드가 설득적인 상황을 만들기 위해 꼭 필요한 요소인지, 아니면 또 하나의 쓰레기 같은 정보를 제공하는 방법은 아닌지 잘 생각해보기 바란다.

6. 색상은 미리 조정해놓아라.

기업의 로고처럼 색상이 중요한 경우라면, 프레젠테이션이 시작되기 전에 청중이 보게 될 스크린에 미리 비춰보고 색상을 조정해야 한다. 특히 색상은 기기마다 달라지므로 프로젝터 등의 하드웨어가 바뀌면 조금씩 다르게 나타날 수 있다는 점에 유의하라.

7. 색상과 특수효과는 단순할수록 좋다.

그러므로 각 슬라이드에 사용되는 색상의 수를 제한해야 한다. 대개 6가지를 넘지 않도록 하는 것이 바람직하다. 지나치게 화려한 변화와 구조는 관중을 산만하게 만들 우려가 있다. 색상과 특수효과는 관중이 당신의 말을 쉽게 이해하도록 돕기 위한 용도로만 사용하기 바란다.

8. 글씨 크기가 적당한지 확인하라.

청중이 화면을 읽지 못할 수 있으므로, 글씨 크기가 작지는 않은지 미리 확인하라. 스크린에서 2미터 정도 뒤로 물러난 자리에서 글씨가 잘 보이는지 확인하도록 한다.

9. 에너지 절약 모드와 스크린 세이버 기능은 꺼놓아라.

이 기능들이 작동되면 자칫 프레젠테이션을 방해할 수 있다.

10. 컴퓨터와 스크린에 동시에 화면을 비추는 방법을 알아두라.

가능한 한 조명을 켜두어라

유명한 건강관리센터에서 프레젠테이션을 할 기회가 있었다. 그 회사는 나에게 오전 시간을 내주었다. 프레젠테이션이 끝나고 그들은 나를 점심 식사에 초대했다. 그런 다음 그 회사는 직원들에게 새천년 계획을 발표할 예정이었다. 강당에는 이미 두 개의 스크린이 설치되어 있었다. 멀티미디어 프레젠테이션을 상영하려는 의도가 분명했다.

점심식사가 끝나고 모든 직원이 강당으로 들어왔다. 먼저 조명이 꺼졌다. 필름이 돌아가기 시작했고 모든 사람들이 화면에 시선을 고정했다. 그런데 거하게 점심을 먹은 사람들이 가득 차 있는 실내의 조명이 꺼지자 무슨 일이 일어났겠는가? 그들은 꾸벅꾸벅 졸기 시작했다. 마침내 상영이 끝나고 담당자가 강당의 조명을 켰을 때, 강당 안의 풍경이 어땠는지 상상할 수 있겠는가? 그곳은 마치 흡혈귀들이 모여서 낮잠을 즐기는 방 같았다. 모든 사람들이 깜짝 놀라 잠에서 깼다. 어떻게 그리 쉽게 잠이 들었을까? 그 회사는 멀티미디어쇼를 준비하느라 많은 경비와 노력, 그리고 시간을 투자했지만, 점심시간이 끝난 직후에 상영한 것이 실수였다.

아무리 멋진 음악과 현란한 영상으로 꾸민 프레젠테이션이라도 조명을 끄는 순간 청중이 집중력을 잃는다면 아무 소용이 없다. 컴퓨터기술과 멀티미디어 장비들을 이용하는 것은 좋다. 하지만 명심하기 바란다. 가능하면 조명은 끄지 않는 것이 좋다. 될 수 있는 대로 조명을 계속 켜두는 것이 청중의 집중여부를 확인하기에 좋은 방법이다.

지난 몇 년 동안 휴대용 LCD 프로젝터의 기술이 많이 발전하여 세일즈맨들에게 큰 도움이 되고 있다. LCD 프로젝터는 더 밝은 색을 내고 더 또렷한 영상을 비춰준다. 몇 년 전만 해도 제법 비싼 장비였지만, 최근 가격이 계속 하락하여 이제 꽤 많은 사람들이 그것을 가질 수 있게 되었다. 이런 고성능 재생기기들은 이제 매출이 1년에 10억 달러에 육박하는 산업으로 성장했다. 그 가운데 상당량은 앞에서 설명했던 종류의 문제들을 피하기 위해 세일즈 프레젠테이션에 프로젝터와 노트북을 모두 준비하려는 사람들이 사용한다. 이런 장비들을 가지고 있다는 것은 결과를 더 잘 조절할 수 있다는 의미이다. 즉, 잘못될 확률이 더 낮기 때문에 당신은 더 체계적이고 전문적인 사람으로 보일 것이다. 이런 프로젝터는 운반하기 쉬우며 무게도 2.7킬로그램 정도밖에 안 나간다. 회의나 시사회 등에 갖고 다니기 아주 알맞은 크기이다. 최신 기종들 가운데에는 스크린이나 벽에 슬라이드를 비추는 동안 조명을 계속 켜놓을 수 있도록 고안된 것들도 있다.

참석자들이 공동으로 참여하는 회의의 경우 꼭 필요한 것이 전자식 화이트보드다. 이것은 기존의 잉크펜을 사용하던 화이트보드와 거의 같지만, 보드 위에 전자펜으로 기록을 하면 그것이 PC에 그대로 입력된다는 차이가 있다.

점점 대중화되고 있는 또 하나의 영상매체는 최대 40인치까지 가능한 대형 TV이다. 컴퓨터를 이용한 프레젠테이션을 하기 위해 대형 TV를 갖추어놓은 기업들이 많다.

앞으로의 경향

인상적인 프레젠테이션을 창조하기는 점점 쉬워지고 있다. 많은 소프트웨어 패키지에는 템플릿(template; 키보드 위에 놓고 각 키에 할당된 명령의 내용을 보는 판-역주)과 간단한 설명서가 첨부되어 있다. 이것을 잘 활용하면 초보자라도 전문가처럼 보이는 결과물을 만들어낼 수 있다. 또 작은 기업의 직원이라도 음향과 비디오를 조절하는 전문적인 그래픽프로그램을 활용하면 큰 무대에서 활동하는 전문가처럼 보인다. 그리고 고품질의 컬러프린터는 흑백 인쇄물로는 만들 수 없는 홍미로운 도표를 사용할 수 있게 해준다.

소프트웨어는 슬라이드 프로젝터보다 청중과 상호작용을 하기에 더 용이하다. 대부분의 프레젠테이션 소프트웨어는 멀티미디어 파일들과 연계가 가능하므로 어떤 점을 강조하거나 청중의 질문에 답하기 위해 필요한 슬라이드를 바로 찾아내기 편리하다.

현대의 컴퓨터들은 처리속도도 빠르고 하드 드라이브의 용량도 훨씬 커졌다. 그래서 CD롬 한 장만 있으면 종합적인 멀티미디어 프레젠테이션을 행할 수 있다. 또 그 CD롬을 청중에게 배포하거나 후에 사용하기 위해 복제하기도 훨씬 쉽다.

현대의 세일즈맨은 이러한 첨단기술들을 얼마나 잘 활용하느냐에 따라 전달하는 메시지를 더욱 강화하며 청중에게 강한 인상을 심어줄 수 있다. 그러나 세상에서 가장 좋은 시청각도구라 해도 프레젠테이션 기술을 갖추지 못한 사람에게는 아무런 도움이 되지 못한다. 프레젠테이션에 관해 제대로 이해하고 있지 못한 상태에서 이런 도구들을 활용한다면 오히려 역효과를 초래할 수도 있다. 슬라이드에 너무 의존하면 어떻게 말을 하느냐보다 무엇을 말하느냐에 더 신경을 쓰게 되고, 결과적으로 청중을 원하는 행동으로 유도하기보다는 주눅 들게 만들 우려가 있다. 당신이 전달한 정보를 청중이 잊어버리기를 원하지는 않을 것이다. 이런 첨단기술들 때문에 우리는 사람들이 원하거나 필요로 하는 것보다 너무 많은 정보를 쏟아놓을 가능성이 있다. 이런 실수를 피하려면 당신이 얼마나 많은 정보를 제공하고 있는지 따져보고, 그 많은 사실들을 모두 알려야 할 필요가 있는지 깊이 생각해보기 바란다. 고객들은 만일 더 자세히 알고 싶다면 언제라도 질문을 할 것이다.

연습을 통해 문제를 예측하라

미리 시청각도구를 활용하여 프레젠테이션을 연습하면서 발생 가능한 문제들을 예측해볼 필요가 있다. 스스로에게 이렇게 물어보자. "오버헤드 프로젝터가 갑자기 꺼져버리면, 비디오가 돌아가지 않으면, 노트북컴퓨터가 멈춰버리면, 슬라이드가 프로젝터에 걸려버리면 나는 문제를 신속하게 해결할 수 있을까? 이 장비가 없어도 프레젠테이션을 계속 진행할 수 있을까?"

시청각장비를 효과적으로 사용하기 위한 5가지 원칙

다음의 다섯 가지 원칙을 기억하면 도움이 될 것이다.

1. **시청각도구를 너무 많이 사용하지 마라.**

   효과가 떨어지고 청중이 식상할 우려가 있다.

2. **화면의 앞을 막지 말고 한쪽 옆에 서라. 그리고 시청각자료 쪽을 향해서 말하지 말고 청중을 보면서 말해라.**

3. **시청각자료는 단순하고 이해하기 쉽게 만들어라.**

   자료에 숫자와 글자가 들어간다면 뒤에서도 쉽게 읽을 수 있도록 크게 써야 한다.

4. **눈을 즐겁게 만드는 색을 사용해라.**

   그러면 시청각자료가 한결 돋보이고 요점을 강조하는 효과를 볼 수 있다. 지루하고 밋밋한 도표에 양념처럼 색깔을 사용해보자. 그러나 역시 너무 지나쳐서는 안 된다.

5. **'와'하는 감탄사가 나올 만한 요소들을 생각해라.**

   그것을 보고 사람들이 '와'하고 감탄할 만한가? 창의성을 발휘하여 재미있고 사람들의 마음을 끌 수 있는 요소를 찾아보자.

SUMMARY |

시각적인 자료에만
의존하지 마라

1 시청각자료에 지나치게 의존하면 안된다. 시청각도구들을 효과적으로 사용하면 매우 긍정적인 결과를 가져올 수 있지만 그것에 완전히 의존하려는 태도가 문제다. 프레젠테이션의 주인공은 당신이고, 시청각도구들은 조연에 불과하다는 사실을 늘 명심하라.

2 시청각자료에는 차트, 표, 사진, 만화, 동영상, 제품 실연 모델, 샘플 등이 포함된다.

3 시청각자료를 사용하려면 로우테크나 하이테크 장비들이 필요하다. 여기에는 인쇄물, 팸플릿, 슬라이드, 오버헤드 프로젝터, 컴퓨터 등이 있다.

4 하이테크 시청각장비를 사용하여 프레젠테이션을 할 경우, '노트북 프레젠테이션을 성공으로 이끌기 위한 십계명(217~218쪽)'을 명심하기 바란다.

5 '시청각장비를 효과적으로 사용하기 위한 5가지 원칙(223쪽)'을 명심하고 실천하라.

09

손동작과 몸놀림을 적절히 사용하라

어떤 사람이 보통이 아닌 엄청난 힘을 들이고 있다는 사실은 누구도 눈치 채지 못한다.

– 알베르 까뮈(Albert Camus)

지금부터는 강력한 프레젠테이션의 각 부분을 어떻게 결합시켜야 할지를 알아보기로 하자. 이것은 비행기의 부품을 조립하는 것만큼 전문기술이 필요한 일이다. 이제 당신은 조종석에 앉아서 활주로를 달리기 시작한다. 그런데 순간 덜컥 겁이 난다. 도대체 무엇 때문에 겁이 날까? 우리는 지금까지 아주 멋진 비행기를 만들어냈다. 이제 그것이 어떻게 공중을 날 수 있는지 알아볼 차례다.

사람들은 말을 하다 보면 흥분하는 경향이 있다. 세일즈를 하는 동안에도 흥분하기 쉽다. 경쟁적인 활동이기 때문이다. 경쟁적인 스포츠에 적용되는 모든 규칙이 세일즈 프레젠테이션에도 그대로 적용된다. 당신은 8건에서 10건 정도의 프레젠테이션을 실시해서 겨우 한 건 정도의 계약을 따낼 정도로 영업능률이 떨어지는 사람일지도 모른다. 그렇게 해도 그럭저럭 벌이가 되는지 모르겠지만(사실 불가능할 것이다), 그 많은 거절을 조종할 수 있겠는가?

강력한 영향력을 행사하려면 언어는 물론이고 비언어적인 면으로도 커뮤니케이션을 할 수 있어야 한다. 말할 내용을 구성하는 방법에 대해서는 이미 앞에서 살펴보았다. 이번에는 청중에게 전달되는 다른 형태의 메시지를 살펴보려고 한다.

신체언어

신체언어는 세일즈맨을 비롯하여 강연을 하는 모든 사람에게 매우 중요한 요소다. 신체언어는 세 가지 역할을 한다. 의미를 전달하고, 청중의 태도에 영향을 미치고, 공간관련성(spatial relationship)을 확립하는 것이 그것이다. 우리는 무의식적으로 몸을 움직인다. 예컨대 많은 사람들이 전화통화를 하는 동안 손을 움직인다. 당신은 팔짱을 낀 자세로 대화를 나눈 적이 있는가? 그것은 당신이 마음을 닫고 있으며 상대방의 말을 인정하지 않는다는 의미로 해석될 수 있다. 물론 그런 해석이 반드시 진실은 아니지만, 그런 생각을 갖고 있는 고객이 당신이 팔짱을 낀 채 이야기하는 것을 본다면 어떻게 생각할까? 프레젠테이션 메시지를 전달하는 동안 당신이 어떤 동작들을 사용하는지 확인하고, 그것을 가볍게 여기지 말기 바란다. 부정적인 신체언어는 대개 지나치게 긴장하거나 준비가 부족한 경우에 나타난다.

이상한 몸동작들

쇼딘 커뮤니케이션스에서는 프로그램 참가자들이 다른 분야의 전문가가 되어 프레젠테이션을 하는 역할극 실습을 하면서 그 모습을 비디오로 촬영한다. 그리고 촬영한 것을 돌려보면서 참가자들은 자신이 고객에게 어떻게 보이고 들릴지를 직접 확인할 수 있다. 이런 훈련은 매우 재미있지만, 낯선 분야의 프레젠테이션을 하는 모습을 촬영한다는 사실에 참가자들은 조금 어색해하거나 두려워한다.

프레젠테이션은 몸동작을 어떻게 조절하느냐에 크게 영향을 받는다. 당신의 눈짓과 몸짓, 그리고 자세까지, 그 모두가 일체가 되어 프레젠테이션을 완성한다. 우리는 참가자들에게 다른 사람들의 실수를 통해 배울 수 있는 기회를 주려고 노력한다.

자신의 에너지와 아드레날린을 조절하는 방법을 배우지 않으면 그것이 이상하고 당황스런 방식으로 발산되기도 한다. 반드시 기억해야 하는 가장 중요한 점은 우리의 몸은 원래 움직이고 싶어한다는 사실이다. 예컨대 앞에서 지적했듯이 전화통화를 할 때 사람들이 손을 움직인다는 사실을 생각해보자. 상대방은 우리를 볼 수 없다. 물론 우리도 ‘처음엔 손을 이렇게 하고 그 다음엔 저렇게 움직여야지’라고 생각하지는 않는다. 그저 몸이 자연스럽게 움직일 뿐이다.

이제 프레젠테이션 과정을 생각해보자. 이런 식으로 당신의 몸속에서 아드레날린이 분비되면 그 에너지가 어디론가 전달되는데, 대개는 당신의 신체언어를 통해 발산된다고 보면 맞다. 프레젠테이션을 하는 동안 이런 에너지가 효과적으로 흐르지 않으면 어떤 이상한 동작을 하게 되는지 몇 가지 예를 살펴보겠다.

■ 남자와 여자의 흔한 몸짓들

성별에 따라 독특한 습관이 있다. 남자들은 말을 할 때 손을 주머니에 넣는 경향이 있다. 에너지가 모두 어디론가 새지 않는 한 이런 정도의 행동이 뭐 그리 큰 문제가 되겠냐고 생각할지 모른다. 그리고 주머니에 손을 넣은 상태로 내가 ‘닭’이라고 부르는 동작을 하기 시작한다. 잠시, 당신이 주머니에 손을 넣은 채로 팔을 앞뒤로 흔드는 모습을 상상해보자. 이 때 옷깃이나 셔츠가 타이트하다면 당신의 모습은 매우 우스꽝스럽게 보인다. 영락없이 수탉이 움직이기 시작할 때의 동작처럼 보이는 것이다. 내가 잘 아는 어떤 남성은 주머니 속의 열쇠나 동전을 만지작거리는 버릇이 있다. 조금 시간이 지나면 청중은 그가 도대체 무엇을 하고 있을까, 궁금해 하기 시작한다.

여자들의 경우도 마찬가지로 이상한 습관이 있다. 여자들은 늘 외모에 신경을 쓴다. 계속 자신의 머리카락이나 옷을 만지작거리는가 하면 치마의 매무새에도 신경을 쓴다.

■ 발을 이용한 몸짓

우리 수강생들 가운데 한 사람은 고교시절에 치어리더가 아니었을까 하는 궁금증이 일게 만든다. 말을 할 때마다 발로 허공을 차는 이상한 버릇이 있기 때문이다. 그녀의 이름은 제이미. 중요한 프레젠테이션을 할 때마다, 그리고 중요한 말을 할 때마다 그녀는 늘 발차기를 한다. 하루는 내가 이렇게 지적했다. "제이미, 오늘 또 당신의 발차기를 보게 될 것 같네요." 그러자 그녀는 매우 놀라면서 이렇게 말했다. "무슨 말씀이세요?" 그 순간 '휙', 그녀의 다리가 다시 앞으로 튀어나왔다. 그녀를 조금 놀려주면서 이상한 습관을 깨닫게 해주기 위해 그녀의 모습을 녹화한 테이프를 조금 뒤로 돌린 다음 빠르게 재생하기 버튼을 눌렀다. 그러자 그녀가 마치 캉캉춤을 추고 있는 것 같이 보였다. 게다가 그녀는 그런 동작을 연속적으로 하고 있었다. 자신의 버릇을 깨달은 후로 그녀는 다리를 움직이지 않으려고 신경을 쓰게 되었다.

■ 손을 이용한 몸짓

우리가 '죄수 자세' 혹은 '열중쉬어 자세' 라고 이름 붙인 버릇을 가진 사람들도 있다. 이것은 양손을 등 뒤로 돌려서 깍지 낀 상태로 서 있는 자세를 말한다. 그들의 손은 서로 떨어지려고 발버둥치는 것처럼 보인다. '무화과 나뭇잎' 이라는 자세도 있다. 에덴동산의 아담과 이브가 무화과 잎으로 앞을 가렸듯이 양손으로 앞을 가리고 있는 자세에 붙인 이름이다.

내가 '펭귄'이라고 부르는 또 다른 독특한 버릇도 있다. 이것은 팔을 양 옆에 붙이고 똑바로 내린 자세에서 손가락을 일제히 바깥쪽으로 펼치는 자세를 일컫는다. 아마도 움직이고 싶어하는 자신의 몸을 억누르려고 노력하고 있는 것이겠지만, 완전히 진압하지는 못한 모양이다. 또 다른 버릇으로 '거미'라는 자세가 있다. 이것은 주먹을 쥔 자세에서 서서히 손가락을 펴는 동작을 말하는데, 매우 긴장했음을 나타내는 표시이다.

■ 펜 만지작거리기

어떤 물건을 이용해서 방해가 되는 행동을 하는 사람들도 있다. 예컨대 말을 하는 내내 손에 펜을 쥐고 있는 사람들을 종종 본다. 다이아몬드가 박힌 고급 펜이든 싸구려 플라스틱 볼펜이든 방해가 되기는 마찬가지다. 계속 펜을 만지작거리면서 말을 하면 사람들은 당신이 하는 말에 신경을 집중하지 못한다. 당신이 빙글빙글 돌리는 펜만 쳐다보게 되기 때문이다. 우리 수강생들 가운데 제임스라는 남자는 아주 감미로운 목소리의 주인공이다. 그런데 그는 펜을 손에 쥐고 말하다가 펜대에 꽂는 버릇이 있다. 귀 뒤에 펜을 끼웠다 뺐다 하는 것이다. 테이프를 돌려보니, 마치 그가 머리 한쪽 옆에서 펜을 쑥 빼곤 하는 것처럼 보였다. 그 장면을 보면서 제임스는 "내가 저런 행동을 하는지 미처 몰랐습니다!"라고 쑥스러운 듯 말했다. 그런데 잠시 후, '휙' 하고 그가 펜을 다시 귀 뒤에 꽂는 것이 아닌가. 그는 완전히 무의식중에 그런 행동을 하고 있었다.

또 한 사람은 말을 하는 동안 한 손에는 펜을 쥐고 다른 손으로는 넥타이를 만지작거린다. 그는 넥타이 끝을 펜으로 감아 올렸다가 풀었다가 하는 동작을 반복했다. 그래서 우리는 그의 펜을 치워버렸다. 그러자 그는 말아 올리곤 했던 넥타이 끝부분을 살짝 건드리기만 했다.

하지만 내가 가장 재미있게 생각하는 사례는 대학시절 동창인 에드 라일리(Ed Reilly)가 들려준 이야기다. 그의 모임에 참석하는 한 남자는 안절부절못할 때면 셔츠의 단추를 만지작거린다고 한다. 즉, 셔츠의 단추를 계속 풀었다 잠갔다 반복하는 것이다.

■ 얼굴 근처에 손 올리기

우리 수강생 가운에 한 남자는 자기 귓속에서 벌이 윙윙거리는 듯한 소리가 들린다고 했다. 그는 벌이 날아 들어간 것 같다는 오른쪽 귀에 손가락을 찌르면서 설명했다. 그 동작을 딱 한 번으로 끝냈다면 괜찮았을 것이다. 그러나 말하는 내내 반복해서 그 동작을 하는 바람에 강박관념에 사로잡혀 있는 사람처럼 느껴지기 시작했다. 내가 여러 번 말을 중단시키면서 그 행동을 지적했음에도 그의 새끼손가락은 계속 귓구멍 안을 들락날락거렸다. 손가락을 가만히 두기보다 귓속을 찌르고 있는 것이 더 안정감 있게 느껴지는 모양이었다. 그래서 벌 이야기를 지어낸 것이 아닐까 하는 생각까지 들었다.

■ 로봇 자세

수강생들의 프레젠테이션 비디오를 돌리다 보면 자주 만나게 되는 자세가 로봇 자세다. 이것은 〈오즈의 마법사〉에 등장하는 양철로봇처럼 모든 관절에 기름칠이 필요한 듯 매우 뻣뻣하게 움직이는 것을 말한다.

이런 행동들은 우리가 프레젠테이션을 하면서 행하는 이상한 습관들과 몸짓을 대개는 스스로 깨닫지 못하고 있다는 사실을 말해준다. 손짓과 발짓, 말하는 방식, 얼굴표정, 시청각자료까지, 이 모두는 프레젠테이션에서 나름의 작용을 한다. 프레젠테이션을 강화하기도 하고 방해하기도 하는 것이다.

대화의 거리

대화할 때 두 사람 사이의 거리는 매우 중요한 요소다. 세일즈맨이 어떻게 하느냐에 따라 고객은 더 가까운 거리에서 대화할 수 있도록 접근을 허락하기도 한다. 이 기준은 대개 1대1 프레젠테이션 상황에서 가장 명확하게 적용된다. 고객이 더 가까이 다가가도록 허락한다면 앞으로 조금 접근해도 좋다. 그러나 당신과 고객 사이의 공간관련성을 충분히 시험해보는 편이 안전하다. 혹시 처음부터 지나치게 친밀하게 구는 세일즈맨을 만나본 경험이 있는가? 이런 사람은 약간 거리감을 두고 행동하는 사람보다 훨씬 무례하게 느껴질 우려가 있다.

화난 표정

간혹 찌푸린 표정으로 프레젠테이션을 진행하는 사람이 있다. 양 눈썹이 서로 붙을 지경으로 무서운 표정을 짓는다. 이런 표정은 권위적으로 보이거나 협박하는 듯한 인상을 풍기기도 한다.

그러므로 프레젠테이션의 처음부터 끝까지 미소를 잃지 않는 연습을 하자. 인간미가 전혀 느껴지지 않는 거짓 미소라도 억지로 지어보라는 말이 아니다. 미소는 큰 재산이다. 당신의 경험담을 이야기하고 특별히 좋아하는 상품에 대해 설명을 하다 보면 저절로 미소가 지어질 것이다.

눈맞춤

눈맞춤은 청중에게 매우 중요한 요소이다. 프레젠테이션을 하는 사람은 고객과 직접 눈을 맞춰야 한다. 단체를 대상으로 프레젠테이션을 할 때도 청중 개개인의 눈을 쳐다보는 것이 좋다. 그래야 청중은 당신이 모든 사람들과 교감을 나누고 있다고 느낀다. 청중의 머리 위만 쳐다본다면 그들과 눈을 맞출 기회가 없을 것이다.

모든 동작에는 의미가 있다

당신의 모든 동작이 의미를 전달한다는 사실을 명심하기 바란다. 의도를 갖고 행동하는 것과 그냥 이리저리 왔다 갔다 하는 것에는 큰 차이가 있다. 무대 위를 펄쩍펄쩍 누비고 다니는 춤꾼이 되라는 건 아니다. 다음 주제로 옮겨가는 순간에 정확하게 맞추어 체중을 다른 쪽으로 옮기는 것이 좋다. 또 화제를 전환할 때는 옆으로 몇 발자국 옮기는 것도 요령이다. 청중은 당신의 움직임을 따라 자동적으로 당신에게 집중하며, 동시에 당신이 새로운 화제로 옮겨가고 있음을 알아챈다.

자신이 프레젠테이션 하는 모습을 평가하라

좋은 프레젠테이션을 하고 싶다면 산만한 몸짓이나 신체언어를 조절할 줄 알아야 한다. 그렇게 하지 않으면 청중에게 강하고 효과적인 영향을 미치기 힘들다. 이런 면에서 당신 자신이 좋은 프레젠테이션을 하는 것에 대해 얼마나 진지한 자세를 갖고 있는지 따져볼 필요가 있다. 당신이 진지하다면 적어도 일 년에 한 번은 자신의 프레젠테이션을 비디오로 촬영하여 평가하는 열의를 가져보길 권한다. 자신이 여러 분야의 전문가가 되었다고 생각하고 역할극을 하면서 프레젠테이션 하는 모습을 비디오로 촬영해보는 것도 좋다. 당신은 고객의 눈으로 자신의 행동을 보고 들을 수 있을 것이다.

이 책에 실린 대부분의 조언은 읽기만 해도 간단하게 받아들일 수 있다. 하지만 당신 자신이 어떤 몸짓과 신체언어를 만들어내는지 안다면 바람직한 방향으로 수정하기가 더 쉬울 것이다. 친구나 배우자에게 당신이 프레젠테이션 하는 모습을 보고 공정하게 평가해달라고 부탁해보자.

그러나 세련된 자세를 배우는 가장 좋은 방법은 역시 자신의 모습을 비디오로 촬영하여 자신의 눈으로 직접 확인하는 것이다. 자신의 눈으로 직접 보면 다른 사람과 달리 과장 없이 평가할 수 있다. 언젠가 나는 팜스 프링스에서 휴가를 보내면서 테니스 연습을 했다. 서브를 넣으면 공이 제대로 들어가기는 했지만 자세가 영 마음에 들지 않았다. 사실 내 자세가 몹시 서투르다고 느껴졌기 때문에 보기 흉하면 어쩌나 늘 마음에 걸렸었다. 물론 레슨을 받는 것이 가장 좋은 해결방법이었다. 강사는 학생들의 잘못된 부분을 보여주기 위해 비디오로 촬영을 했다. 10분 동안 서브를 한 다음 촬영된 내 모습을 보면서 강사의 설명을 들으니 어디가 잘못되었는지 쉽게 파악하고 고칠 수 있었다.

비디오카메라가 없다면 잠시 빌려서 사용해도 좋다. 그리고 녹화한 것을 보면서 Chapter 11에 첨부한 '프레젠테이션 평가표'를 작성해보기 바란다. 자신의 프레젠테이션을 평가하고 나면 대부분의 문제를 스스로 고칠 수 있을 것이다. 만일 당신이 관리자라서 직원들을 어떻게 평가할까 고심하고 있다면 비디오로 촬영하여 직원들에게 각자의 모습을 보여주는 방법을 적극 권하고 싶다. 나름대로 장단점이 있기는 하지만 타인으로부터 평가를 받는 것보다 스스로 보고 평가하면 더욱 긍정적인 경험이 되기 때문이다.

좋은 성과를 얻고 싶다면 가까운 대학의 스피치나 토론학 강사, 혹은 전문적인 강사를 찾아서 도움을 구하는 것도 좋다.

거듭 강조하는데, 말하는 내용과 전달방법뿐 아니라 말할 때의 태도와 몸짓 역시 청중에게 나름대로 메시지를 전달한다는 점을 절대 잊지 말기 바란다. 설득력 있는 프레젠테이션을 하고 싶다면 그런 메시지를 잘 조절할 줄 알아야 한다. 당신의 움직임 역시 메시지의 일부이므로 프레젠테이션을 진행하는 동안 자신의 몸을 잘 조절할 수 있어야 하는 것이다.

SUMMARY |

**손동작과 몸놀림을
적절히 사용하라**

1 신체언어를 어떻게 조절하느냐에 따라 프레젠테이션의 가치가 떨어지기도 하고, 유능한 강사라는 신뢰감을 얻기도 한다.

2 프레젠테이션을 진행하는 동안 하는 동작들은 나름대로 의미를 전달하며, 청중에게 영향을 미친다. 또 상대방과의 거리를 확립하는 데도 중요한 역할을 한다.

3 부정적인 신체언어는 대개 긴장하거나 준비가 부족할 때 나타난다.

4 말하는 동안 주머니에 손을 넣거나, 팔짱을 끼거나, 무언가를 계속 만지작거리거나, 발을 움직이거나, 로봇 같은 동작을 하는 등 무의식중에 행하는 이상한 습관들을 스스로 깨닫기는 어렵다.

5 비디오카메라로 자신의 프레젠테이션 모습을 촬영하여 자신의 신체언어와 습관적인 몸짓을 확인한 후, 교정하도록 하자.

New Sales Speak

10

복장을
올바르게·갖춰라

월스트리트나 메인스트리트에서 활동하고 싶다면, 다른 사람들에게 강한 인상을 줄 수 있는 옷차림과 외모를 가꾸는 일에 조금 더 신경을 써야 한다. — 니도 쿠베인

의상에 관한 전문지식을 갖춘 사람이든 아니든, 사람들은 자신의 옷차림이 양호하다고 생각하는 경향이 있다. 그런데 사실 대부분의 사람들에게 옷차림은 일종의 습관에 지나지 않는다. 어떤 인상을 줄지 별로 생각해보지도 않고 아무 옷이나 걸친다. 직장에 반바지를 입고 가거나 소풍에 턱시도를 입고 가지만 않는다면 별 문제가 없을 것이라 믿는다. 이것은 큰 오판이며, 많은 현대인들이 저지르는 실수이기도 하다.

입은 채로 잠을 자고 일어난 듯 잔뜩 구겨진 옷, 다림질을 하지 않아서 주름이 제대로 서지 않은 바지, 어울리지 않는 색깔의 옷들을 그냥 입고 나가면 사람들은 눈살을 찌푸릴 것이다. 유행에 너무 뒤쳐진 디자인, 활동에 맞지 않거나 색깔과 스타일이 어울리지 않는 신을 신어도 우습다. 또한 지나치게 많은 액세서리를 달아도 별로 세련되어 보이지 않는다.

많은 사람들이 장소와 시간을 불문하고 이런 결점을 드러낸 복장을 하여 상대방으로 하여금 눈살을 찌푸리게 만든다. 진정 앞서 나가는 전문가가 되길 원한다면 이런 실수는 저지르지 말아야 한다. 최근에는 방문 장소에 맞는 복장을 미리 준비하는 사람들도 많다. 어울리지 않는 옷차림은 처음 만나는 사람들에게 그리 좋지 않은 인상을 주기 때문이다. 프레젠테이션을 할 때 부적절한 옷차림은 청중에게 부정적인 영향을 미칠 수 있으며, 특히 유난히 세련된 차림을 한 사람이 바로 앞서서 발표를 했을 경우에는 더욱 그러하다.

복장은 신뢰도를 평가하는 요소이다

어떤 옷차림을 하느냐가 프레젠테이션의 성공을 좌우하는 중요한 요소가 될 수 있다는 사실을 알아야 한다. 고객의 입장에서는 당신을 정말 신뢰해도 좋은지 판단할 때 첫 번째 평가요소가 옷차림일지 모른다. 당신이 강당 안으로 들어서는 순간, 사람들은 당신의 옷차림을 보고 당신의 전문성을 신뢰할 만한지 평가하기 시작한다. 당신의 옷차림은 강한 인상을 줄 만큼 매력적인가?

전문직 종사자들이 실제로 입는 옷차림과, 관리자들이 그들에게 바라는 옷차림 사이에는 약간 거리가 있다. 내 세미나에 참석하는 사람들과 대화를 하면서 나는 그런 사실을 알게 되었다. 관리자들은 고객이 당신의 옷차림을 보고 당신의 전문성을 신뢰해도 되는지 짧은 시간 안에 평가하기 시작한다는 사실을 잘 알고 있다. 하지만 부하직원들에게 부적절한 옷차림을 일일이 지적하기가 껄끄럽다고 호소한다. 옷차림이 문제의 원인 가운데 하나라는 사실을 잘 알고 있는 경우라도 그렇다. 옷차림은 개인적인 취향과 관련이 있으므로 간섭하면 안 된다는 믿음이 있기 때문이다. 또한 부하직원들의 차림새가 썩 마음에 들지 않더라도 의상비 지출을 늘리라고 충고하는 것은 권력남용처럼 느껴지지 않을까 하는 걱정하기도 한다.

옷은 당신의 성공에 영향을 미친다

≪E 신화(The E Myth)≫의 저자인 마이클 E. 거버(Michael E. Gerber)는 양복 색깔이 세일즈 프레젠테이션의 성공에 큰 영향을 미칠 수 있다고 지적한다. 그는 세일즈맨들에게 6주 동안 다음과 같은 시험을 해보라고 권하고 있다.

처음 3주 동안은 직장에 갈색 양복을 입고 출근해보자. 여기에 풀을 먹인 황갈색 셔츠, 갈색 넥타이, 광택을 낸 갈색 구두를 신는 것이다. 물론 모두 깨끗하게 세탁하고 잘 다림질된 것이어야 한다. 그 다음 3주 동안은 짙은 남색 양복에 풀을 먹인 흰색 셔츠, 빨간 넥타이, 광택 나게 잘 닦은 검은 구두를 신고 출근하자(여성의 경우는 핀, 스커트, 목걸이에 빨간색이 들어간 것을 사용).

그 결과는 아주 놀라울 것이다. 뒤쪽 3주의 실적이 눈에 띄게 증가할 것이다! 왜 그럴까? 고객들은 남색 양복을 입은 사람들에게 더 익숙하기 때문에 짙은 남색 양복을 입은 날 갈색 양복 차림을 한 날보다 더 많이 팔 수 있는 것이다. 누구에게나 결과는 마찬가지다.

매일 남색 양복만 입으라는 말인가? 아니다. 하지만 프레젠테이션을 준비하면서 마지막으로 옷차림을 점검할 때 한 번쯤 짚고 넘어갈 사항이다.

반드시 비싼 옷을 입을 필요는 없다. 가격보다 중요한 점은 깨끗하고, 반듯하게 다림질되고, 색깔과 스타일이 조화를 이루어야 한다는 점이다.

단정하지 못한 인상을 풍기고 싶은 사람은 없을 것이다. 그런데 사실 그런 사람들이 생각보다 많다. 전달하려는 메시지에 어울리는 외모를 꾸밀 줄 알아야 한다. 예컨대 미국 내 법인단체의 경우는 보수적인 옷차림이 어울린다. 물론 접촉하려는 대상에 따라 융통성 있게 옷차림을 바꿀 줄 아는 센스도 필요하다. 프레젠테이션 발표자는 청중과 유사한 스타일의 차림, 그렇지 않다면 너무 지나치지 않은 옷차림을 할 때 더 좋은 반응을 얻을 수 있다.

복장이 당신의 첫인상이다

청중에게 긍정적인 첫인상을 줄 필요가 있다. 사람들은 종종 우리의 능력과는 전혀 상관없는 요소들로 우리를 평가한다. 대개 가장 먼저 평가받는 대상이 옷차림이다. 물론 겉모습뿐 아니라 잊혀지지 않는 인상적인 첫마디 역시 첫인상을 좌우하는 요소다. 로저 에일리스(Roger Ailes)와 존 크로셔(John Kraushar)는 공동 저서 ≪당신이 메시지다(You Are The Message)≫에서 재미있는 조사결과를 보여주고 있다. 즉 우리는 다른 사람을 만나면 처음 7초 안에 상대방에 대한 인상을 마음속에 형성하기 시작한다는 것이다.

당신이 직업적으로 얼마나 능력이 있는지 증명해 보이기 한참 전에 이미 사람들은 당신에 대해 결론을 내려버리는 경우가 많다. 좀 비과학적이긴 하지만 우리가 전화로 조사를 해본 결과, 고객들이 세일즈맨에게 긍정적인 첫인상을 창조하도록 허락하는 시간은 평균 1분에 불과했으며, 그보다 더 짧은 경우도 있었다. 워크숍에서 역할극 실습을 하면서 우리가 깨달은 바에 따르면, 1대1 프레젠테이션을 할 때 전반적인 신뢰감을 구축할 수 있는 시간은 5분이 조금 넘는 정도다.

버지니아주에 위치한 의류회사인 '리치몬드'의 실장은 최근 〈리치몬드 타임즈 디스패치(Richmond Times Dispatch)〉와의 인터뷰에서 이렇게 밝혔다. "노골적으로 말해서, 당신이 문 안으로 들어서는 순간 첫인상을 결정짓는 요소가 바로 당신의 의상이다. 그리고 당신이 입을 열기 전까지 당신에 대해서 말해주는 것 역시 바로 당신이 입고 있는 의상이다."

남성과 여성의 복장의 차이

남성과 여성이 의상에 대해 주목하는 부분에 차이가 있을까? 그렇다. 남성들의 시선은 먼저 상대방의 넥타이로, 그 다음에 구두로 내려가는 경향이 있다. 넥타이 매듭 아래에 주름이 생기게 맸는지, 구두의 선이 날렵하고 광택이 나는지 보는 것이다. 그렇다면 여성은 무엇에 관심을 두고 볼까? 사실 여성은 모든 것을 다 본다. 여성들은 남성보다 상대방을 훨씬 까다롭게 평가하는 경향이 있다.

당당한 자세가 되려면 어떤 옷을 입어야 할까? 인력관리업체인 커리어 매니지먼트 그룹(Career Management Group Inc.)의 부사장인 스티븐 A. 켈리(Steven A. Kelley)는 면접을 위한 복장을 고를 때는 세 가지 사항을 고려해야 한다고 충고한다. 첫째, 멋지게 보이는 복장인가? 둘째, 편안하고 자신감을 느끼게 해주는 차림인가? 마지막으로, 당신이 만나야 하는 사람들에게 존경심을 표현할 수 있는 옷차림인가? 요컨대 너무 과하거나 부족하지 않은 옷을 고르는 것이 요령이다.

'옷이 사람을 만든다'는 옛말은 지금도 적용된다. 심지어 당신이 면접이나 비즈니스 회의를 위해 입는 의상이 당신의 자질만큼 중요하다고 말하는 사람들도 있다.

자긍심을 높여주는 복장

옷은 다른 사람이 우리를 평가하는 기준이 될 뿐 아니라 프레젠테이션이나 면접을 하는 동안 우리 자신의 태도에도 많은 영향을 미친다. 이런 사실을 확인하고 싶다면 직장을 구하는 저소득층 여성들에게 옷을 제공해주는 미국의 비영리단체 '성공을 위한 옷(Dress for Success)'의 활동성과를 보면 알 수 있다. 이 단체에 찾아오는 여성들은 두 벌의 옷을 받는다. 한 벌은 면접용, 다른 한 벌은 첫 출근을 위한 옷이다. 제화점에서 화장품 소매상까지 많은 업체가 필요한 물품들을 기증한다.

ABC 텔레비전의 〈프라임타임 라이브(Primetime Live)〉에 소개된 한 여성은 면접을 앞두고 이 단체에서 자긍심을 대단히 높여줄 만한 옷을 무료로 제공받았다. 이 단체의 뉴욕본부 창설자인 낸시 루블린(Nancy Lublin)은 고객들이 그 단체에 왔다 갈 때는 처음 사무실에 들어올 때의 소심한 모습과는 매우 다른 자긍심 있는 태도를 갖게 된다면서 다음과 같이 설명했다. "그들은 이 사무실에서 나갈 때 잘난 척한다는 느낌이 들 정도로 자긍심이 높아진 모습을 보여줍니다. 그리고 우리는 그것이 중요하다고 생각합니다." 어느 업종에 종사하는 사람들에게든 이 원칙은 적용된다. 자신이 일을 아주 잘 해낼 준비가 되었다고 느껴지면 당신은 새로운 기회를 향해 적극적으로 뛰어들 수 있을 것이다.

여성들의 비즈니스 패션은 남성들보다 선택의 폭이 훨씬 넓다. 그리고 적당한 치마 길이는 종사하는 업종에 따라 결정된다. 어느 여성복 매장의 주인은 이렇게 권한다. "실내장식가나 예술가 같은 직종에 종사한다면 조금 짧은 치마도 괜찮습니다. 하지만 회계나 기타 전문 분야, 혹은 법률직에 종사한다면 조금 품위 있는 스타일이 좋겠지요."

재킷이 다소 짧은 것은 괜찮으며, 매니큐어 역시 상관없다. 하지만 구직을 위한 면접 자리에서 긴 손톱은 감점 요인이 될 수 있다. 그리고 손은 반드시 청결해야 한다. 의류매장 지배인들은 광고, 마케팅, 소매업종의 일을 구하는 사람들의 경우는 법원이나 은행에 근무하는 사람들보다 덜 보수적인 의상도 괜찮다고 말한다.

언제 어디서 누구와 마주칠지 모른다

사업가들 가운데는 일관성 있고 보수적인 이미지를 유지하는 것이 중요하다고 믿는 사람들이 있다. 심지어 야유회를 갈 때도 그래야 한다고 생각한다. 예컨대 도널드 트럼프는 저서 ≪도널드 트럼프 자서전: 거래의 기술(Trump: The Art of the Deal)≫에서 자신은 외출할 때면 반드시 비즈니스용 정장을 입는다고 밝혔다. 언제 어디서 누구와 마주칠지 모르기 때문이라는 것이다. 이것은 생각해볼 만한 중요한 사항이다. 당신이 머리를 곱슬곱슬하게 말고, 혹은 가벼운 셔츠 바람으로 외출을 했는데, 하필 그날 머피의 법칙에 걸려들지 누가 알겠는가? 무엇인가 잘못될 가능성이 조금이라도 있다면 그렇게 될지 모른다. 중요한 고객과 우연히 마주친 자리에서 최악의 모습을 보여줄 수도 있는 것이다.

언젠가 나는 파격적인 의상을 입고 나이트클럽에 갔다가 매우 중요한 단체의 고객들과 마주치는 바람에 당황한 적이 있다. 그것은 내 친구의 결혼식 전날 열린 '처녀파티'였으므로, 우리는 야단법석을 떨기로 작정한 상태였다. 그래서 모두 미니스커트를 입고 머리를 잔뜩 부풀려 세웠다. 나는 검정 스타킹에 검정 하이힐을 신고, 검정 가죽 재킷을 걸쳤다.

우리 다섯 명은 리무진 한 대를 빌려서 그날 밤 일주하기로 한 여러 나이트클럽 가운데 첫 번째 장소로 급히 달려갔다. 그리고 나는 그곳의 분위기에 잔뜩 취했다. 조금 더 정확하게 말하면, 댄스 플로어 제일 높은 자리에서 완전히 춤에 '심취'했다. 그런데 무대에서 내려와 보니 바로 앞 테이블에 내 비즈니스 고객들이 앉아 있지 않은가? 그들은 바로 전 주에 나의 훈련세미나에 참석했던 사람들이었다. 그들 역시 놀란 눈치였다. 당연히 그들은 월요일 아침이 될 때까지 참지 못하고 자신들의 관리자에게 부리나케 그 일을 알렸다. 월요일에 사무실에 나와 보니 십여 건의 메시지가 자동응답기에 남겨져 있었다. 모두 나를 꾸짖거나 놀리는 내용이었다.

그날 저녁은 완전히 사적인 시간이었고 나는 무척 즐거운 시간을 보냈지만, 그 사건으로 인해 나는 사업적인 교제와 경력에 옷차림이 얼마나 중요한지 절실히 깨달았다.

당신도 뜻하지 않은 순간에 어디서 누구를 만날지 알 수 없다!

산업과 복장

언젠가 한 조언자가 내게 이렇게 말했다. "테리, 비즈니스 프레젠테이션에 참석할 때는 현재 당신의 위치에 맞는 옷이 아니라 당신이 열망하는 지위에 걸맞은 옷을 입어야 합니다." 많은 사람들이 존 T. 몰로이(John T. Molloy)의 저서 ≪성공을 위한 옷(New Dress for Success)≫을 읽었을 것이다. 그 책이 출간된 이후 내가 가장 주목하는 것은 몇 가지 규칙이 변화하고 있다는 사실이다. 현대인들은 자신이 종사하는 업종에 따라, 그리고 참석하는 행사의 내용에 따라 다른 옷을 입어야 한다. 예컨대 건설하청업자는 〈포춘〉 선정 500대 기업의 CEO들과는 매우 다른 차림새를 할 것이다. 그리고 금요일에는 미국의 대다수 회사에서 캐주얼복장을 허용하기 때문에 많은 사람들이 골프라도 치러 갈 것처럼 스포츠웨어를 많이 입는다. 내가 보기에 현대의 패션경향은 캐주얼한 금요일의 경우처럼 안타깝게도 너무 극단적이다. 그리고 종업원들의 작업환경이 더 편안해지면서 조직의 이미지가 훨씬 약하게 느껴지기도 한다.

할머니의 충고

나는 내 할머니가 옷차림에 관해 충고해주신 것을 늘 명심하고 있다. 할머니는 영국인이고 매우 품위 있는 분이다. 나는 항상 보수적이고 품위 있는 옷차림을 자랑스럽게 여기는 할머니를 만나러 가는 내 모습을 상상한다. 그것은 내가 고객을 만나러 갈 때 마음속에 떠올리는 이미지와 똑같다. 그리고 나는 기꺼이 나에게 시간을 내준 고객들에게 존경과 감사의 마음을 보이기 위해 내가 옷차림에 신경 썼다는 사실을 그들이 알아주기를 바란다.

상황에 잘 어울리는 옷차림을 할 줄 아는 재능을 가진 사람은 소수에 지나지 않는다. 하지만 우리는 제한된 예산 안에서 최상의 모습을 보이려고 노력해야 한다. 옷차림에 조금만 투자하면 비즈니스 세계에서 큰 보상을 받을 수 있을 것이다.

차림새에 따라 대우를 받는다

차림새에 따라 당신은 여러 상황 속에서 매우 다른 경험을 할 수 있을 것이다. 예컨대 더 좋은 주차공간을 얻을 수 있고, 식당에서 더 좋은 자리로 안내받게 되며, 소매점에서 더 나은 서비스를 받을 수 있다. 당신이 멋지게 보이면 그에 걸맞은 대우를 받는다. 전문강사인 나는 전국을 여행하면서 종종 이런 경험을 한다. 강연이 있을 때 고객들은 대개 비행기표를 보내주는데, 대부분 일반석이다. 그러면 나는 마일리지 포인트를 사용하더라도 1등석으로 옮겨보려고 시도한다. 때로는 대기자명단에 이름을 올려야 하는 경우도 있다. 이런 경우 나는 1등석 카운터로 가서 매표담당자에게 나는 골드클럽 회원인데 대기자명단에 올라 있다고 말한다. 그럴 때면 나는 내가 1등석 승객 같은 차림새인지를 확인한다. 내 옷차림이 1등석 승객들처럼 품위 있기 때문에 매표담당자들은 내가 대기자명단에 없을 경우에도 종종 좌석을 상향조정해준다. 그것은 오직 내가 적당한 옷차림을 했느냐에 따라 좌우된다. 한번은 청바지에 스웨터 차림으로 휴가를 가면서 똑같은 시도를 해보았는데, 보기 좋게 거절당했다.

좋은 옷차림을 위해서는 투자를 하자

옷을 잘 입으려면 경제적인 투자가 필요하다. 하지만 그것은 갑절의 보상으로 돌아올 것이다. 의상을 업그레이드하려면 약간의 비용이 들지만 그것은 당신 자신과 당신의 경력에 투자하는 것이다. 어떤 사람들은 좋은 모습을 보이기 위해 매년 많은 돈을 들인다. 원한다면 당신도 그렇게 할 수 있다. 그러나 대개는 깔끔하고 전문가다우면서 매력적인 인상을 줄 만한 옷을 구입할 돈이 그리 풍부하지는 않다. 그렇다면 의류할인매장을 이용해보기를 권한다. 요즘의 의류할인매장에서는 저렴하면서도 실용적인 옷들을 많이 판매한다. 조금만 발품을 팔면 훨씬 저렴한 가격에 좋은 옷을 구입할 수 있다.

의사결정권자들이 많이 참석하는 특별한 행사를 앞두고 비싼 의상을 사고 싶지는 않다면 친구나 친지들에게 빌리는 것도 한 방법이다. 단, 솜씨 좋은 세탁소에 맡겨서 말끔하게 손질을 한 다음 돌려주어야 한다는 사실은 절대 잊지 말기 바란다.

패션 코디네이터의 조언을 받자

지금까지 적절한 옷차림과 관련된 몇 가지 중요한 정보를 알아보았다. 한 가지 반드시 지적할 사항은 성공을 위한 옷차림을 조언해주는 많은 책들이 시대에 조금 뒤쳐져 있다는 것이다. 나는 자신의 직업을 중요하게 여기는 사람들에게 전문적인 패션 코디네이터나 근처 대형 백화점의 의류 코너 상담사를 만나보라고 적극 권한다. 후자의 경우는 대개 무료로 조언을 해준다. 다양한 프레젠테이션과 상황에 맞는 복장에 대해 상담을 할 수 있을 것이다. 당신이 거주하는 지역에 이런 전문가가 없다면 몰로이의 조언서인 ≪성공을 위한 옷≫을 읽어보기 바란다. 이 책은 옷 입기의 기본적인 원칙을 알려줄 것이다. 하지만 가장 좋은 방법은 물론 전용 패션 코디네이터를 고용하는 것이다.

성공할 수 있는 옷차림을 위한 조언

성공할 수 있는 옷차림을 원한다면 다음의 조언을 늘 기억하라.

1. 참석하는 모임의 성격에 맞고 보기에도 좋은 의상을 골라라.
   지나치게 화려하거나 너무 수수하지 않은 옷을 고르는 게 좋다. 청중에게 호감을 줄 수 있는 옷을 고르려면 먼저 그들의 문화를 이해할 필요가 있다.

2. 편안하고 깔끔한 인상을 주면서 자신감이 솟아나는 옷을 선택하라.

3. 옷이 자신의 체형에 잘 맞아야 한다.

솜씨 좋은 재단사나 양재사를 알고 있으면 좋다. 그들에게 부탁하면 새 옷이나 오래된 옷도 몸에 잘 맞게 고칠 수 있다.

4. 색깔의 조화에 신경을 써야한다.

이 점에 자신이 없다면 어떤 색깔들이 서로 어울리는지 조사해보기 바란다. 이 문제는 패션 코디네이터의 조언을 받으면 좋다.

5. 구두가 늘 깨끗하고 윤이 나도록 신경 쓰자.

6. 액세서리는 세련미를 더해주고, 당신의 옷을 더욱 돋보이게 만든다. 하지만 화려하거나 지나치면 안 된다.

7. 유행이 지난 잡지 화보처럼 보이지 않고 최신 패션경향을 잘 알고 있다는 인상을 줄 수 있는 옷이 좋다.

SUMMARY |

1 회의나 프레젠테이션을 위해 당신이 선택한 옷차림을 보고 사람들은 매우 짧은 시간 안에 당신에 대해 긍정적이거나 부정적인 인상을 갖게 된다.

2 고객이나 잠재고객은 '이 세일즈맨이 얼마나 신뢰할 만한 사람일까?'를 판단할 때 가장 먼저 옷차림부터 본다.

3 만나려는 대상이 당신의 옷 입는 스타일에 익숙한지 고려해볼 필요가 있다. 세련되면서도 청중들의 복장과 유사한 스타일의 옷을 고르는 것이 최선책이다.

4 패션에 관해 생각하기 전이라도 우선 몸에 잘 맞는 옷을 고르는 것이 현명하다.

5 고객이 당신에게 내주는 시간에 대해 감사와 존중을 표할 수 있는 옷차림을 해야 한다.

6 패션 코디네이터에게 의상의 색과 스타일에 관한 조언을 구하라. 또한 다양한 프레젠테이션과 행사에 필요한 의상계획을 세워달라고 부탁하는 것이 바람직하다.

7 의상을 잘 입기 위해서는 금전적인 투자가 필요하다. 하지만 그에 대한 보상은 몇 갑절로 돌아올 것이다. 강당 안으로 들어가는 순간 당신 자신의 에너지와 자존심을 한층 강화시켜줄 수 있는 멋진 옷차림을 하는 것이 좋은 프레젠테이션을 위한 마지막 손질이다.

11

프레젠테이션

자기평가방법

자기 자신을 아는 것이 발전의 시작이다. – 스페인 속담

이번 장에서는 자신의 프레젠테이션 기술을 평가하거나 개선해야 할 부분을 찾아내는 데 도움이 될 '프레젠테이션 평가표'를 소개하려고 한다.

평가를 시작하는 가장 좋은 방법은 비디오카메라를 꺼내서 청중 역할을 해줄 친구나 동료와 함께 역할극 연습을 해보는 것이다. 물론 비디오카메라가 돌아가고 있다는 생각을 하면 괜히 당황하는 사람들이 많다. 그래서 평가에 적용할 기준을 설명하기 전에 우선 프레젠테이션 발표자들이 경험하는 작지만 큰 문제, 즉 긴장에 대해 몇 가지 사실을 알아보겠다.

나는 이런 말을 많이 듣는다. "테리, 앞에 실제로 청중이 앉아 있을 때는 물론이고 비디오카메라를 세워놓았을 때도 입을 열려고 하면 너무 긴장이 돼요. 나는 프레젠테이션을 어떻게 구성해야 하는지는 잘 알고 있어요. 일화, 유머, 극적인 요소를 가미해서 프레젠테이션에 활기를 불어넣어야 한다는 점도 잘 알죠. 하지만 비디오카메라 앞에서 그것을 전달해야 한다고 생각하는 순간 긴장해서 몸이 굳어버립니다." 당신 역시 그런가? 크게 걱정할 필요 없다. 이것은 너무나 자연스런 반응이기 때문이다.

프레젠테이션과 긴장감

사람들이 공통적으로 느끼는 두려움에 대해 조사한 결과, 비행기 밖으로 떨어지는 것에 대한 두려움과 대중 앞에서 발표하는 것에 대한 두려움이 같은 순위를 차지했다. 나는 비디오로 촬영을 하는 동안 거의 무기력상태라고 볼 정도로 극단적인 긴장상태에 빠지는 사람도 보았다. 내 훈련에 참가했던 한 여성은 울음을 터트리기까지 했다. 또 한 남성은 갑자기 심장마비를 일으키는 바람에 모두가 몹시 걱정했던 적이 있다. 다른 사람들 앞에서 발표하는 일을 유난히 두려워하는 사람들이 있다. 아무리 무감각한 정치인이라도 프레젠테이션을 하기 전에는 약간 긴장을 느끼게 마련이다.

긴장과 관련해서 두 가지 점을 늘 기억하기 바란다. 첫째, 긴장하는 것은 지극히 정상적인 반응이다. 둘째, 프레젠테이션을 진행하는 동안 긴장의 정도에 변화가 생길 수 있다.

스포츠 경기에 참가한 적이 있다면 아무리 실력이 좋더라도 경기가 시작되기 전에는 조금 긴장하는 것이 자연스런 현상임을 알고 있을 것이다. 경쟁적인 활동에서는 가장 우수한 실력을 가진 사람이라도 활동이 시작되기 전에는 긴장하기 마련이다. 좋은 세일즈 프레젠테이션을 실시하는 것 역시 경쟁적인 활동이므로 다소 긴장감을 느끼는 것은 이상한 일이 아니다. 그러나 준비가 철저할수록 긴장감은 줄어들 것이다.

긴장의 증상에는 어떤 것들이 있을까? 입이 마른다거나, 손바닥에 축축하게 땀이 밴다거나, 호흡이 빨라지고, 발에 납을 매단 듯 무겁게 느껴지는 것이 긴장했을 때의 증상의 예다. 잠깐 거울을 들여다보라. 얼굴이

붉게 상기되어 있는가? 그것 역시 긴장했을 때 나타나는 증상이다.

■ 남들보다 더 긴장하는 사람들

많은 사람들 앞에 서면 다른 사람들보다 훨씬 긴장하는 사람들이 있다. 이런 사람들을 '커뮤니케이션 고(高)불안형(high communication apprehension)'이라고 부른다. 반면 훨씬 느긋한 사람들은 '커뮤니케이션 저(低)불안형'이라고 부른다.

사람들은 제각기 다른 성격을 지녔으며 같은 상황에 대해 다르게 반응한다. 고불안형 성향이 극단적인 경우라면 세일즈가 자신에게 맞는 직업인지 다시 생각해보기 바란다. 대중들 앞에서, 혹은 1대1일로 설명하는 일에 모든 사람이 익숙한 것은 아니다. 유난히 눈에 띄지 않는 자리를 찾는 사람들의 심리를 생각해보면 이해할 수 있을 것이다.

우선 이 책에서 배운 기술들을 여러 사람들 앞에서 실습해보기 바란다. 동시에 당신의 불안이 조금씩 줄어들기 시작하는지 살펴보자. 대부분의 사람들은 스트레스를 조절할 수 있다. 하지만 모든 사람이 그렇지는 않다. 내 훈련프로그램에서 눈물을 보였던 한 여성은 극단적인 반응을 하는 편에 속한다고 볼 수 있다. 그러나 그녀는 별 어려움 없이 이 업종에 오랫동안 종사해오고 있다.

■ 불안감은 비밀로 하라

한 가지 주의할 점이 있다. 프레젠테이션 전에 느끼는 불안감을 다른 사람들에게 알리는 것은 당신에게 아무런 도움이 되지 않는다. 당신이 청중에게 일부러 알리지 않는 한 그들은 당신이 긴장하고 있다는 사실을 거의 눈치 채지 못한다. 그들은 당신이 긴장했다고 생각하지 않으며, 당신이 말하지 않은 사실에 대해서는 전혀 알지 못한다. 굳이 당신이 긴장한 사실을 말하고 싶다면 프레젠테이션이 끝난 다음에 하는 편이 낫다. 청중에게 당신이 긴장하고 있다고 말하면 그들은 이유를 납득하지 못할 뿐더러 당신이 능력이 없다고 생각한다. 사람들은 긴장의 반대말이 자신감, 즉 능력이라고 믿기 때문이다.

불안감을 극복하기 위해서

| 해야 할 일 |

- 자신에게 시간을 주어라.
- 집중력을 모으기 위해 몸을 움직여라.
- 몸을 움직이면서 변화에 집중해라.
- 몸이 말을 하게 내버려두어라.
- 자신과 관련된 유쾌한 일들을 떠올려라.
- 명확하게 말해라. 단어 하나하나를 또박또박 발음해라.

| 하지 말 일 |

- 긴장하고 있다고 고백하지 마라.
- 변명하지 마라.

- 허둥대지 마라.
- 왔다 갔다 하지 마라.
- 팔짱을 끼지 마라.
- 펜, 연필, 종이 등을 만지작거리지 마라.
- 서두르지 마라.

긴장하면 스트레스를 받는다. 그러나 스트레스를 받으면 새로운 것들을 배우게 된다. '고통이 없으면 얻는 것이 없다'는 속담을 기억하자. 긴장도 불안감도 느끼지 않는 사람은 최선을 다하지 않을 것이고, 당연히 성장할 수 없을 것이다.

긴장의 일곱 가지 원인

발표를 하는 동안 사람들이 긴장하는 데는 여러 가지 이유가 있다. 몇 가지 일반적인 이유를 짚어보면 다음과 같다.

1. 준비 부족
2. 자신감 결여
3. 특별한 능력에 대한 자신감 부족
4. 실패에 대한 두려움
5. 무능함에 대한 두려움
6. 당황에 대한 두려움

7. 나쁜 평가를 받을 것에 대한 두려움

인력으로 가능한 선에서 이 모든 문제를 해결하더라도 여전히 긴장감을 완전히 털어내지는 못한다. 겉으로 드러나지 않게 조금 감춰져 있는 이유를 파헤쳐보면, 중요한 고객이나 단체 앞에 자신을 드러내야 한다는 두려움과 상처받기 쉬운 마음을 간파할 수 있을 것이다. 게다가 대화를 이끌어가야 하는 책임이 당신에게 달려 있지 않은가?

경쟁적인 활동을 하기 전에 모순된 감정에 사로잡히는 일은 지극히 당연하다. 즉, 실패에 대한 두려움과 성공하겠다는 욕망이 동시에 우리의 온 마음을 휘감는 것이다. 그리고 프레젠테이션 자체도 흥분을 일으키는 원인 가운데 하나임에 분명하다.

■ 프레젠테이션과 아드레날린

석사학위 논문을 쓰기 위해 칼 스테이트 롱 비치에서 조사활동을 하던 중, 스피치 커뮤니케이션학과 객원교수의 강의를 들을 기회가 있었다. 그는 연설을 하면서 느끼는 두려움과 불안에 대한 조사결과를 발표했다. 우리가 사람들 앞에 서거나 말을 할 때는 엄청난 양의 아드레날린이 분비된다고 한다. 이 교수의 조사결과에 따르면 그렇게 많은 양의 아드레날린이 분비되는 또 다른 경우는 우리의 생활 속에서 단 한 경우뿐이라고 한다. 바로 로맨틱한 육체관계를 맺는 경우다. 그는 큰 규모의 연설이나 프레젠테이션을 진행하는 동안 발표자가 경험하는 아드레날린의 분비량은 성적인 흥분상태에서 분비되는 양과 똑같다고 말했다. (그러니 혹시 당신의 애정생활에 약간 문제가 생기면 밖으로 나가서 더 많은 세일즈 프레젠테이션을 하기를 권한다!) 로맨스 전에 느끼는 흥분과 연설을 하기 전에 느끼는 긴장 사이에 차이가 있다면, 우리가 로맨스 전에 솟아나는 에너지는 어떻게 처리해야 할지 알고 있다는 점이다. 프레젠테이션 전에 발생하는 흥분 에너지 역시 어떻게 처리해야 할지 배울 수 있다.

노련하게 보여야 한다

여기서 다시 한 번 짚고 넘어가야 할 중요한 문제는 당신이 얼마나 긴장하고 있느냐가 아니라 프레젠테이션을 얼마나 성공적으로 완수하느냐다. 청중에게 긴장하고 있다고 솔직히 고백하는 일은 자칫 당신의 성공에 방해가 될지 모른다. 최선을 다해서 최상의 결과를 만들어내야 한다고 생각하라. 당신의 목표가 계약서에 서명하게 만드는 것이든, 다음 약속을 정하는 것이든, 혹은 당신이 지지하는 후보에게 투표하게 만드는 것이든 모두 마찬가지다.

당신의 성공여부를 판가름하는 것은 청중이다. 그들의 박수를 받기 위해서는 노련하게 보일 필요가 있다. 노련하다는 것은 프레젠테이션을 진행하는 솜씨가 부드럽고, 자료와 청중, 분위기, 시간을 조정하는 솜씨가 세련되었다는 말이다. 요컨대 전반적으로 통솔력이 있어 보여야 하는 것이다.

프레젠테이션에 실패하는 세 가지 이유

■ 프레젠테이션에 신경을 쓰지 않는다

프레젠테이션에 실패하는 데는 여러 가지 이유가 있을 것이다. 첫 번째 이유는 세심하게 마음을 쓰지 않기 때문이다. 좋은 모습을 보이고 제대로 말하려고 신경 쓰는 대신 마음이 다른 데로 떠나는 것이다. 청중은 그 것을 대번에 알아차린다. 심하게 말해서 이런 태도는 청중에게 "여러분의 시간을 낭비하든 말든 나는 전혀 상관없어요."라고 말하는 것과 같다. 세련된 강사가 되려면 우선 반드시 그렇게 되겠다는 마음가짐이 필요하다. 그리고 청중의 눈에 당신이 어떻게 비칠지 신경을 써야 한다. 또한 청중에게 관심을 가져야 한다. 청중이 한 명이든 백 명이든 마찬가지다.

■ 잘 해내겠다는 목표가 없다

강력한 프레젠테이션을 수행하지 못하는 두 번째 이유는 자신이 무엇을 하고 있는지 명확하게 이해하지 못하기 때문이다. 자신이 어떻게 하고 있는지 보지 못하는 것도 중요한 이유로 작용한다. 자신의 태도가 얼마나 불량하게 보이는지, 말을 얼마나 얼버무리고 있는지 전혀 깨닫지 못하고 있는 것이다. 한마디로, 잘 해내겠다는 목표가 전혀 없는 것이다. 이런 이유 때문에 '프레젠테이션 평가표'를 소개하려고 한다. 그 평가표를 활용하여 자신의 능력을 분석하고 평가하며 미래를 위한 새로운 목표를 정할 수 있을 것이다.

■ 충분히 연습하지 않는다

프레젠테이션에 실패하는 세 번째 이유는 제대로 할 수 있을 때까지 충분한 연습을 하지 않기 때문이다. 프레젠테이션에 성공하려면 지식, 연습, 그리고 발전하겠다는 의지가 필요하다. 많이 들어본 소리 같은가? 그럴 것이다. 이 세상에서 가치 있는 일들을 이루기 위해서는 모두 이 세 가지 자질이 필요하니까 말이다.

홀륭하게 프레젠테이션을 수행하는 것은 하나의 도전이다. 쉬운 일이라면 모두들 그렇게 하지 않겠는가? 하지만 세일즈맨인 당신은 여러 기술을 이용하여 상대방을 당신의 생각대로 움직이게 만들어야 한다. 그래서 계약의 성공률을 높여야 한다. 이것은 도전을 받아들이는 사람에게는 대단한 동기가 될 수 있다. 이 책에 나온 기술들을 그대로 적용한다면 실적이 눈에 띄게 달라질 것이다.

힘이 넘치는 강사는 '카리스마'를 뿜어낸다. 카리스마는 다른 사람들을 매혹시키는 매력을 말한다. 카리스마는 자신감에서 나온다. 지금 무슨 일이 일어나고 있으며, 앞으로 무슨 일이 일어날지 확실하게 알고 있다는 자신감 말이다. 그리고 자신감은 생각, 목소리, 외모를 조정하는 세련됨 속에서 배어나온다. 이런 자질은 모두 개인의 피나는 노력에 뿌리를 두고 있다.

이런 노련함은 프레젠테이션을 진행하는 동안은 물론이고, 그 전후에 보여주는 당신의 공적이고 사적인 태도 속에서도 드러난다. 이와 관련된 주제를 더 심도 있게 다룬 책을 읽고 싶다면 발레리 그랜트 소콜로스키 (Valerie Grant-Sokolosky)의 ≪조직 예절: 비즈니스 에티켓을 위하여 (Corporate Protocol: A Brief Case for Business Etiquette)≫를 권한다.

아래에는 더 노련하고 영향력 있는 프레젠테이션 전문가가 되기 위해 고려해야 할 사항 21가지를 정리해보았다.

프레젠테이션 전문가가 되기 위한 21가지 요령

1. 자신이 말하고 표현하는 모든 내용을 믿으라.

2. 목표를 세워라.

3. 최상의 접근방법을 계획하라.

4. 시간제한을 설정하라.

5. 서론을 세심하게 구상하라.

6. 논리적인 구성계획서에 맞추어 프레젠테이션을 계획하라.

7. 유머, 사례, 실화 등을 적절히 삽입하라.

8. 청중에게 어울리는 보조자료를 선택하라.

9. 정보를 명확하게 요약하라.

10. 청중의 참여를 독려하라.

11. 인용하는 사실과 통계가 정확한 것인지 꼼꼼하게 확인하라.

12. 활기찬 목소리를 구사하라.

13. 청중의 태도와 요구를 평가하라.

14. 보편타당한 결론을 제시하라.

15. 말하는 속도에 변화를 주라.

16. 명확하고 분명하게 말하라.

17. 활기 넘치고 열정적인 모습을 보이라.

18. 주제가 바뀔 때마다 명확하게 표시하라.

19. 강매하지 말라. 대화로 판매를 유도하라.

20. 어휘에 변화를 주어라.

21. 대중연설의 역할모델을 찾아보라.

프레젠테이션 평가표 사용하기

비디오카메라로 자신의 발표하는 모습을 찍어서 보거나 친구에게 평가를 부탁할 때, 다음의 평가표를 활용하면 편리하다. 이 평가표는 다른 사람의 프레젠테이션을 평가할 때도 사용할 수 있다. 이것을 활용하면 좋은 세일즈 프레젠테이션의 다양한 요소에 더욱 민감해질 수 있을 것이다. 다음번의 프레젠테이션을 간단하게 스스로 평가해보자. 고객이나 잠재고객에게 말하는 동안 어떤 실수를 저질렀는가? 자신의 프레젠테이션에 어떤 약점이 있는지 깨닫기만 하면 그 부분은 얼마든 수정할 수 있다. 결과적으로 당신은 더 자신 있고 세련된 태도, 더 설득력 있고 일관성 있는 태도로 효과적인 프레젠테이션을 할 수 있게 될 것이다.

자신의 프레젠테이션 스타일을 향상시키고 싶다면 비디오카메라로 자신의 모습을 찍어보기 바란다. 그런 다음 자신이 프레젠테이션을 어떻게 진행하는지 자기 눈으로 직접 보자. 그리고 다른 사람을 평가할 때처럼 프레젠테이션 평가표로 자신의 능력을 엄격하게 평가하라.

당신이 관리자이고 부하직원들의 능력을 향상시키기 위해 이 표를 이용하고 싶다면, 팀원 개개인이 당신과 다른 팀원들, 혹은 전직원들 앞에

서 프레젠테이션을 하게 하라. 그런 다음 청중에게 이 평가표를 나누어
주고 평가하도록 부탁하면 된다. 만일 회사 내의 다소 까다로운 직원들
을 평가하기에는 이 방법이 적절하지 않다면, 그들에게 자신의 프레젠테
이션을 비디오로 찍게 하고 스스로 평가하도록 이 표를 나누어주어도
좋다.

| 프레젠테이션에서 주의해야 할 9가지 체크리스트 |

내용 관련	아주 잘함	잘함	보통	부족

| 1 | 즉흥적인 대화를 피하라

• 프레젠테이션을 진행하는 내내 핵심주제에서 벗어나지 않았는가?	☐	☐	☐	☐
• 관련된 주제를 모두 제대로 짚고 넘어갔는가?	☐	☐	☐	☐
• 프레젠테이션 구성이 논리적이었나?	☐	☐	☐	☐

| 2 | 정보의 제공보다 설득에 치중하라

• 청중과 제대로 상호작용이 이루어졌나?	☐	☐	☐	☐
• 설득력 있는 사례와 효과적인 불이익을 제시했는가?	☐	☐	☐	☐
• 설득력 있는 프레젠테이션이었나?	☐	☐	☐	☐

| 4 | 충분한 자료를 제시하라

• 일화, 유추, 증언 같은 증거자료 활용에 신경을 썼는가?	☐	☐	☐	☐
• 설득력 있는 증거를 사용했는가?	☐	☐	☐	☐
• 청중이 발표자를 신뢰하고 그와 좋은 관계를 맺었는가?	☐	☐	☐	☐

| 5 | 판매로 연결시켜라

- 프레젠테이션에 결론과 마무리가
  모두 존재했는가?

- 프레젠테이션이 전반적으로 설득력을
  발휘할 수 있도록 구성되었는가?

- 프레젠테이션 마지막 순간에
  청중에게 행동을 요구했는가?

실행방식 관련	아주 잘함	잘함	보통	부족

| 3 | 시간을 제대로 활용하라

- 서론이 청중의 관심을 끌었는가?

- 정해진 시간 규정을 지켰는가?

- 본론을 적어도 세 가지 주제로 구분하고,
  화제전환을 통해서 그것을 확실하게
  표시했는가?

| 6 | 지루하지 않게 하라

- 프레젠테이션이 청중의 요구와
  일치하도록 구성했는가?

- 정확한 어법을 구사하고, 말투와
  목소리 크기를 적당하게 조절했는가?

실행방식 관련	아주 잘함	잘함	보통	부족
• 프레젠테이션을 전달하는 모습에서 에너지와 열정이 느껴졌는가?	☐	☐	☐	☐
• 청중이 정서적으로 호응할 수 있는 보편타당한 결론을 내렸는가?	☐	☐	☐	☐
• 지루했는가?	☐ 아니오		☐ 예	

|7| 시각적인 자료에만 의존하지 마라

	아주 잘함	잘함	보통	부족
• 시청각자료를 사용할 때도 프레젠테이션을 여전히 제대로 통제했나?	☐	☐	☐	☐
• 메시지를 강조하기 위해 사용한 자료의 양이 적당했는가?	☐	☐	☐	☐
• 컴퓨터 프레젠테이션의 경우, 기술적인 면을 제대로 조절했는가?	☐	☐	☐	☐
• 시청각자료들이 적절했는가?	☐	☐	☐	☐

|8| 손동작과 몸놀림을 적절히 사용하라

	아주 잘함	잘함	보통	부족
• 손동작을 비롯하여 산만한 동작을 자제했는가?	☐	☐	☐	☐
• 청중의 눈을 쳐다보려고 신경을 썼는가?	☐	☐	☐	☐
• 청중 앞에서 행하는 모든 동작에 의미가 있었는가?	☐	☐	☐	☐

- 옷이 청결하고 다림질이 잘되었으며, 신발도 잘 닦여 있었나?

☐ ☐ ☐ ☐

- 종사하는 산업분야, 청중, 행사의 내용에 어울리는 옷차림이었나?

☐ ☐ ☐ ☐

- 색깔이 조화롭고 세련되면서 매력적인 옷차림이었나?

☐ ☐ ☐ ☐

의 견

- 당신의 프레젠테이션이 전반적으로 어떠했는가?

SUMMARY |

1   자신의 프레젠테이션을 스스로 평가해보면 내용과 전달방식에서 강점과 약점을 파악할 수 있다.

2   긴장감을 느끼는 것은 자연스런 현상이다. 하지만 연습과 준비가 철저할수록 긴장이 줄어든다는 사실을 명심하기 바란다.

3   더 강력한 프레젠테이션 전문가가 되기 위한 21가지 요령을 알아두면 프레젠테이션 목표에 집중하는 데 한결 도움이 될 것이다.

4   이번 장에 소개한 프레젠테이션 평가표는 프레젠테이션에서 저지르기 쉬운 아홉 가지 실수를 파악하여 극복하는 데 도움이 되도록 고안한 것이다. 또한 성공적인 프레젠테이션의 더욱 일관된 패턴을 창조하는 데도 도움이 되리라 생각한다.

5   즐겁게 경험하면서 배우자. 그리고 이 점을 명심하기 바란다. 당신은 할 수 있다!

12

프레젠테이션
전문가들과의
인터뷰

별들의 비밀을 발견하거나, 미지의 대륙을 찾아 항해에 나서거나, 인류의 정신세계에 새
로운 장을 연 사람들 중에 비관론자는 없었다. — 헬렌 켈러(Helen Keller)

Chapter 1에서, 부동산 중계회사 사장에게 흰 장미 한 송이를 선물함으로써 접근에 성공했던 경험담을 소개했었다. 그 일화는 새로운 접근방식이 중요하다는 사실뿐만 아니라, 상대방이 특별한 대우를 받고 있다고 느끼도록 만들어야 한다는 사실을 일깨워준다. 독창적이고 성실하며 신뢰할 만한 사람이라는 인상을 주고 싶다면 고객 한 사람 한 사람이 특별히 존중받고 있다는 느낌을 받도록 배려하기 바란다.

그렉 델 이야기

내 친구이자 고객이기도 한 그렉 델(Greg Dell)은 큰 조직이나 기관이 인쇄작업을 할 때 비용을 절약하게 해주는 비싼 컴퓨터 소프트웨어를 판매한다. 이 상품의 판매주기는 긴 편이다. 그렉은 자신의 상품을 알리기 위해 각 조직 내 여러 계층의 관리자들을 만나고 다닌다. 그는 프레젠테이션에서 저지르기 쉬운 아홉 가지 실수를 잘 알고 있으며, 경쟁이 심한 기업환경 내에서 최대한의 효과를 거두기 위해 설득의 기술을 발전시켰다. 하지만 그는 자신이 모든 원칙을 지키고, 철두철미하게 준비하며, 적합한 대상들에게 프레젠테이션을 하고 있음에도, 고객을 유도하여 원하는 결과를 얻어내는 경우가 많지 않다고 느꼈다. 더구나 그의 상품이 고객에게 매월 수천 달러의 자금을 절약하게 해주는 큰 장점을 지니고 있는데도 말이다.

오랫동안 고민을 거듭하던 끝에 그렉은 자신이 해야 할 일이 고객에게 더 많은 정보를 제공하는 것이 아니라는 사실을 깨달았다. 정작 필요한 것은 다음 단계, 즉 판매로 고객을 유도하는 것이었다. 그는 자신이 프레젠테이션 대상으로 삼았던 전산계통 관리자들이 비록 그 제품을 원하더라도 그들 위의 경영진에게 승인을 받아야 한다는 사실에 생각이 미쳤다.

이후, 그렉은 톰 크루즈(Tom Cruise)가 능력 있는 스포츠 에이전트로 나왔던 영화 〈제리 맥과이어(Jerry Maguire)〉에서 톰 크루즈가 까다로운 선수에게 간청하며 읊었던 대사와 행동을 고객들 앞에서 그대로 재현하기 시작했다. "나를 도와줘요. 그러면 당신을 돕겠어요. 나를 도와주면, 나도 당신을 도울 거예요!" 그렉이 팔을 흔들어대면서 이렇게 익살을 떨면 모든 사람들이 웃음을 터뜨리면서 꼭 경영진에게서 승인을 받아주겠다고 약속을 했다.

그의 익살스런 행동은 효과가 있었다. 높은 장애물을 기꺼이 뛰어넘겠다는 의지로 판매를 성사시키려고 열정을 다했기 때문에, 고객은 그의 열정에 감염되어 저절로 긍정적인 반응을 하고 싶다는 마음이 들었던 것이다. 일단 고객들을 자극하여 이런 정도까지 호감을 느끼게 만들면, 고객들은 계약을 완료하도록 돕기 위해 무엇인가를 할 수밖에 없다.

그렉의 행동이 너무 호들갑스럽다고 생각하는 사람도 있을 것이다. 하지만 나는 긴 판매주기와 고객과의 신뢰감 구축이라는 점에서 볼 때 아주 적절한 행동이었다고 평가한다. 그의 넘치는 에너지가 고객들에게 전염되어 그와 거래를 하고 심지어 교제를 하고 싶게 만들었던 것이다.

사람들이 구매하는 것은 서비스나 제품이 아니라 판매하는 사람이라
는 점을 다시 한 번 명심하기 바란다.

지혜의 샘

이제, 설득력 있는 프레젠테이션 기술에 통달한 사람들과 나눈 대화의
일부를 소개하려고 한다. 이들은 모두 프레젠테이션 능력을 훌륭하게 갈
고 닦았으며 세일즈 분야에서 최고의 귀재로 인정받고 있는 사람들이다.
다음에 소개하는 내용은, 다양한 세일즈환경 안에서 그들이 자신의 기술
과 특성을 활용하는 방법에 대해 나와 토론한 내용의 일부다. 그들은 고
객이나 잠재고객에게 제품이나 서비스, 아이디어, 철학, 혹은 자기 자신
을 판매할 때 특별한 효과를 발휘할 수 있는 성공의 비법을 알려준다.

제리 앤더슨 (Jerry Anderson)

첫 번째 인터뷰 대상자는 콜드웰 뱅커 커머셜(Coldwell Banker Commercial) 부동산 중개회사 사장인 제리 앤더슨이다. 고맙게도 제리는 고도의 세일즈기법을 사용한 실제 경험담을 들려주었다. 그가 자산가치 3억 달러의 부동산 회사 사장의 자리에 오르게 된 일화는 설득력 있는 커뮤니케이션 기술을 사용하면 자신의 분야에서 최고로 올라설 수 있다는 좋은 선례를 보여준다. 이렇게 최고 자리에 오른 이들은 성공적인 아이디어로 자기 자신뿐 아니라 수천 명의 다른 이들에게도 이익을 안겨준다.

테리 쇼딘　제리, 우리는 예전에 콜드웰 뱅커 커머셜의 놀라운 변모와 그런 변화 속에서 당신이 맡은 역할이 무엇인지에 대해 이야기를 나눌 기회가 있었죠. 우선 그 이야기를 간단하게 들려주셨으면 해요. 아이디어를 판매하는 능력이 당신의 이력에 어떻게 변화를 가져왔으며 큰 조직의 성공에 어떤 영향을 미쳤는지 독자들에게 들려주세요.

제리 앤더슨　콜드웰 뱅커 커머셜의 일화는 아이디어나 철학을 파는 것과 그 철학을 수행하는 것이 얼마나 중요한지를 잘 설명해주는 모범사례입니다. 먼저 그 당시의 상황을 조금 설명해야겠군요. 1990년 경, 콜드웰 뱅커는 자회사 가운데 하나인 광고회사를 매각했습니다. 이 거래로 콜드웰 뱅커에는 주거용 부동산 중개회사만 남게 되었죠. 그 계약에는 콜드웰 뱅커는 일정기간 동안 광고업을 하지 않는다는 조항이 있었습니다. 그때 팔린 회사는 CB 리처드 엘리스(CB Richard Ellis)라고 회사명을 바꾸었는데, 오늘날 부동산 광고업계에서 만만치 않은 상대로 성장했지요.

그 조항의 시효가 사라진 후 콜드웰 뱅커는 다른 방식으로 광고시장에 다시 들어가겠다는 생각을 하기 시작했습니다. 콜드웰 뱅커의 모회사인 센던트(Cendant)는 프랜차이즈사업을 하는 회사입니다. 거기에는 8개의 호텔 브랜드와 3개의 부동산 브랜드를 포함하여 다수의 브랜드가 포함되어 있지요. 사람들은 그런 구조가 부동산 광고회사를 운영하기에 좋은 밑거름이 될 것이라고 생각했습니다.

그렇다면 나는 어떤 입장이었을까요? 우선 내 이력을 조금 설명하겠습니다. 나는 부동산업체에서 중간관리자로 일했습니다. 하지만 내가 내놓은 아이디어들 중 다수를 그 회사가 수용하지 않았기 때문에 회사를 그만두었습니다. 나는 그 아이디어들이 상당히 괜찮다고 믿고 있었거든요. 그래서 컨설턴트가 되어 이 분야의 다른 기업들에게 내 아이디어를 팔아야겠다는 결심을 했습니다. 그리고 8년 동안 그렇게 했습니다. 2, 3곳의 큰 부동산 광고회사에 자문을 해주고 많은 수입을 거두었죠. 컨설턴트가 되어서 가장 좋은 점은 그 분야의 모든 회사들이 검토하는 좋은 아이디어들을 볼 수 있다는 점입니다. 또한 컨설턴트는 이런 아이디어들을 새롭게 포장하여 팔 수도 있습니다. 그리고 이 산업이 어떻게 돌아가는지 알고 있기 때문에 정보에 더 정통할 뿐 아니라 고객에게 더 많은 지식을 전달할 수도 있지요.

콜드웰 뱅커는 광고사업으로 다시 눈을 돌리면서 나에게 자문을 구했습니다. 그래서 나는 내 의견을 말했고, 그들은 내 충고 가운데 몇 가지를 받아들였습니다. 1997년, 그들은 프랜차이즈사업 수익금이 한 해에 4천만 달러나 되는 명실공히 부동산과 광고업계의 거물그룹으로 성장했습니다. 하지만 나는 몹시 실망했습니다. 컨설턴트인 내가 보기에 그 사업은 더 큰 잠재력이 있다고 느꼈기 때문입니다.

콜드웰 뱅커 커머셜이라는 회사명은 1900년대 초에 지어졌습니다. 즉, 이 회사는 100년의 역사를 자랑하는 기업이라는 얘깁니다. 하지만 내가 보기에 그들은 그런 역사적 이점을 충분히 살리고 있지 못했습니다. 그들이 내 아이디어 가운데 몇 가지를 채용했지만, 내가 가장 걱정한 부분인 기업철학에는 별로 관심을 기울이지 않았습니다. 다시 문을 연 광고회사는 과거의 회사와는 완전히 달랐습니다. 과거에 콜드웰 뱅커 커머셜은 지배적인 시장점유율을 자랑하는 우수한 회사였지요. 고객들에게 늘 가장 많은 관심을 받았고, 최상의 서비스를 제공했습니다. 그래서 나는 그 철학을 되살려야 한다고 믿었습니다.

어느 날, 나는 몹시 실망하여 콜드웰 뱅커 커머셜의 CEO를 찾아가서 이렇게 말했습니다. "저한테 한 가지 생각이 있습니다. 나는 이 회사가 아직 연마되지 않은 보석의 원석 같다고 생각합니다. 지금은 흙 속에 묻혀 있는 상태여서 1년에 고작 4천만 달러의 수익밖에 못 내지만, 잘 연마한다면 이전의 지위를 회복할 수 있을 뿐 아니라 더 확실하게 자리를 굳힐 수 있을 것이고, 앞으로 몇 년 동안 상당한 이익을 누리게 될 것입니다."

쇼딘 그가 처음부터 당신의 아이디어를 귀담아들었나요?

앤더슨 물론입니다. 나는 컨설턴트였으니까요. 하지만 그들은 나를 컨설턴트 이상으로는 보지 않았습니다. 그래서 나는 매우 논리적인 파워포인트 프레젠테이션을 준비했습니다. 그 프레젠테이션에서 발표한 내용은 대강 이랬습니다. "콜드웰 뱅커 커머셜이 세계 최고의 부동산 광고회사가 될 수 있는 3가지 이유가 있습니다. 첫째, 우리는 거의 100년의 전통을 가지고 있지만 전통을 묻어두고 있을 뿐 이용하고 있지 않습니다. [그들은 콜드웰 뱅커 커머셜이라는 브랜드를 부활시킬 필요가 있었습니다.]

둘째, 콜드웰 뱅커 커머셜의 뒤에는 2천억 규모의 센던트사가 있습니다. 이 회사는 세계에서 가장 크고 중요한 기업고객 가운데 하나지요. 우리는 그 주인으로서의 장점을 활용하고 있지 못합니다. [장점, 배경, 신뢰성, 재정, 모회사의 다른 브랜드들과의 시너지효과 등을 전략적으로 충분히 활용하지 못하고 있는 상태였습니다.]

셋째, 지방 고객들 가운데서도 우리 회사의 이름을 알고 있는 사람들이 많으리라고 짐작합니다. 그러니 우리가 그들 지역에 능력을 갖춘 지사를 설립한다면 그들은 콜드웰 뱅커 커머셜에 다시 관심을 갖게 될 것이고, 결과적으로 우리에게 이익이 될 것입니다. [능력 있는 지사를 설립하기 위해 우리는 우수한 브랜드, 신뢰성, 지원 서비스를 제공하여 최고의 세일즈 대행업체들을 모집할 필요가 있었습니다.]

나는 이 회사의 조직에 대한 내 의견을 말한 다음, 이 회사가 거의 100년 동안 바탕으로 삼아온 철학에 대해서도 설명했습니다. 새로운 것은 아니었습니다. 과거에 좋은 결과를 냈던 것을 재확인하는 정도였지요.

그들은 그 철학을 채용하기로 했습니다. 하지만 내 프레젠테이션에는 제3부가 남아 있었습니다. 컨설팅을 시작한 지 어언 8년, 그 무렵 나는 다시 어딘가에 소속되고 싶다는 생각을 하기 시작했고, 획기적인 기회를 찾아보려고 벼르던 참이었습니다. 컨설턴트 생활에서 가장 실망스런 부분은, 내가 좋은 조언을 하면 사람들은 나에게 대가를 지불하지만, 그 조언을 실천하지 않는 경우가 많다는 사실이었습니다. 컨설턴트는 회사에 소속된 직원이 아닙니다. 따라서 아무런 권위나 조정능력이 없습니다. 다시 말해서 나는 권한을 위임받을 수도, 내 의견을 실행에 옮길 수도 없는 입장이었던 겁니다. 그저 사람들에게 무엇을 '해야 한다'고 말만 할 수 있을 뿐이지요. 나는 그야말로 권위는 없고 책임만 있는 자리에 대해 회의감을 느끼기 시작했습니다.

그래서 아이디어와 철학을 소개한 다음, 프레젠테이션 제3부에서 내가 그것을 직접 실행에 옮길 적임자라고 주장했습니다. 즉, 내가 그 신생회사의 CEO가 되고 싶다고 말한 것입니다. 나는 콜드웰 뱅커 커머셜의 사장이 되어 내 아이디어들을 실행에 옮기고 싶었습니다. 허락한다면 그 배의 선장이 되고 싶다고 얘기했죠. 나는 경쟁업체들이 어떻게 하는지 잘 알고 있었습니다. 그들 역시 내 조언을 받고 있었으니까요. 그들은 자신들 마음에 드는 아이디어들을 택해서 그것을 더 발전시키고 있었습니다. 나는 모든 경쟁자들의 아이디어와 장점을 모두 파악하고 있으며 그 것을 콜드웰 뱅커 커머셜의 경영에 이용할 수 있기 때문에 사장 자리에 적임자라고 주장했습니다.

쇼딘 당신은 철학과 아이디어뿐 아니라 정말로 당신 자신을 팔았군요.

앤더슨 맞습니다. 그런 다음, 그들에게 투자하라고 요구했습니다. 콜드 웰 뱅커 커머셜은 아직 신생회사였지만 그들은 많은 투자를 하지 않고 있었습니다. 그런데 어린 애송이에 불과한 내가 감히 이렇게 주장했던 겁니다. "첫째, 여러분은 이렇게 해야 합니다. 둘째, 저렇게 해야 합니다.

셋째, 그런 점을 실행에 옮기기 위해 여러분은 나를 고용해야 합니다. 그리고 나를 도와줄 팀을 구성해야 합니다. 또한 그 팀이 제 기능을 발휘하도록 100만 달러의 경비를 지원해야 합니다. 그리고 우리는 이달 말까지 그 경비를 쓸 수 있게 되기를 원합니다."

그것은 정말 쉽지 않은 판매였습니다. 그러나 내가 앞서서 그들에게 센던트는 아직 연마되지 않은 보석이지만 결국 우리에게 재정적인 이익을 가져다줄 자원이라는 사실을 설명하고 그 가능성을 충분히 보여주었기 때문에 그들은 이렇게 말하더군요. "제리, 우리와 일합시다. 당신에게 책임을 맡기겠소. 그리고 당신이 필요한 만큼의 직원들을 추가로 채용해도 좋습니다. 당신이 원하는 대로 새로운 회사에서 일하면서 그 회사가 전통적으로 지켜왔던 철학을 다시 주입시키고 우리에게 경제적으로 더 큰 발전을 안겨주기 바라오." 그리고 그들은 그 말대로 했습니다.

그 결과가 어땠는지 아십니까? 1997년, 콜드웰 뱅커 커머셜은 광고대행 수입으로 총 4천만 달러를 벌었습니다. 내가 지휘하기 시작한 1998년에는 총수입이 8천 2백만 달러까지 증가했지요. 그리고 1999년에는 1억 8천 달러, 2000년에는 거의 3억 천 달러에 육박하는 수입을 냈습니다. 내가 처음 프레젠테이션을 했던 때로부터 겨우 36개월 안에 이 모든 발전을 이룬 것입니다.

쇼딘　그 일을 해야 하는 사람이 왜 하필 당신인가 하는 문제로 그들이 의문을 갖거나 당신을 곤란하게 만들지는 않았습니까? 다시 말해, 그들이 당신은 빼고 그 아이디어만 사겠다고 하지는 않았나요?

앤더슨　　당신은 항상 그 점을 염려하는군요. 그것은 닭이 먼저냐, 달걀이 먼저냐 하는 문제라고 생각됩니다. 일단 내가 좋은 전략을 소개했으니 그것을 수행할 능력도 갖추고 있을 것이라고 믿지 않을까요? 나는 그들이 그렇게 생각할 것이라고 굳게 믿고 있었습니다. 결국 내가 그 일을 맡을 수 있었던 것은 신뢰받는 컨설턴트였기 때문이라고 생각합니다. 또 훈련강사로도 좋은 평가를 받았다는 점 역시 도움이 되었을 것입니다. 나는 그 회사의 직원들을 상대로 몇 차례 훈련프로그램을 진행한 적이 있는데, 참가자들을 대상으로 설문조사를 한 결과 내가 가장 기억에 남는 강사로 뽑혔습니다. 사실, 훈련프로그램을 진행할 때나 이사회 앞에서 내 전략과 철학을 팔 때, 어느 순간, 어느 장소에서나 나는 아이디어를 소개하는 능력이 뛰어나다고 나 스스로도 자부합니다.

쇼딘　　지금까지 당신이 프레젠테이션에서 사용한 세 가지 아이디어에 대해 들었습니다. 그렇다면 그들이 당신의 아이디어를 수행하지 않을 경우 겪을지 모를 불행한 일, 즉 불이익도 제시했나요?

앤더슨　　내 제안을 받아들여야 하는 세 가지 주된 이유를 내세우면서 동시에 부정적인 면을 계속 가볍게 짚어주었습니다. 예컨대 이런 식입니다. "여러분도 알다시피 우리는 100년 동안 물려받은 유산이 있습니다. 그런데 매일 이 보석을 진흙 속에 뒹굴도록 내버려두고 있습니다. 결국 보석은 점점 빛을 잃어가지요. 사람들의 마음속에 뿌리 내렸던 이 회사의 가치가 점점 퇴색되고 있습니다. 그러다 보면 머지않아 고객들은 우리 회사를 생각도 하지 않게 되는 날이 올지 모릅니다."

또한 나는 부동산 광고산업의 시장규모가 제한적인 데 반해 대행사들은 난립하고 있는 상황이라는 점을 지적했습니다. 그것은 인재를 구하기가 매우 어렵다는 의미지요. 그리고 만일 우리가 지금 회사를 바로 세우지 않으면 다른 대행사들이 언제 우리의 경쟁상대로 부상할지 모른다고 겁을 주었습니다. 그런 다음, 그들이 내 아이디어를 받아들여야 하는 세 가지 이유를 다시 상기시키면서, 만일 우리가 강력한 지사를 지방에 세우기만 한다면 고객들이 다시 우리에게 몰려들 것이라고 말했습니다. 분명히 그 중 어떤 부분이 그들의 마음을 건드렸던 모양입니다.

정리하자면, 내가 창조했던 불이익은 단 한 가지 점에 기초를 두었습니다. 바로 이것이지요. "하루하루를 그냥 흘려보내면 예전만큼 강력한 회사를 세울 기회를 놓치게 된다. 그리고 사람들도 결국 우리를 잊어버리게 될 것이다." 그리고 제한된 시장 안에서 살아남을 수 있는 대행사들의 숫자는 결국 한정될 수밖에 없음을 상기시키면서, 우리가 제대로 자리를 잡지 못하면 다른 회사들이 어디서든 치고 올라와 우리 회사의 문을 닫게 만들지 모른다고 겁을 주었습니다.

쇼딘　다시 말해서, 질질 끌다 보면 회사의 가치만 떨어지게 될지 모른다는 불이익을 사용하셨군요. 사실 당신은 센던트라는 큰 고객을 잃을지 모르는 위험을 감수하면서 모험을 한 셈이 아닌가요? 잘못하면 수입도 줄고 시장에서의 지위도 약해질 위험을 어느 정도 각오하고 그런 제안을 했으리라 생각되는데요.

앤더슨　맞습니다.

쇼딘 당신이 프레젠테이션에서 지적하기 전에도 그들은 자신들에게 문제가 있다고 생각하고 있었나요? 아니면 모든 것이 잘 돌아가고 있다고 여겼나요?

앤더슨 지도자들은 문제가 있다고 생각했죠. 할 수 있는 만큼의 능력을 발휘하고 있지 못하다고 느꼈으니까요. 하지만 우리가 해낸 것 같은 고속성장이 가능하다고는 생각하지 못했습니다. 사실, 우리 이사회 의장은 콜드웰 뱅커 커머셜이 재정지원을 받지 않고 뒷마당에서 시작된 브랜드라는 이야기를 하기 좋아합니다. 여러 회사를 소유하고 있는 기업은 한 브랜드를 세우기 위해 보통 억만 달러 이상의 투자를 하는 경우가 있다는 사실을 알아야 합니다. 우리는 그런 지원을 받지 않고도 강력한 브랜드로 빠르게 성장한 것입니다. 우리는 그들이 가능하다고 생각했던 것보다 훨씬 크게 성장했습니다. 누구도 상상하지 못한 빠른 속도로 말입니다.

쇼딘 당신이 과연 훌륭히 해낼 수 있을지 확신할 수 없는 그 계획을 발표할 때는 두렵지 않았습니까?

앤더슨 두려웠습니다. 그 기회를 볼 줄 아는 유일한 사람이 나라는 사실 때문에 긴장하게 되더군요. "아무도 보지 못한 기회를 볼 만큼 내가 똑똑한 걸까, 아니면 모든 사람들이 이미 불가능하다고 판단한 것을 깨닫지 못할 만큼 내가 둔한 걸까?" 나는 이렇게 자문하면서 그 해답을 찾기 위해 긴장하고 있었지요.

쇼딘 ─── 당신 같은 분이 그런 고민을 했다니 정말 뜻밖이군요. 하지만 사실 많은 사람들이 자신의 아이디어가 옳은지 의문을 갖지요. 그들은 이렇게 생각합니다. "나는 이런 아이디어를 가지고 있어. 그런데 아무도 이런 생각을 못하다니 정말 믿을 수 없군. 아니면 이것을 할 수 있다고 생각하는 것은 내가 어리석기 때문일까?" 미지의 영역에 발을 들여놓는 일이니까 조금 겁이 나는 것은 당연하다고 생각합니다.

앤더슨 ─── 정말 미지의 바다 속으로 들어가는 기분이었습니다. 그 프레젠테이션을 마친 후에 다시 '내가 이 업계에서 가장 똑똑한 사람일까, 아니면 어리석은 존재일까'라는 생각이 밀려들면서 머릿속이 혼란스러웠습니다. 그것은 사실 큰 모험이었습니다. 당시 나는 한 해에 50만 달러 이상의 고수입을 올리는 비교적 성공한 컨설턴트였는데, 자칫 잘못하면 그런 안정된 지위가 흔들릴지 모르는 위험을 각오했던 것이지요.

쇼딘 ─── 프레젠테이션을 마칠 때, 그들에게 결정을 요구하는 마무리를 행하셨나요?

앤더슨 ─── 물론이지요. 나는 세일즈맨입니다. 즉, 계약을 따내야 하는 입장이지요. 사실 지금도 그때 했던 마무리를 생생하게 기억하고 있습니다. 나는 이렇게 물었습니다. "우리는 언제 시작해야 할까요?" 그때 나는 '우리'라는 단어를 썼습니다. 물론 그것은 '나는 이제 콜드웰 뱅커 커머셜의 일원이나 다름없으며, 권한을 원한다'는 점을 암시하기 위한 표현이었습니다. 나는 기본적으로 행동을 시작해야 할 타이밍을 묻는 질문으로 마무리를 하곤 합니다.

쇼딘　프레젠테이션을 마친 다음 많은 질의문답이 이어졌나요?

앤더슨　그렇게 많은 질문이 나오지는 않았습니다. 재정 문제보다는 다른 것에 관한 질문들이 주로 나왔는데, 대체로 다음과 같은 내용이었습니다.

'정말 그렇게 많은 자금이 필요한가?'

'한동안 우리의 발전이 주춤거리지 않을까?'

'우리가 그렇게 뛰어난 능력을 가진 사람들을 고용해야 하는 이유가 있는가?'

'우리 그룹에 이런 계열사를 만들어야 하는 특별한 이유가 있는가?'

'정말 이 모든 것을 다 해야만 성공할 수 있는가?'

쇼딘　당신이 프레젠테이션을 마치고 나올 때 그들은 뭐라고 하던가요? "좋습니다. 우리는 이 문제를 좀더 검토해볼 시간이 필요합니다."라고 했나요, "그 문제에 대해 의논을 해보겠습니다."라고 했나요, 아니면 "나중에 연락하지요."라고 했나요?

앤더슨　내가 제안한 전반적인 계획에 대해 그들은 정말로 "문제를 더 검토할 시간이 필요하다. 의논해보겠다. 그리고 나중에 연락하겠다."고 말했습니다. 나는 그때까지 8년 동안 컨설팅사업으로 어느 정도 성공을 거둔 상태였기 때문에 그 기반이 흔들릴까봐 염려가 되었습니다. 어떻게

든 별 사고 없이 빠져나가야 한다고 생각했지요.

쇼딘　　그 과정에 얼마나 시간이 소요되었나요?

앤더슨　　2주가 되기 전에 다음 단계로 발전했습니다. 4월 중순에 마지막 면담을 했고, 1998년 5월 1일에 일이 성사되었으니까요.

쇼딘　　당신이 이런 성과를 얻게 된 주요한 요인이 무엇이었다고 생각합니까?

앤더슨　　연마되지 않은 보석이라는 비유를 사용한 것이 결정적인 요인이었다고 믿습니다. 내가 '연마되지 않은 보석' 이라는 표현을 할 때, 테이블에 앉아 있던 이들 가운데 두 사람이 자세를 고쳐 앉으며 이렇게 말했습니다. "그런 식으로는 생각해보지 못했는데!"

만일 내가 '충분히 활용하지 못하는 자산' 이라고 표현했다면 그리 특별한 관심을 끌지 못했을지 모릅니다. 나는 이렇게 표현했습니다. "여러분은 진흙 속에서 뒹굴고 있는 연마되지 않은 보석의 주인입니다. 여러분이 그것을 주워서 잘 문지르고 광을 내고 다듬는다면 대단한 가치를 가진 보석으로 변모할 것입니다." 그들은 모두 그 비유에 마음이 끌렸을 것입니다.

쇼딘　　제리, 당신이 컨설팅이나 강연을 하면서 '판매는 제안이고, 제안은 판매'라고 말하는 것을 들었습니다. 즉, 그 두 가지는 같은 것이라고 말했지요. 좋은 프레젠테이션이 없으면 판매는 이루어지지 않습니다. 또 상대방을 설득하여 다음 단계로 전진하겠다는 바른 목표가 없으면 제대로 제안을 할 수 없지요. 당신이 요즘 매일 하고 있는 일도 여전히 그런 판매활동이라고 정의할 수 있을까요?

앤더슨 그렇습니다. 내가 매일 하고 있는 일이 바로 그것입니다. 사실, 나는 방금 파리에서 돌아왔습니다. 그곳에 우리는 지사를 열었죠. 그것은 유럽에 낸 11번째 해외지사입니다. 이스라엘에도 우리 지사가 3곳이나 있습니다. 자신의 땅을 떠나 상대방의 영토에 들어가는 순간 더 큰 설득력을 발휘할 수 있습니다. 상대방을 더 잘 이해할 수 있으니까요. 이것은 진실입니다. 또 아이디어와 철학도 더 잘 팔 수 있습니다. 요즘도 나는 체인점 잠재고객들을 만날 때마다 영업활동을 합니다. 우리의 목표와 철학을 파는 것이 바로 나의 임무니까요. 내가 하는 일은 영업이라고 정의하는 것이 맞습니다. 내 뛰어난 프레젠테이션 기술 덕에 그런 영업이 가능한 거지요.

쇼딘 그것 참 모순처럼 들리는군요. 당신은 콜드웰 뱅커 커머셜의 사장인데, 당신이 아직 영업에 종사하고 있다고 말하면 많은 사람들이 머리를 갸우뚱거릴 겁니다. 대부분의 사람들은 '관리직'에 종사한다고 표현하지요.

앤더슨 나는 우리 직원들과 체인점, 협력업체에게 우리가 지속적으로 이익을 내고 있다는 사실을 판매해야 합니다. 우리는 3천 명의 인력으로 구성된 조직입니다. 나는 매일 3천 명의 직원들을 대상으로 판매를 하고 있다고 믿습니다.

쇼딘 우리 독자들에게 나누어주고 싶은 소중한 지혜가 더 있나요?

앤더슨 '내가 이 업계에서 가장 똑똑한 사람이거나 가장 어리석은 사람이다'라는 생각 속에 지혜가 숨어 있다고 생각합니다. 그 안에 바로 진주가 숨어 있지요.

쇼딘 다시 말해서 어떤 아이디어가 떠오르면 그것을 종이에 적으면서 철저하게 계획을 세우고, 그것을 열의를 다해서 설득하라. 요컨대 무언가를 스스로 만들어가라는 말이군요.

앤더슨 바로 그겁니다. 무슨 일이든 스스로 만들어가는 것이지요.

브라이언 트레이시(Brian Tracy)

다음 인터뷰 대상인 브라이언 트레이시는 최근에 가장 인기 있고 존경받는 강사이자 세일즈 훈련 전문가다. 그가 낸 세일즈 훈련 오디오 테이프인 ≪판매심리: 판매의 마무리 기술(The Psychology of Selling: The Art of Closing the Sale)≫은 역사상 가장 많이 팔린 오디오 프로그램이다. 또 그는 많은 이들에게 꾸준히 애독되는 ≪목표 그 성취의 기술(goals)≫과 ≪백만 불짜리 습관(Million Dollar Habits)≫을 비롯하여 여러 권의 책을 썼다. 최근에 출간된 책으로는 ≪절대 변하지 않는 100가지 성공원칙(The 100 Absolutely Unbreakable Laws of Business Success)≫이 있다. 내가 어치브먼트 그룹에서 처음 맡았던 일은 그의 세일즈 훈련 세미나를 홍보하는 것이었다. 이번 인터뷰에서 브라이언은 판매전략에 대한 그의 견해를 설명해준다. 또 최근과 같은 닷컴경제의 성장 속에서 자주 접하게 되는 일인 자본가에게 투자를 설득하는 프레젠테이션을 실시하는 문제에 대해서도 설명한다.

테리 쇼딘   브라이언, 이렇게 시간을 내주셔서 고맙습니다.

브라이언 트레이시   당신과 이야기를 나누게 되어 기쁩니다. 당신도 알다시피 나는 상당히 젊은 시절부터 세일즈를 시작했습니다. 사실, 그 나이에는 판매 외에 다른 직업을 가진다는 것이 불가능했지요. 그런데 나는 판매훈련을 전혀 받지 못한 상태에서 시작했어요. 몇 달을 고군분투하고 나자, '어떤 세일즈맨들은 왜 다른 이들보다 더 성공할까?'라는 궁금증이 생겼습니다. 일단 그런 궁금증이 들자, 그때부터 다른 세일즈맨들에게 그들이 나와 어떻게 다른 식으로 판매를 하는지 묻기 시작했습니다. 그들은 대답을 해주었지요. 그래서 나는 말을 하는 대신 질문을 하기 시작했습니다. 내 의견을 주장하는 대신 더 전문가가 되는 길에 관심을 갖기 시작한 것이죠. 그때부터 구할 수 있는 모든 책들을 읽기 시작했습니다. 그동안 나는 판매에 관한 책을 수백 권 읽었습니다. 또 들을 수 있는 모든 오디오 프로그램을 듣고, 참가할 수 있는 모든 세일즈 훈련프로그램에 참가했습니다. 그러면서 내가 깨달은 사실은 세일즈맨은 프로가 되어야 한다는 것이었습니다. 판매는 방법론과 훈련이 결합된 과학입니다. 다른 성공한 세일즈맨들이 하는 대로 따라한다면 당신도 그들과 똑같은 결과를 얻을 수 있습니다. 반대로, 그 방법을 실천하지 않으면 도저히 같은 결과를 얻을 수 없겠지요.

나는 지금까지 직업생활에서 어떤 사람들은 왜 다른 사람들보다 더 성공할까, 하는 인과관계를 찾는 데 골몰했습니다. 그 문제의 해답을 찾아가는 동안 내 판매능력은 점점 향상되었습니다. 나는 세일즈 매니저가 되었습니다. 그리고 해외 6개 지역에 세일즈맨 양성기관을 세웠습니다. 나는 곤란한 상황에 빠질 때마다 "왜 어떤 사람들은 다른 사람들보다 더 성공할까?"라고 사람들에게 묻거나 책에서 해답을 구했습니다.

결과적으로 나는 판매라는 과정이 매우 단순하다는 사실을 깨달았습니다. 일정한 방법과 과정이 있어서, 그것을 그대로 따라한다면 더 많이 팔 수 있습니다. 지난 25년 동안 나는 엄청난 돈을 들여 소비자들을 인터뷰하면서 그들이 왜 어떤 것을 구매하거나 구매하지 않는지 그 이유를 알아내기 위해 노력했습니다. 프레젠테이션 전후에 5만 5천 명 이상의 고객을 직접 만나서 이렇게 물었습니다. "무슨 일이 일어날까요? 무엇을 기대하십니까?" 그런 다음, 만일 그들이 구매를 하면 다시 물었습니다. "왜 그것을 구매했습니까?" 구매하지 않은 사람에게도 물었습니다. "왜 구매하지 않았습니까?"

우리가 알게 된 것은, 전에 아무것도 팔아본 경험이 없는 사람도 판매 방법과 과정만 알려주면 성공적인 세일즈맨이 될 수 있다는 사실입니다. 중요한 점은, 초보 세일즈맨이라도 이 과정, 다시 말해 잠재고객과 의심하는 사람들과 분리시킨 후 잠재고객들에게 설명하는 과정을 따라하는 동안 저절로 자신을 훈련할 수 있다는 것이죠. 이 과정에는 잠재고객이 상품에 정말로 흥미가 있는지, 그 상품에서 이익을 얻을 수 있는지를 알아보기 위해 질문을 하는 것이 포함됩니다. 그런 다음 더 정확하게 파악하기 위한 일련의 질문을 하지요. '그들은 자신의 문제를 해결하기 위해 오늘 무엇을 이용하고 있을까, 그것은 어떤 작용을 할까, 그들은 무엇을 하려고 하는가, 무엇에 가장 관심을 가지고 있나?' 또 잠재고객에게 당신의 상품이나 서비스가 그들이 정말로 바라는 이상적인 해결책이라는 점을 보여주는 과정도 필요합니다. 판매는 기적이 아닙니다. 그저 하나의 과정일 뿐이지요.

대부분의 세일즈맨들은 이런 과정을 밟지 않고 계속 말만 하는 것이 문제입니다. "대단한 제품입니다!" 이렇게 떠들어보았자 고객은 흥미를 잃기 시작하는데 말이죠. 고객이 관심 없는 내용에 대해서만 떠들면 당연히 고객은 흥미를 잃을 것입니다.

쇼딘 아주 좋은 지적이네요. 우리가 조사한 바에 따르면, 고객들이 특정한 세일즈맨과 거래를 기피하려는 가장 주된 원인은 그들의 프레젠테이션이 지루하기 때문이라고 합니다. 청중은 그 세일즈맨에게 무관심해지죠. '너무 길다. 너무 단조롭다. 우리의 특별한 요구에 전혀 맞지 않는다.' 그렇게 점점 가라앉다가, 맨 밑바닥까지 내려가서 지루함을 느끼기 시작하는 것이죠.

트레이시　당신이 정말로 좋은 질문을 하면 청중은 신중하게 답변할 겁니다. 심지어 구매를 결정하도록 유도하는 데 필요한 모든 사실을 솔직하게 털어놓을 것입니다. 나는 이 방법을 종종 '의료진단식 판매접근법'이라고 표현합니다. 의사는 먼저 어디가 아픈지 진찰을 한 다음 진단을 내립니다. 환자는 그 진단결과를 납득하겠지요. 그 다음, 의사는 가능한 치료법을 소개합니다. 다시 정리하면, 검사, 진단, 처방의 순서가 되지요. 그런데 많은 세일즈맨들은 "안녕하세요."라고 인사한 다음 다짜고짜 '처방'으로 넘어갑니다.

쇼딘　꼭 하고 싶은 질문이 하나 더 있습니다. 당신이 세운 세일즈맨 양성회사는 대단한 성공을 거두었는데, 당신은 자신을 아직도 세일즈맨이라고 생각합니까?

트레이시　나는 내가 늘 영업을 한다고 생각합니다. 나는 전문강사로, 컨설턴트 겸 트레이너로 나의 서비스를 팔고 있습니다. 또 수백 명 앞에 서서 서비스와 프로그램을 팔지요. 어제는 400명에게 세일즈 프레젠테이션을 했습니다. 대개 12~15분 사이에 만 달러내지 20만 달러짜리 프로그램을 팝니다. 프로그램을 살 생각을 전혀 한 적이 없는 사람들을 대상으로 프레젠테이션을 할 때 사용하는 나만의 특별한 방법과 과정이 있습니다. 그렇게 15분 동안 프레젠테이션을 듣고 나면 그들은 수천 달러짜리 프로그램을 덜컥 구매하기 위해 지갑을 열게 될 것입니다. 우선 '이 프로그램의 도움을 받으면 당신들이 하는 일을 훨씬 더 효과적으로 해낼 수 있을 것이다'라고 지적하는 것으로 프레젠테이션을 시작합니다. 그런 다음 프로그램을 보여주면서 그 안에 무슨 내용이 있는지 소개하지요. 그 다음 단계는 고객이 거기서 얻을 수 있는 이익을 지적하고, 정말 그런 이익을 얻은 사례를 소개하는 것입니다. 그리고 마지막으로 구매결정을 내리라고 요구하면 됩니다.

쇼딘　정리해보면, 조그만 승리가 하나하나 더해져서 큰 승리가 된다는 말이로군요. 그런데 크게 승리했던 적이 있나요? 30년 넘게 강사로 지내오면서 그동안 수많은 성과를 이루어냈겠지만, 스스로 생각하기에 매우 중요하다고 생각하는 특별히 두드러지게 큰 성공이 있다면 소개해주세요.

트레이시　특별히 대단한 돌파구를 발견하거나 지상을 흔들어놓을 정도의 폭발을 경험하지는 않았습니다. 그 점은 당신도 잘 알고 있겠지요. 내 성공은 사실 수백, 수천 가지 작은 일들이 해를 거듭하며 쌓이고 쌓여서 이룬 결과입니다. 폭발하듯이 갑자기 큰 성공을 이룬 것이 절대 아닙니다. 굳이 전환점을 찾는다면 나이팅게일 코넌트(Nightingale Conant)사로부터 내 프로그램 하나를 구매하고 싶다는 제안을 받았던 순간이라고 할 수 있습니다. 그것은 분명히 큰 도움이 되었습니다. 하지만 그런 일이 일어나게 된 것은 그동안 내가 그들과 만나고, 전화를 하고, 여기저기로 찾아다니면서 설명을 했기 때문입니다. 그 결과 그들은 내 프로그램을 한번 시험해보자고 결심했던 것이지요. 그리고 그 관계가 성공적으로 유지된 것은 내 프로그램이 잘 팔렸기 때문입니다. 따라서 그것을 갑작스런 성공이라 부를 수는 없습니다.

사람들은 나에게 이렇게 묻곤 합니다. "브라이언, 폭발적인 성공은 언제 찾아오나요? 그런 좋은 기회가 언제 올까요?" 이런 질문을 하는 사람들은 만화책을 너무 많이 읽은 사람들입니다. 당신도 마찬가지겠지만 사실 내 경력에서 그런 큰 기회라는 것은 전혀 없었습니다. 우리는 여러 가지 일을 시도하면서 회를 거듭할수록 성공확률이 다른 것들보다 높은 행동을 더 자주 시도할 것입니다. 그 결과 똑같은 성공을 다시 얻게 되겠지요. 내 친구 데니스의 표현을 빌자면 '성공은 절대 영원히 지속되지 않으며, 실패는 궁극적으로 끝이 될 수 없습니다.' 그것은 진행중인 과정이며, 모든 성공한 사람들은 그저 하루 종일, 매일, 해를 거듭하면서 꾸준히 노력할 뿐입니다. 성공의 문이 어느 순간 갑자기 열리는 일은 없습니다.

나는 거절당하는 것을 전혀 겁내지 않는 세일즈맨을 고용했습니다. 그는 고객들과 교제를 맺고 유대감을 형성하면서 그들의 요구를 파악하고 거기에 맞는 서비스를 추천한 다음 그것을 이용해보도록 자극하는 단계까지 잘 발전시킵니다. 상대방이 관심이 없다고 말하거나, 더 생각해보겠다는 말을 아무리 많이 해도 그는 전혀 고민하지 않습니다. 그야말로 멈출 줄 모르는 사람이지요. 그런 태도가 매우 중요합니다.

쇼딘 끈기를 가지라는 뜻인가요?

<u>**트레이시**</u>　그렇습니다. 끈기가 중요합니다. 상품이 클수록 토대를 단단히 다지는 작업, 즉 계획과 준비가 필요하지요. 작고 자주 사용하는 제품인 경우에는 정확한 잠재고객을 찾아내는 일이 아주 중요합니다. 그러므로 한 건만 팔아도 큰 차이가 발생하는 큰 상품을 판다면 철저하게 준비를 하세요. 작은 상품을 팔고 있다면, 활동을 늘려서 가능한 한 많은 사람들을 만나서 대화를 해야 합니다.

<u>**쇼딘**</u>　당신은 직원을 채용하기 위해 면접을 볼 때, 그가 자신을 파는 능력이 얼마나 있는가 하는 점을 평가기준으로 봅니까?

<u>**트레이시**</u>　그렇습니다. 나는 세일즈맨으로 성공하기 위해 가장 중요한 자질은 낙천성과 인내라고 생각합니다. 그 두 가지가 잘 조화를 이루어야 합니다. 끈기 있고 적극적으로 임할 자세가 된 사람은 시도하는 것을 두려워하지 않고 계속 노력하기 때문에 훨씬 더 크게 성공하며 어떤 분야의 훈련도 거뜬히 소화해낼 수 있습니다. 내가 직원을 심사하는 기준은 '적극적이고 개성이 있으며 모든 것을 배울 자세'가 되어 있느냐 하는 점입니다.

<u>**쇼딘**</u>　그렇다면 '세일즈맨은 만들어지는 것이 아니라 타고난 재능이 필요하다'는 믿음에 대해 어떻게 생각하시나요?

<u>**트레이시**</u>　피터 드러커(Peter Drucker)가 언젠가 이렇게 말했습니다. "타고나는 리더도 있다. 하지만 그런 자질은 아주 경미하기 때문에 큰 도식

안에서 보면 다른 사람들과 별 차이가 없다." 세일즈맨들에게도 이 말을 똑같이 적용할 수 있다고 생각합니다. 최고의 세일즈맨이 되기 위해 나를 찾아오는 사람들 가운데에는 회계사, 전기기사, 배관공, 목수, 혹은 자동차 수리공을 하던 사람들도 있습니다.

쇼딘 "저 친구는 정말 접근방식이 훌륭하군." 혹은 "저렇게 창의적인 친구가 있다니 대단한데."라는 생각이 들게 만드는, 정말 눈에 띄는 세일즈맨이 있습니까? 당신을 정말로 매료시키는 세일즈맨을 만난 경험이 있습니까?

트레이시 솔직히 말하면 없습니다. 나는 최고의 세일즈맨은 가장 프로다운 사람이라고 믿습니다. 지식이 많아야 합니다. 그리고 인간미가 넘치고 다정한 사람이어야 하지요. 그런 사람은 자신이 종사하는 산업에 대해 아주 잘 알기 때문에 자신감이 넘칩니다. 또한 과제를 수행하는 데 많은 시간을 들입니다. 뿐만 아니라 자신감이 넘치기 때문에 고객은 그들이 판매하는 상품이 무엇이든 신뢰감을 느끼지요. 좋은 세일즈맨은 많은 경우 첫 마디를 시작하기도 전에 구매를 유도할 수 있습니다. 고객들은 이렇게 생각합니다. "저 사람이 권하는 것이라면 무엇이든 만족감을 줄 것 같아."

현대의 소비자들은 두 가지 두려움을 갖고 있는데, 세일즈맨들은 기본적으로 이것을 극복할 수 있어야 합니다. 첫째는 이용당할지 모른다는 두려움입니다. 사람들은 이용당한 경험이 여러 번 있기 때문에 이런 두려움을 느낍니다. 예컨대, 불량품을 구매했다거나, 너무 비싼 가격에 구매했다거나, 사후 서비스를 제대로 받지 못한 경우 등이 있기 때문이죠. 구매한 다음 다른 곳에서 더 좋은 상품을 발견하는 경우도 있습니다. 현대의 고객들은 어린 시절부터 천 번 이상의 구매 실패를 경험하면서 성장했습니다. 그 결과 실망한 그들은 '다시는 이런 실수를 하지 않겠어'라고 다짐을 합니다. 그 후에 당신이 다가갔으니, 그들의 머릿속에는 이전의 구매 실패경험이 새록새록 떠오를 것입니다. 그들은 당신을 보면서 그 기억이 떠올라 부정적인 반응을 보입니다. 다시 이용당하지 않을까 걱정이 앞서기 때문이지요.

두 번째 두려움은 강요받거나 교묘한 속임수에 넘어가거나 별로 이득이 되지 않는 것을 하라는 말을 듣게 되지 않을까 하는 두려움입니다.

결론적으로 세일즈맨은 이 두 가지 두려움을 이해해야 합니다. 고객을 처음 만날 때, 상품에 관심이 있는 고객일 경우에도 처음에는 거부반응을 보이는 이유가 그 두려움 때문인 거죠. 그러니까 가장 능력 있는 세일즈맨은 고객이 속거나 이용당한다는 걱정을 하지 않을 수 있도록 편안하고 인간적인 접근을 할 줄 아는 사람입니다.

쇼딘 당신이 느끼기에 세일즈맨들이 가장 일반적으로 저지르는 실수는 무엇인가요?

트레이시 모든 조사와 연구결과가 말해주듯이, 고객의 요구와 바람이 무엇인지 분명하게 알기 전에 판매하는 제품이나 서비스에 대해 말을 꺼내는 것이 가장 큰 실수라고 생각합니다. 그들은 진찰을 통해 적절한 진단을 내리기 전에 처방부터 하는 의사와 다를 바가 없지요.

쇼딘　당신이 과거에 했던 영업경험이 지금의 당신을 만들었다고 느끼십니까?

트레이시　물론입니다. 맨 처음 잠재고객에게 전화로 설명할 내용을 계획하는 것에서부터 고객의 걱정을 해소시켜주고 주문과 배달을 요청하도록 만드는 과정까지 체계적으로 계획을 세울 필요가 있습니다. 반드시 그렇게 해야 합니다. 나는 거의 20년 동안 그렇게 해왔습니다. 그렇게 거듭하다 보면 점점 더 기본적인 단계부터 시작하게 됩니다. 이제 나의 인기 덕분에 잠재고객들이 나에게 올 때 이미 3, 4, 5단계까지 진행되어 있는 경우도 있습니다. 그들은 자신이 무엇을 원하는지, 선택과정이 무엇으로 통하는지 이미 알고 있습니다.

쇼딘　우리에게 문의했던 사람 가운데 한 명은 주식공모 프레젠테이션을 준비하고 있었습니다. 그것은 꼼꼼한 조사와 철저한 준비가 필요한 프레젠테이션이었죠. 월스트리트는 조그만 잘못도 눈감아주는 법이 없으니까요. 게다가 쇼를 화려하게 준비하기에는 턱없이 시간이 짧았습니다. 이런 경우를 대비해서 우리는 자신과 회사와 조직을 파는 요령을 알고 있어야 합니다. 현대의 닷컴경제 속에서 점점 자주 겪게 되는 이런 종류의 요구와 관련해서 들려주실 조언이 있습니까?

트레이시　프레젠테이션 기술과 주식공모에 관해 이야기하자면, 현대인들은 매우 바쁘며, 기본적으로 네 가지 의문을 지니고 있다는 점을 지적해야겠군요. 첫째, '그것이 무엇인가?'라는 질문입니다. (그들은 당신이 판매하는 상품이나 서비스가 무엇인지 알고 싶어합니다.) 둘째, '나에게 그것이 무슨 소용이 있을까?' 셋째, '다른 누가 똑같은 것을 제공하는가?' 넷째, '내가 무엇을 해야 하는가?' 그 다음 따라오는 질문이 '얼마나 빠르게', '얼마나 확실하게 효과가 있는가' 입니다. 주식공모를 위한 것이든 아니든(나는 주식공모 프레젠테이션에 두 번 참여해본 경험이 있습니다) 좋은 프레젠테이션은 이런 의문에 명확한 답을 줄 수 있어야 합니다. 즉, '엘리베이터를 탄 듯 고객의 의문점을 순식간에 풀어주는' 프레젠테이션이야말로 가장 이상적입니다. 그러기 위해서는 요점을 잘 집어내는 능력이 필요합니다. 대부분의 사람들은 요점을 바로 집어내지 못하고 무엇에 대해 말할 것이라는 상황을 장황하게 늘어놓는 데 엄청난 시간을 낭비합니다.

주식공모 프레젠테이션은 몇 가지 특징이 있습니다. 어떤 투자회사들은 12분마다 프레젠테이션 예약을 받습니다. 그 회사 밖에는 12분마다 들어와서 주식공모나 벤처투자에 참가할 것을 권하는 프레젠테이션을 실시할 사람들이 줄을 서서 기다리고 있을 것입니다. 이것은 우리가 지금까지 말했던 세일즈 프레젠테이션과는 많이 다른 유형의 프레젠테이션입니다. 하지만 모든 영업은 기본적으로 고객과 유대감을 형성하는 것으로 시작됩니다. 그런 다음 그들에게 질문하고 답변을 들으면서 그들의 문제나 요구를 파악하고, 고객들이 성취하고자 하는 것이 무엇인지 알아내야 합니다. 물론 미래의 상태가 지금과 일치하지는 않을 것입니다. 이것을 갭 분석(gap analysis)이라고 부르죠. 그 다음 당신의 제품이나 서비스가 그들의 문제에 이상적인 해결방법이라는 점을 증명해야 합니다.

반드시 이 순서를 지켜야 합니다. 나는 이것이 다이얼 자물쇠의 원리와 같다고 말합니다. 옳은 번호를 알고 있다고 해도, 순서가 잘못되면 절대 열 수 없습니다. 그러므로 세일즈맨은 그 순서를 반드시 지켜야 합니다. 정말 큰 거래를 할 경우, 처음 두 번의 만남은 유대감을 형성하는 데 집중해야 합니다. 그리고 세 번째 만남에서 두 회사가 어떻게 거래를 할 수 있을지에 대해 이야기하기 시작합니다. 한 회사가 다른 회사를 어떻게 도울 수 있을까요? 때로는 자신들의 상품과 서비스가 상대 회사의 요구에 얼마나 딱 맞는지 설명할 필요도 있습니다. 언제나 그 과정은 똑같습니다. 만일 당신이 이런 판매과정을 무시한 채 판매를 하려고 시도한다면 수천 달러의 비용이 들어갈 것입니다. 하지만 고객의 구매절차와 일치하지 않는 방법으로 판매를 시도한다면 결국 아무것도 팔 수 없습니다.

주식공모 프레젠테이션에서 가장 중요한 점은 무엇일까요? 예컨대 당신이 벤처투자가들에게 프레젠테이션을 한다면, 그들이 궁금하게 여기는 사항은 이런 것들입니다. "당신의 아이디어는 어떻게 수입을 발생시킬 수 있습니까? 내가 당신에게 투자한다면 얼마나 돌려받게 될까요?"

즉, 가장 먼저 보여줘야 할 것은 당신의 제품이나 서비스가 독특하고 특별하기 때문에 많은 사람들이 매우 높은 가격에 그것을 구매할 것이고, 결과적으로 큰 이익을 얻게 될 것이라는 점입니다. 이것은 매우 명확합니다. 예를 들어, 당신은 인터넷으로 처방약을 판매하기 때문에 약국에서 살 수 있는 것과 똑같은 품질의 약을 40~50% 저렴하게 구입할 수 있다고 말합니다. 그리고 모든 의사와 미국 내 의료기관에도 공급할 계획이기 때문에 이 서비스를 이용해서 처방약을 구매할 잠재고객이 4~5천만 명이라고 예상할 수 있습니다. 그리고 이윤폭은 이러저러할 것이라고 말해주면 됩니다. 그러고 나면 사람들은 "그것 참 좋은 생각이네요."라고 판단할 것입니다.

또 다른 사람은 완구류를 판매할 것이라면서 이렇게 말합니다. "흑자 모델은 매우 명확합니다. 모든 산업에는 흑자모델이 있지요. 우리는 이 상품으로 흑자모델을 만들 것입니다. 흑자, 즉 이윤이란 투자가인 여러분이 위험을 감수한 대가로 받게 되는 보상입니다."

두 번째 문제는 '누가 그것을 이행하느냐' 입니다. 누가 경영하느냐? 상품을 전달할 사람이 누구인가? 다시 말해 당신의 회사가 이런 일을 하고 있음을 보여준 다음, 그 회사를 이끌어가는 사람들의 경험, 배경, 지식을 보여줘야 합니다. 그것은 '얼마나 확실한가?'라는 질문에 대한 답이기도 합니다.

정리해보면, '얼마나 많은 이익이?'라는 질문이 가장 처음입니다. '그것은 흑자모델입니다'라는 것이 그에 대한 답이지요. 그 다음은 '얼마나 확실한가?'라는 질문입니다. 당신이 상대하는 사람들이 진짜로 최고실력자들이라면 그런 사실을 소개하는 것만으로 충분합니다. 그들이 과거에 대단히 성공한 기록을 갖고 있다면, 변화가 필요한 경우라도 역시 효과가 있을 것입니다.

세 번째는 '얼마나 신속하게?'에 답해야 합니다. 얼마나 빨리 당신의 돈을 돌려받게 될까요? 좋은 주식공모 프레젠테이션에서는 이런 식으로 답합니다. "이것이 사업모델입니다. 이들이 그 사업을 이끌어갈 사람들입니다. 그리고 이것이 우리가 수익을 낼 방법입니다."

쇼딘　좋은 주식공모 프레젠테이션의 평균시간은 어느 정도인가요?

트레이시　그 질문은 대답하기가 곤란하군요. 그것은 '데이트 시간의 평균은 얼마나 되나'라는 질문과 같다고 생각됩니다. 아무도 알 수 없지요.

쇼딘　　사람들이 자주 묻는 질문 가운데 하나가 '프레젠테이션 시간이 얼마나 되나요?'입니다. 그것은 두 가지 문제에 좌우된다고 봅니다. 그 가운데 하나는 '상대방이 얼마의 시간을 허락하느냐'겠지요.

트레이시　　정확한 지적입니다. 그들이 당신에게 12분을 주느냐 마느냐는 처음 2분을 어떻게 하느냐에 따라 결정되기도 합니다. 처음 12분 동안 어떻게 하느냐에 따라 2시간을 받게 될 수도 있습니다. 대부분의 벤처투자가들은 하루 종일 사람들을 인터뷰하는 게 일이지요. 벤처투자가들에게 투자를 요청하는 만여 건의 사업계획서들 가운데 단 12건만이 채택됩니다. 대부분의 벤처기업가는 투자가들을 만나지도 못합니다. 이것은 대개 그들의 프레젠테이션이 명료하지 못하기 때문입니다. 나는 어느 회사로부터 60페이지에 달하는 사업계획서를 받았습니다. 그런데 내용의 98%가 이해하기 힘든 표현이더군요. 그 사업이 정확하게 어떤 것이고 어떻게 수익이 발생하는지 이해하려면 탐정이라도 되어야 할 것 같았습니다. 정말 좋은 프레젠테이션은 명함 뒷면에 요약할 수 있을 정도로 일목요연해야 합니다.

쇼딘　　대단히 전략적이고 구성이 탄탄한 사업계획을 보고 싶다고 말하는 사람들이 많습니다. 하지만 동시에 그들은 계획을 발표하는 사람이 의욕이 넘치는지도 봅니다. 그 점에 대해서는 어떻게 생각하십니까?

트레이시　　사람들이 원하는 리더상은 '가능하게 만드는' 사람입니다.

기술적인 작동 원리를 설명하는 기술자보다는, 인터넷 사이트에서 자신이 하려는 일에 대해 엄청난 열정을 갖고 있는 사람이 상대방에게 훨씬 큰 확신을 줄 수 있습니다. 이것은 궁극적으로 모든 일의 기본이 영업이기 때문입니다. 나는 늘 이렇게 주장해왔지요. '결과적으로 당신은 누군가에게 무엇을 팔아서 이윤을 남겨야 한다.' 당신은 레이저광선처럼 그 일에만 정신을 집중해야 합니다. 오직 무엇인가를 팔아야 한다는 사실에만 집중해야 한다는 말입니다. 그렇게 집중하는 순간 판매가 쉬워지고, 구매가 쉽게 이루어집니다. 상품은 구매자에게 분명히 이익을 주어야 합니다. 더 신속하고, 더 싸며, 더 쉬워야 합니다. 더 효과적이어야 함은 물론입니다.

기존 상품과 경쟁을 해야 하는 신상품을 팔려면 이 세 가지 요소에서 우월해야 합니다. 이것은 매우 흥미로운 주제입니다. 쉽게 말해서, 내가 A라는 제품을 구매하기 전에 B를 사용해왔다면, A가 적어도 세 가지 면에서 B보다 우월해야 그것을 구매할 것이라는 말입니다. 그렇다면 상품 A가 B보다 우월한 세 가지 요소는 무엇일까요?

많은 사람들은 이렇게 생각합니다. '소비자가 내 상품을 구매하는 이유는 내 상품이 우수하기 때문이다. 혹은 그들이 내 상품을 구입하기를 내가 원하기 때문에 나에게서 구매하는 것이다.' 하지만 당신에게는 세 가지 명확한 이유가 있어야 합니다. 하나로는 부족합니다. 그런데 세일즈맨들에게 그들이 판매하는 상품이 소비자가 이전에 사용하던 것보다 어떤 면에서 우수하냐고 물으면 95%가 제대로 답을 못합니다. 그들은 허공에서 이유를 찾아오려고 애씁니다. 막연하게 '품질'이라고 대답하기 일쑤죠. 그런데 사실 품질은 어떤 물건을 구매하는 진정한 이유가 아닙니다. '서비스'라고 대답하는 세일즈맨도 있을 것입니다. 서비스 역시 구매의 진정한 이유가 아닙니다.

그렇다면 도대체 왜 사람들이 당신의 제품이나 서비스를 구매할까요? 대부분의 세일즈맨은 이런 생각을 해보지도 않습니다. 문제는 모든 제품이 우수한 품질과 서비스를 제공하기 때문에, 당신의 제품이 우수한 품질과 서비스를 갖고 있다는 말은 '왜 그런지 모르겠네요' 라는 말이나 마찬가지라는 사실입니다. 다른 경쟁자들도 똑같이 하고 있기 때문에 그것은 구매의 이유가 되지 않습니다.

시장에서 성장하려면 당연히 품질이 매우 높아야 합니다. 요즘 세상에는 애초부터 고품질과 서비스를 제공할 수 있어야 시장 진입이 가능합니다. 아니, 상품이 최소한 존재라도 하려면 그것은 당연한 조건입니다. 요컨대 이 두 가지는 최근의 시장환경에서는 필수조건이라는 말입니다.

그렇다면 소비자들은 왜 구매를 할까요?바로 그 제품이 더 빠르기 때문입니다. 현대인들에게는 속도에 대한 요구가 있기 때문에 속도는 중요한 요소입니다. 모든 사람이 속도에 관심을 갖습니다. "이 제품은 당신이 사용하고 있는 다른 어떤 제품보다 더 빠르게 일을 처리하게 도와줄 것입니다." 그렇게 말하는 순간 당신은 고객의 관심을 끌 수 있습니다. "이 제품은 다른 어떤 제품보다 사용하기 쉽습니다. 또 다른 것보다 저렴합니다."

이제 당신은 더 빠르고, 더 싸고, 더 쉽다는 장점을 가졌습니다. 이 세 가지가 바로 모든 하이테크 제품의 성공조건이며, 모든 인터넷 창업의 성공조건입니다. 반대로 실패의 원인은 이 세 가지가 부족하기 때문이지요. 만일 당신의 제품이 사용하기 더 쉽지 않다면 더 어렵고 복잡하다는 말입니다. 더 싸지 않다면 더 비싸다는 말이겠지요. 문제를 더 신속하게 해결하지 못한다는 말은 더 많은 시간을 잡아먹는다는 말입니다. 요컨대 실패하는 모든 회사는 이 세 가지 조건 가운데 어느 하나라도 부족하기 때문입니다.

쇼딘 그렇다면 벤처투자가들에게 인터넷업체를 소개하기 위한 프레젠테이션을 할 때는 이 세 가지 기준을 반드시 강조할 필요가 있겠군요?

트레이시 물론입니다. 이렇게 말해야 합니다. "세 가지 특징으로 확실한 성공을 장담할 수 있는 시장을 소개합니다. 예컨대 최근 뉴욕에서 발표한 어느 조사에 의하면 우리가 판매하는 것과 같은 자기개발 상품시장의 규모가 45억 달러에 육박한다고 합니다. 우리는 최근에 보급된 어느 제품보다도 효과가 빠르고, 더 싸며, 더 쉬운, 제품과 서비스가 결합된 이 상품을 시장에 내놓을 것입니다. 그리고 이 시장의 이윤차액이 50%라는 점을 감안하면 우리는 2년 내에 5억 달러를 10억 달러로 불릴 수 있다는 계산이 나옵니다. 우리 모델을 시장에 팔면 2년 동안 한 해에 2억 5천 달러에서 5억 달러까지 벌 수 있으리라고 예상하고 있습니다." 이것이 바로 좋은 프레젠테이션입니다. 그러면 고객은 이렇게 말할 것입니다. "나에게 전화 주세요. 조금 더 자세히 듣고 싶습니다."

대부분의 사람들은 무엇이 필요한지 깨닫지 못합니다. 예를 들어 나는 어떤 프레젠테이션을 들은 적이 있는데, 그들 역시 고객에게 '나에게 전화 주세요. 조금 더 자세히 듣고 싶습니다'라는 말을 듣겠다는 목표로 55페이지에 달하는 주장을 펼쳤지만, 결국 아무런 성과를 거두지 못했습니다. 2차 회의에 관심을 보인 사람이 아무도 없었습니다. 55페이지의 자료를 읽은 사람이 아무도 없었기 때문입니다.

신생시장이 아니라 이미 큰 시장이 형성되어 있는 경우라면, 당신의 제품이나 서비스가 기존에 존재하는 것들보다 어떻게, 왜 더 빠르고, 더 싸고, 더 사용하기 쉬운지 명확하게 설명할 필요가 있습니다. 의혹이 생기지 않도록 아주 명확해야 한다는 말입니다. 인터넷사업 종사자들은 대부분 자신이 무엇 때문에 프레젠테이션을 하고 있는지 그 이유를 제대로 이해하지 못하는 경향이 있습니다. 그런 까닭에 만 건의 사업계획서 가운데 겨우 12건만이 자본가들의 관심을 끌 수 있습니다.

최근에 벤처투자 유치 프레젠테이션에 관한 아주 훌륭한 기사를 하나 읽었습니다. 그 기사에 의하면, 프레젠테이션을 실시하려면 계획안을 계속 개선시키고 천 번 이상 연습을 하라고 합니다. 여러 번 준비할수록 원하는 결과에 도달할 가능성이 높아지니까요. ‘나한테 좋은 아이디어가 있으니까 벤처투자가들에게 연락을 하고 찾아가면 나에게 돈을 대줄 거야.’ 이렇게 순진하게 생각하는 사람들이 많습니다. 2000년 봄에 나스닥이 폭락한 이후, 그런 시절은 끝났습니다. 그러므로 당신은 자녀나 동료들 앞에서 선보였을 때 그들이 투자하고 싶다고 생각할 만큼 명확하고 논리적인 프레젠테이션을 구상해야 합니다. 그리고 여러 번 반복하여 연습하면서 매번 프레젠테이션을 평가하고 개선시키는 것이 중요합니다.

시청각자료나 파워포인트를 사용한다면 모든 구매자나 투자가들 가운데 시각적인 경향이 강한 50%에게 호소할 수 있습니다. 그런 도구들을 사용하지 않으면 그들은 귀를 기울이지 않을 것입니다. 그들은 강조할 부분에 점을 찍어가면서 일목요연하게 정리한 자료를 보아야 이해하는 사람들입니다. 시청각자료를 사용해야 하는 이유는 보기 좋게 정리할 수 있기 때문입니다. 그런 다음 청각에 호소하기 위해 말로 설명을 합니다. 이 점 역시 간과하기 쉽습니다. 즉, 모여 있는 모든 사람의 학습방식에 맞추기 위해서는 반드시 시각과 청각 양쪽 모두를 활용하여 프레젠테이션을 해야 합니다.

쇼딘 당신이 자신의 프레젠테이션을 평가할 때, 특별히 사용하는 분석방법이나 평가방법이 있습니까? 또 스스로 자신의 프레젠테이션을 평가하려는 사람들에게 들려줄 조언이 있으면 부탁드립니다.

트레이시 내 평가방법은 당신이 하는 방법과 똑같습니다. "가장 잘한 점은 무엇인가, 가장 부족한 점은 무엇인가, 개선점은 무엇인가?" 나는 늘 이렇게 묻습니다. 주식공모를 위한, 혹은 제품을 판매하기 위한 세일즈 프레젠테이션에서 사용할 수 있는 좋은 질문을 하나 소개하겠습니다. 잠재고객이 전혀 설득되지 않는 경우엔 이렇게 물어보세요. "고객님, 완벽한 제품이나 서비스는 이 세상에 존재하지 않습니다. 물론 이 제품도 완벽하지는 않습니다. 제가 소개한 내용 가운데서 어떤 약점을 보셨습니까?" 이것은 거의 실패한 듯 보이는 세일즈를 살릴 수 있는 가장 효과적인 질문입니다. 내가 자비를 들여서 벌인 막대한 양의 조사에서 나온 결과니까요. 이 표현은 글자 그대로 부정적인 대화를 비켜가는 효과가 있습니다. "완벽한 제품이나 서비스는 이 세상에 없습니다. 물론 이 제품도 그렇습니다. 제가 소개한 내용 가운데서 어떤 약점을 보셨습니까?" 이렇게 물은 다음 기다리세요. 잠재고객은 자신이 본 결정적인 약점, 자신이 의심을 하거나 냉담하게 된 이유, 주된 거부 이유를 말해줄 것입니다. 종종 잠재고객은 자신이 구매하도록 만들기 위해서 당신이 어떻게 하면 되는지 그 열쇠를 말해주기도 합니다.

예컨대 이렇게 말할 것입니다. "당신은 이것이 어떤 것을 가능하게 해줄 것이라고 말하지만 나는 그것이 어떻게 가능한지 도대체 이해할 수가 없네요." 다시 말해서 "나는 속임수에 당하는 게 아닐까 걱정돼요."라는 의미죠. 당신은 "그것 참 좋은 지적이십니다."라고 대답하면서 이렇게 설명하면 됩니다. "우리가 위임했던 외부기관이 발표한 연구보고서를 보여드리지 않았군요." 혹은 "이것은 〈포춘〉지에 실린 기사입니다. 이 문제에 관해 〈포춘〉이 어떻게 말하고 있는지 잠깐 보여드리겠습니다."

'세일즈는 논리적인 행위의 결과'라는 판매의 기본원리를 명심하기 바랍니다. 흔히, 판매는 아주 정서적인 작업이라고 여깁니다. 하지만 사람의 감정은 올바른 논리에 자극을 받습니다. 잠재고객은 이렇게 말할 것입니다. "나는 그 문제에 대해 별로 생각해보지 않았어요." "그것이 사실인지 모르겠군요." "나는 이걸 그렇게 생각하지 않는데요."

좋은 정보만이 이렇게 부정적이거나 중립적인 태도의 고객을 180도 바꾸어놓을 수 있습니다.

쇼딘 프레젠테이션을 더욱 설득력 있게 강화하려는 사람들에게 추천하고 싶은 좋은 자료가 있습니까?

트레이시 내 책 ≪판매의 원리(Advanced Selling Strategies)≫를 권합니다. 아마도 그 책이 판매에 관한 책들 가운데에는 최고가 아닐까 생각합니다. 적어도 당신 책이 나오기 전까지는 말입니다. 그 책 안에는 판매에 관한 모든 내용이 담겨 있습니다.

록산느 에머리히(Roxanne Emmerich)

다음 인터뷰 대상인 록산느 에머리히는 전통적으로 남성 중심의 산업이라는 금융서비스 분야에 종사하면서 많은 편견을 극복한 여성이다. 그녀는 세일즈맨이자 전문강사로 대단히 큰 성공을 거두었으며, 자료지향적인 새로운 세일즈모델을 개발했다. 그녀의 프로젝트 접근방식은 고객에 관한 철저한 사전조사를 기본으로 삼는다. 금융서비스업계에서 그녀의 인기는 가히 하늘을 찌를 듯하다. 이것은 그녀가 철저한 재검토를 원칙으로 삼고 있기 때문이다. 그녀는 프레젠테이션을 구상하기에 앞서 핵심 관리자들로부터 자세한 정보를 얻어낸다. 대부분의 관리자들은 이런 그녀의 간섭에 나중에는 감사하게 되는데, 그것이 그녀가 일을 잘 처리하기 위해서 중요한 부분이라는 사실을 깨닫기 때문이다. 록산느는 자신의 전문분야가 '관리자나 리더들과 함께 일하면서 그들에게 생기와 일에 대한 열정을 불어넣는 것'이라고 말한다.

테리 쇼딘 록산느, 당신은 어떻게 금융계에서 일하게 되었나요? 또 이 도전적인 시장에서 필요한 지식을 익히고 전문 컨설턴트이자 프로강사로 자부심을 갖고 일하게 된 계기는 무엇입니까?

록산느 에머리히 나는 대학을 졸업하고 대출계원으로 사회생활을 시작했습니다. 업체에 자금을 대부해주고 돌려받는 일이었죠. 내가 처음 그 일을 시작했을 때는 여성이 그런 역할을 하는 것을 못마땅하게 생각하는 사람들이 많았습니다. 그러니까 나는 일종의 시장점검용 샘플 같은 존재

였지요. 처음으로 열린 대출계원총회에 참석했을 때, 참석자가 423명이
었는데 그 중 422명이 남자였지요.

쇼딘   당신이 유일한 여자였군요?

에머리히   네. 유일한 여자 참석자였습니다. 총회가 개최된 장소는 '제
네바호(湖) 플레이보이 클럽'이었답니다. 자신에게 어울리지 않는다고
느껴지는 행사에 참석해야 했던 경험이 있습니까? 당시 내 입장이 바로
그랬습니다. 그 행사는 우리에게 판매방법을 가르치는데 꽤 많은 시간을
할애했기 때문에 흥미롭기는 했어요. 하지만 그들이 가르치는 판매방식은
매우 교묘하고 뻔뻔스럽다고 느껴졌습니다. 그래서 나는 속으로 생각했습
니다. '이런 식으로는 절대 팔지 않겠어! 내가 사람들에게 가치를 더해줄
수 없다면 도대체 무엇 때문에 그들의 거부에 대항해야 한다는 거지?'
　그들이 나에게 시키는 것을 나는 절대 할 수 없기 때문에 나는 분명 해
고당하게 될 거야, 라고 생각하면서 집으로 돌아가던 기억이 떠오르네
요. 대신 나는 '고객의 요구가 무엇인지 정확히 파악하기 위해 좋은 질문
을 던지는' 과학을 깨우치기로 마음먹었습니다. 그리고 몇 년 동안 정말
그렇게 했습니다. 몇 년 뒤, 나는 지주회사를 위해 신생은행과 중개업소
들을 출범시키는 일을 맡았습니다. 우리가 제일 먼저 출범시킨 은행은
성장과 수익성 면에서 미국 내 신기록을 세웠습니다. 우리가 성공한 요
인 가운데 하나는 '전화응답 시스템'을 발전시켰기 때문입니다.
　첫 전화를 받은 사람은 말린이라는 여자였습니다. 이율을 묻는 전화였
지요. 그런데 말린은 이자율만 알려주고 바로 전화를 끊더군요. 마침 내

가 옆에 있다가 통화내용을 듣고 무슨 일이냐고 물었습니다. 그녀의 대답을 듣고 나는 이렇게 말했습니다. "자, 잘 들어보세요. 우리는 은행이에요. 우리는 돈이 필요해요. 이율이 얼마냐고 묻는 사람은 돈을 갖고 있는 사람이에요. 그러니까, 다음에 그런 전화가 오면 몇 가지 질문을 해서 그들의 요구와 목표가 무엇인지, 그 돈으로 무엇을 해야 하는지 파악하도록 하세요." 나는 같이 앉아서 몇 가지 질문목록을 만들어보자고 제안했습니다.

요즘은 은행 직원들을 가르치거나 비디오 훈련프로그램을 운영하면서 옳게 질문하는 법을 가르치는 것이 내 업무 가운데 30% 이상을 차지해요. 누군가 전화를 걸어오면, 우리는 이율만 답해주는 데 그치지 않고 슬쩍 몇 가지 질문을 건네서 우리의 고객이 되도록 유도합니다.

예를 들어볼까요? 나는 여기 세인트폴에 있는 한 지주회사와 밀접한 관계를 맺고 있어요. 내가 이 회사의 교육을 맡고 있기 때문이죠. 우리 은행에 근무하는 직원들은 출납계원에 이르기까지 모두 회사의 주식을 보유하고 있기 때문에 장기 근속하는 직원이 많아요. 그래서 우리가 고객에게 하는 질문 가운데 하나는 이것입니다. "대출계원들의 평균 근속기간이 5개월이라고 합니다. 좋을 때나 힘들 때나 늘 같은 자리에 앉아서 당신의 사업을 이해해주는 대출계원이 있으면 당신에게 더 유리할 거라고 생각하지 않으십니까?"

일단 우리가 그렇게 묻고 나면, 이직률이 중요한 이슈가 됩니다. 우리 은행의 특징 가운데 그들에게 필요한 것이 무엇인지를 우리가 인식하게 해준 것이죠.

최근 나는 한 정보통신업체를 위한 세미나를 열었습니다. 한 여자 참석자가, 사람들에게 인생의 목표가 무엇인지 이해하도록 돕고 그에 맞는 직업을 찾아내는 방법을 가르치는 일에 대해 말했습니다. 그녀는 이렇게 말했죠. "이 프로그램을 기업들에게 어떻게 판매해야 할지 모르겠습니다. 그들은 직원들이 이 세미나를 듣고 나면 회사를 떠날 것이라는 우려로 거부하곤 합니다."

그래서 나는 그녀에게 다음과 같은 질문을 해야 한다고 말해주었습니다. "직원들의 적성을 알게 된다면, 둥근 막대를 둥근 구멍에 끼우고 네모난 막대를 네모난 구멍에 끼우듯 그들을 적절한 부서에 배치할 수 있습니다. 이 일이 정말 중요하다고 생각하지 않습니까? 직원들에게 이 세미나를 듣게 해서, 매일매일 하면서도 비참하게 여기던 자신의 일을 즐기면서 할 수 있게 도와주는 것이 좋지 않을까요?"

일단 그런 식으로 질문을 하면 사람들은 그 가치를 인식합니다. 그것은 가장 핵심적인 문제와 관련된 질문이기 때문이죠. 그런 질문은 매우 효과가 큽니다. 우리는 세일즈 프레젠테이션에서 청중의 거절을 처리하느라 많은 시간을 소비합니다. 사실 우리가 옳은 순서에 맞게 옳은 질문을 던질 줄만 안다면 거부를 처리할 필요도 없는데 말입니다. 이제 당신은 그들이 필요로 하는 것이 무엇인지, 그들을 자극할 수 있는 단추가 무엇인지, 싫어하는 것이 무엇인지 파악했습니다. 그러니까 당신이 이미 알고 있는 것이 그들에게 가장 맞는다는 주장만 하면 되는 것이죠.

쇼딘　　그렇다면 당신이 물어보는 질문이 정해져 있나요? 만일 당신이 5~6개의 질문을 한다면 사전에 너무 많은 질문을 한다고 짜증을 내는 사람들은 없나요?

에머리히 　그것은 질문의 질에 달렸지요. 만일 상황에 따른 질문을 한다면 몹시 짜증을 낼 겁니다. 예컨대 "이것에 쓸 수 있는 돈이 얼마나 됩니까? 예산이 얼마나 되나요? 언제 이것을 위한 계획을 세우나요?" 따위의 질문들이지요. 하지만 다음과 같은 질문을 한다면 그들은 "와! 그런 생각은 미처 못했습니다. 정말 좋은 질문이군요."라고 반응할 것입니다. "지금 당신에게 가장 중요한 일은 무엇인가요? 당신의 도전목표는 무엇입니까? 직원들이 어떻게 생각을 바꾸기 바라십니까? 그들이 어떻게 변하기를 원하십니까?" 같은 질문 말입니다.

그들은 당신이 제안하는 상품을 구매하기로 결정하고 결국 이렇게 말할 것입니다. "당신은 나에게 다르게 생각하는 법을 가르쳐주었습니다." 그래서 우리는 좋은 질문을 하는 방법을 가르치는 데 주력하고 있습니다.

내 사무실에는 우리가 '오렌지 시트'라고 부르는 질문지가 있습니다. 누구라도 사무실에서 1, 2주만 지내면 그것을 어떻게 이용하는지 충분히 훈련할 수 있습니다. 그리고 나처럼 효과적인 질문을 할 수 있게 되지요. 나는 그들에게 잠재고객이 하는 말을 단어 하나하나 그대로 적어보라고 합니다. 특별한 재능이 필요한 일은 아닙니다. 그저 질문을 읽을 줄만 알면 누구나 가능한 일입니다.

우리는 '은행업무의 돌파구 찾기'라고 부르는 비디오 훈련프로그램을 진행하는데, 금융계에서는 이것이 중요한 훈련법이 되었습니다. 이것은 기본적으로 옳은 순서에 맞추어 질문들을 발전시키는 방법을 보여주는 프로그램입니다. 예를 들어 보겠습니다. 모기지론(mortgage loan)에 대해서 문의전화를 하는 사람들은 대개 이런 질문부터 합니다. "그 은행의 대출금리가 얼마입니까?" 그런데 모기지론의 경우, 사실 금리는 그리 큰 문제가 아니죠. 이런 상품은 기본적으로 대출금리가 유리한 편이고, 융자수수료와 부수적인 비용 역시 가장 좋은 상품들이기 때문입니다. 그래서 대출이자율만 비교하는 것은 사과를 오렌지와 비교하는 꼴이죠. 대개 이자율이 가장 좋은 상품은 다른 거래조건이 가장 나쁜 편이기 마련입니다.

그래서 우리는 직원들에게 제일 먼저 이렇게 질문하라고 가르칩니다. "대출금리가 가장 유리한 상품을 찾으시나요, 아니면 가장 가치 있는 상품을 찾으시나요?" 대개 그 두 가지 상품이 같지는 않죠. 상대방은 바로 이렇게 되물을 겁니다. "그게 무슨 뜻이죠?"

"고객님께 가장 적합한 모기지 상품을 찾기 위해 몇 가지 질문을 드려도 괜찮겠습니까?" 그 다음에는 다음과 같은 질문을 할 수 있습니다. "그 집에 얼마나 오래 거주할 생각이십니까?" 그것은 아주 중요한 사항입니다. 왜냐하면 한 집에 거주하는 기간은 평균적으로 5~7년인데, 모기지론은 평균 30년 동안 분할 상환해야 하기 때문입니다.

"지난번에 이용하신 모기지론은 어땠나요?"라고 물으면 그들은 몇 가지 정보를 줄 것입니다.

"그 상품이 마음에 드셨나요?"

"우리는 그 상품이 유통시장(secondary market)에서 팔리고 있다는 점이 마음에 들지 않았어요."

이런 대답을 듣고 단 다음에는 "우리 모기지 상품 가운데는 유통시장에서 팔리는 것이 있습니다."라고 말하고 싶은 생각은 들지 않을 겁니다. 상대방이 어떤 점에 거부감을 느끼는지 배경지식을 갖고 있으니까 말이죠. 이렇게 미리 질문을 하면 거절당할 위험을 피해갈 수 있습니다.

쇼딘　금융대출업을 위한 표준 질문지가 있나요, 아니면 당신의 사무실 업무에서만 사용하는 질문지인가요?

에머리히　표준 질문지를 사용합니다. 은행 내의 모든 부서를 위한 표준 질문지이지요. 그런데 나는 각종 산업 분야와 연관을 맺고 있어서 그들에게도 이 질문지를 활용하도록 가르칩니다. 사실 그들 가운데 어느 업체도 서로 유사한 곳은 없습니다. 모두 다르지요. 왜냐하면 모두 경쟁력 있는 장점을 바탕으로 자기 분야에서 특별한 영역을 구축하고 있으니까요. 어떤 산업에 종사하더라도 다 마찬가지입니다. 내 시트에 있는 질문 하나를 예로 들어볼게요. 나는 오랫동안 이 일에 종사했기 때문에 내 실적은 어느 정도 예측이 가능합니다. 성과가 좋지 않아서 내가 두 건 정도 계약을 따내는 날에도 사람들은 여전히 내가 열 건을 따낸다고 생각하지요. 그런 이유 때문에 나는 아직 이 질문을 할 만큼 용기가 나지는 않지만, 언젠가는 할 수 있는 날이 올지 모르겠어요. 바로 이런 질문입니다. "당신은 견실성을 얼마나 중요하게 여깁니까? 꾸준히 좋은 성과를 내는 사람은 나쁜 결과를 낼 가능성이 그만큼 적지 않을까요?" (한 명의 서투른 발표자가 회의 전체를 망쳐놓을 수 있다는 점을 생각해 보세요.)

쇼딘　당신이 다른 사람과 경쟁을 벌였던 특별한 상황이 실제로 있었습니까? 대출계원이나 강사, 어느 쪽으로든 말입니다. 그리고 그렇게 질문을 하는 과정이 정말로 고객을 당신에게 돌아서게 만드는 효과가 있었습니까? 경쟁자보다 당신에게 유리한 상황을 만드는 데 도움이 되었나요?

에머리히　늘 그랬습니다. 어느 프로그램에서 내가 핵심이 되는 연설을 맡은 적이 있어요. 그리고 덜 중요한 발표를 오히려 나보다 더 유명한 사람들이 맡았죠. "어떻게 이런 일이 생겼지?"라는 생각이 들더군요. 그건 내가 묻는 질문들 때문이라고 생각했어요. 프로그램이 시작될 무렵 나는 우스꽝스러울 정도로 긴장하고 말았어요. 이런 생각이 들었어요. "나는 하찮은 존재고 다른 사람들은 전설적은 인물들이야." 그렇다면 그 프로그램 기획자들은 그 점을 몰랐을까요? 그들은 내가 더 깊이 있게 생각한다고 느끼고, 자기 직원들에게 그런 점을 전달하기를 바라고 있는 것이라는 데 생각이 미쳤습니다. 그래서 나는 성공적으로 내 역할을 해냈어요.

쇼딘　정말 중요한 지적입니다. 중요한 인물과 하찮은 사람을 결정짓는 요소는 구매자들의 인식에 달린 문제니까요. 그러니까 자신이 원하는 일을 추구하거나 자신이 성공의 사다리에서 정당한 위치에 있다고 생각하기를 두려워하지 말아야겠어요.

에머리히　옳은 말씀입니다. 지난해에 나는 어느 프로그램에 참여했는데, 매달 한 명의 강사를 초빙하더군요. 그런데 대부분의 강사가 2만 5천 달러 수준을 받는 사람들이었죠. 사실 나는 아직 그만큼 받는 단계는 아니랍니다. 하지만 프로그램이 끝나고 그들에게서 편지 한 장을 받았는데 이런 내용이었습니다. "오래 전부터 우리는 프로그램에 여성 강사를 세우는 모험을 감행하고 싶었습니다. 하지만 주저했던 이유는 시장에서 그

것이 어떻게 받아들여질지 알 수 없었기 때문입니다. 그런데 당신의 강의는 우리가 그동안 시도했던 프로그램들 가운데서 최고로 인기가 있었을 뿐 아니라 내용 면에서도 최고였다는 평가를 받았습니다."

그때 나는 세일즈를 할 때와 마찬가지로 어떤 상황인지를 파악하려고 사전에 수없이 많은 질문을 했습니다. 그리고 강의실에 들어갈 때쯤에는 상황이 어떻게 돌아가고 있는지 거의 모든 것을 파악했죠. 그것이 어떤 상황인지, 왜 그런 상황이 되었는지, 어떻게 그런 상황이 되었는지에 관한 역사까지 모두 파악이 된 상태였죠. 그 결과 일을 성공적으로 완수할 수 있었습니다. 그 일을 맡은 사람이 록산느 에머리히든 미국의 미래 대통령이든 그것은 그들의 관심거리가 아닙니다. 그들이 정말 관심을 갖고 있는 것은 바로 '결과'입니다. 그러므로 당신이 좋은 질문을 할 때, 그들은 당신이 자신들이 바라는 결과를 가져다줄 것이라고 믿게 될 것입니다. 반대로 좋은 질문을 하지 않는다면 판에 박힌 내용을 전달하는 것처럼 보이겠지요. 강의든 세일즈 프레젠테이션이든 그 외에 무엇이든 진부한 것을 원하는 사람은 아무도 없다는 점을 명심해야 합니다.

쇼딘 자신들의 특별한 요구에 맞춰주길 바라는 경우는 없나요?

에머리히 예리한 질문이군요. 대개 사람들은 자신들이 얻게 될 결과를 알고 싶어하죠. 나는 항상 내 질문지에 있는 질문 한 가지를 합니다. "내가 성공해왔는지 아닌지를 어떻게 아실 수 있을까요?" 그것은 흥미로운 질문입니다. 왜냐하면 평가를 내릴 수 있는 사람은 그 행사를 기획한 담당자들뿐이니까요. 궁극적으로 CEO들은 평가가 어떻게 나오는가에 관심이 없기 때문에 그 대답을 할 수 있는 대상은 아닙니다. CEO들이 관심을 갖고 있는 것은 결과입니다. 그리고 그들은 행사 담당자들을 그 자리에 둘지 내보낼지 결정할 사람이기도 합니다. 그렇기 때문에 궁극적으로 중요한 것은 결과입니다. 그러니까 나를 고용한 사람이 기획자이긴 해도 나는 항상 다른 결정권자들과 대화를 하려고 노력합니다. 그들이 거기서 얻고자 하는 것이 무엇인지 확실하게 알아내야 하니까요.

최근의 사례를 하나 들어볼까요? 미국 내에서 가장 큰 은행 가운데 한 곳에서 나를 고용했습니다. 물론 나를 고용한 사람은 회의를 기획하는 담당자였지요. 나는 그녀가 회의 기획 담당자이기 때문에 회사 안팎에서 일어나는 모든 사정을 이해하고 있지는 못할 것이라고 생각했습니다. 그래서 마케팅 책임자, 인사 책임자, 그리고 CEO와 각각 15분씩 전화통화를 하면서 몇 가지 질문을 해야 한다고 말했습니다. 물론 그녀는 그들과 모두 통화를 할 수 있도록 해주었습니다. 내 강의가 끝난 후 CEO가 내게 와서 이렇게 말하더군요. "당신은 우리 회사에서 25년 이상 근무한 사람 같습니다. 우리 은행에 대해 나보다 더 많이 알고 있더군요. 적어도 그렇게 느껴졌어요!" 물론 나를 고용한 담당자야 더할 나위 없이 만족스럽다는 반응을 보였습니다.

좋은 질문을 하기 바랍니다. 강연을 할 때도, 다른 모든 분야에서도 항상 그렇게 해야 합니다. 당신이 고객들이 불평하는 원인을 진정으로 이해하게 되면, 그들은 당신 외에 다른 사람에게서는 절대로 구매하지 않으려고 할 것입니다.

"들어보세요. 나는 당신의 모기지에 대한 채권 전액의 반환을 청구했어요. 차라리 길 건너의 ABC 회사로 옮기는 편이 나을 것 같군요." 심지어 당신이 이렇게 말해도 그들은 말할 겁니다. "알아요. 하지만 나는 여기가 편해요. 당신은 나한테 옳게 판단하는 방법을 알려주었어요." 가끔은 정말 당신이 소개해준 다른 회사로 옮기는 사람도 있을지 모릅니다. 그러나 사람들은 대개 자신에게 관심을 기울이는 사람을 찾는 경향이 있습니다. 나는 세일즈에서도 이와 마찬가지의 법칙이 성립된다고 봅니다.

제네바호 플레이보이 클럽에서 내가 배운 판매스타일을 나는 '남성형 모델'이라고 부릅니다. 여성은 이 분야에서 여전히 새로운 존재입니다. 우리가 지금까지 배웠던 것은 모두 남성형 모델들입니다. 그것은 '계속 밀고 나가는' 스타일의 판매형태를 말합니다. 여성들은 어떻게 '밀고 나가야 하는지' 본능적으로 알고 있다고 나는 생각합니다. 우리는 어떻게 말해야 하는지 알고 있어요. 예컨대 이런 식이죠. "자 보세요. 당신을 도와드리고 싶어요. 어떻게 하면 당신의 생활이 더 나아질 수 있을지 알아보죠." 여성들은 본래 사교적인 성향이 있으며, 경쟁보다 협조적인 면이 강하잖아요.

쇼딘　말하기를 좋아한다는 뜻인가요?

에머리히　말하기를 좋아할 뿐 아니라, 상대방이 원하는 것을 얻도록 도와주려고 하지요. 오랜 세월 동안 어머니들의 모습을 보면서 배워온 것들이죠.

쇼딘　다시 말해서, 상대방이 원하는 것을 얻도록 돕기 위해 최선을 다하는 능력이 필요하다는 말인가요?

에머리히　맞아요. 여자들은 인형을 돌보는 법과 사람을 돌보는 법을 배우면서 사교적으로 자라죠. 그런데 남성형 모델을 기초로 삼은 판매방식을 배우기 위해 그런 장점을 버려야 한다는 것이 말이 되나요? 여성형 모델이 훨씬 더 능률적인데, 우리는 우리 자신이 그런 모델이라는 사실조차 인식하지 못하고 있어요. 내가 말하는 여성형 모델(이것은 다른 사람들에게서 들어본 적이 없는 이론이에요. 내가 생각해낸 이론이죠)은 여성들이 좋은 질문을 더 잘한다는 뜻이기도 해요. 우리는 이렇게 말하죠. "당신이 나에게 말한 내용을 토대로 좋은 아이디어가 떠올랐어요." 그러면 사람들은 "정말 좋은 생각이네요!"라고 하면서 우리의 상품을 구매합니다. 아주 쉽죠?

쇼딘　당신은 세미나를 할 때 실제로 그 방식을 주장하나요? 그것을 정말 '여성형 모델'이라고 부르나요?

에머리히　아니요. 그렇지는 않아요. 하지만 프레젠테이션을 진행할 때 남성형 에너지와 여성형 에너지의 차이에 대해 말합니다. 그 다음 남성형 에너지를 여성형 에너지로 전환시키는 방법을 설명하지요. 여성형 에너지로 전환하는 방법에 대해 설명하는 시간이 판매방법에 대해 설명하는 시간보다 더 깁니다. 나는 심리학자들의 말을 인용하곤 합니다. 그들은 "건강한 남성의 일면에는 매우 강한 여성성이 숨어 있고, 건강한 여성의 안에는 매우 강한 남성성이 숨어 있다."고 말하죠. 그러니까 건강한 남성은 한편으로 상처받기 쉽고, 유쾌하며, 어린애 같은 일면을 지닐 수 있습니다. 반대로 건강한 여성은 모임을 이끌어 나가거나, 어떤 일을 추진하고, 단호하며, 행동으로 옮길 능력을 가지고 있지요. 우리도 일을 처리할 때 그렇게 못할 이유가 없겠죠? 요컨대 남성성과 여성성 사이의 균형을 유지하는 것이 중요합니다.

쇼딘　덧붙여 말할 중요한 이야기가 더 있나요? 세일즈 프레젠테이션을 할 때 기억해야 하는 세 가지 핵심요소가 있다면 무엇일까요? 물론 첫째는 '옳은 질문하기'겠죠. 그렇다면 둘째는 무엇인가요?

에머리히　사실 첫째는 자신의 위치를 확인하는 것입니다. 즉, 시장에서 독특하고 차별화된 자신만의 위치를 구축해야 잠재고객이 '아! 우리가 찾던 사람이 바로 당신이야!'라고 외칠 겁니다.

둘째는 자신의 위치를 기초로 질문을 만들어서 잠재고객이 그런 차별성을 원하는 이유를 말하도록 만들어야 합니다. 셋째는 항상 옳은 일을 행해야 합니다. 이 덕분에 우리는 많은 산업들과 관련을 맺게 됩니다. 예컨대 우리는 이렇게 말할 수 있습니다. "이해하시겠어요? 나는 그 일에 적합한 사람이 아닙니다. 이것은 거기에 적당한 상품이 아닙니다. 다른 제품을 찾아보시는 게 낫겠네요." 궁극적으로 그렇게 하는 것이 당신에게 득이 되고 언젠가 보답으로 돌아옵니다. 단기적으로 볼 때 당신은 "이크, 이게 망가졌군요. 환불해드리겠습니다."라고 말했을 뿐이지만 장기적으로 보면 그 결과가 항상 다른 방식으로 돌아옵니다. 만일 당신이 잘못된 제품을 판다면 고객의 기대에 부응하지 못하고, 그들을 행복하게 만들지 못하며, 자신에게 만족감을 느끼지 못할 것입니다. 자존심을 버릴수록 당신은 더 강해질 것이고, 다른 상품까지 팔 수 있습니다.

넷째, 시장에서 당신이 들어갈 수 있는 틈새시장을 노리는 것입니다. 그리고 그 시장에서 단순히 세일즈맨이 되기보다 자원이 되어야 합니다. 즉 고객들이 정보를 얻기 위해 당신을 찾게 만들어야 한다는 말입니다.

쇼딘 자원이 되어야 한다고 하셨습니까?

에머리히 그렇습니다. 설령 고객이 필요로 하는 제품을 당신이 갖고 있지 않을 경우에도 그들이 가장 먼저 찾는 사람이 되어야 한다는 의미입니다.

쇼딘 오늘 말씀 감사합니다.

록산느 에머리히의 질문지를 구하고 싶다면 ≪모기지론을 문의하는 고객들에게 물을 수 있는 강력한 질문들(Powerful Questions to Ask People Who Make Mortgage Loan Inquiries)≫을 참조하기 바란다.

스콧 프리드먼(Scott Friedman)

마지막 인터뷰 대상은 스콧 프리드먼이다. 그는 훌륭한 강사이며, 고객의 요구에 맞추어 연설에 유머를 가득 섞어서 전달할 줄 아는 프레젠테이션 전문가이다. 그는 자신을 '동기부여 유머작가' 라고 부른다. 30대인 그는 벌써 15년 이상의 경력을 가진 매우 성공한 강사로, 매년 많은 청중을 대상으로 100회 이상 프레젠테이션을 한다. 3일마다 한 건의 대형 프레젠테이션을 진행하는 셈이다! 스콧의 성공요인 가운데 하나는 그가 고객에게 매우 창조적으로 접근한다는 점이다. 또 그는 자신의 서비스를 대대적으로 판매하며 고객들과 정기적으로 접촉을 유지하기 위한 마케팅과 홍보 캠페인을 펼친다. 그 일환으로 해마다 주요 명절이면 익살스런 카드를 모든 고객들에게 발송한다. 그의 로고는 익살스런 뼈다귀 모양이다. 특히 장래성 있어 보이는 잠재고객에게는 익살스런 선물을 보내기도 한다. 예컨대 미국 독립기념일에는 '스콧 프리드먼이 당신의 인생에 양념을 쳐드립니다' 라고 적힌 상표가 붙어 있는, 집에서 만든 바비큐 소스를 보낸다. 또 밸런타인데이에는 사탕을 이어서 하트를 만들고 그 중간에 자신의 로고인 익살스런 뼈를 붙여서 보내기도 한다. 가장 최근에 보낸 특별 선물은 비치 샌들로, 그것을 신으면 www.funnyscott.com 이라는 그의 인터넷 주소 앞에서 불이 반짝거린다. 그가 아이다호주의 한 단체와 약속을 잡기 위해 말 그대로 몇 년 동안 줄기차게 연락을 했다는 일화는 스콧의 인내력이 얼마나 대단한지 설명해준다.

테리 쇼딘 고객의 문 안으로 들어가거나 자신을 팔기가 까다로운 경우에 사용하는 특별한 시나리오가 있습니까?

스콧 프리드먼　　나는 11~12년 동안 강사로 일해왔습니다. 내 고객 가운데 '아이다호 워터 유저스 협회'가 있습니다. 이 단체에 매년 프로그램을 보냈지만 그들은 한 번도 계약을 해주지 않았습니다. 그래도 나는 새로운 프로그램을 시작하기 전에는 항상 그들에게 '행운의 카드'를 보냈습니다. 별 의도가 없는 것처럼 말이죠. 그 다음에는 축하 카드를 보냈습니다. 이렇게 하면서 6년 동안 1년에 단 한 차례씩 짧게 전화를 했습니다. 나는 1년에 단 한 차례만 전화로 나를 고용하라고 조르지요. 그들에게 자주 전화하거나 자주 접촉하지 않을수록 그들의 생활이 더 나아진다고 믿기 때문에, 될 수 있는 대로 전화를 하지 않습니다. 그래서 나는 1년에 딱 한 번만 전화를 걸어서 그들의 프로그램에 왜 내가 가장 어울리는 후보인지 설명을 했습니다. 그런 다음 그들의 기억 속에 무엇인가 웃음이나 긍정적인 씨앗을 심어줄 수 있는 것들을 보내곤 했지요.

그렇게 6년이 되었을 때 마침내 강사를 채용하는 책임자가 나를 고용했습니다. 프로그램이 끝난 다음 그는 이렇게 말했습니다. "어떻게 감사하다는 말씀을 드려야 할지 모르겠군요. 정말 훌륭합니다! 이렇게 잘해주셔서 정말 고맙습니다."

나는 그의 말에 조금 놀랐습니다. 그래서 그를 바라보면서 물어보았죠. "내가 잘할 것이라고 기대하지 않았다는 말인가요?"

그는 이렇게 설명하더군요. "솔직히 말해서 우리 이사회는 대단히 걱정을 했습니다. 당신은 농사 경험이 전혀 없는 분이니까요. 하지만 저는 그들에게 이렇게 말했습니다. '이 사람은 나에게 6년 동안이나 자료를 보내왔는데, 더 이상은 안 된다는 소리를 못하겠어요. 만일 이 강사가 별로 잘하지 못하면 우리는 올 한 해 조금 힘든 해가 될 겁니다. 내년 일은 내년 가서 걱정하죠.' 그러니까 이사회는 당신의 프레젠테이션에 보너스라도 받는 것처럼 여기고 있답니다."

그 경우 내가 했던 방법이 유일한 방법은 아니겠지만, 나는 계약을 따기 위해 할 수 있는 모든 방법을 동원했다고 생각합니다. 일이 성사되려면 상호작용의 법칙이 필요합니다. 당신이 어떤 사람을 위해 많은 일을 하고 나면 그 사람은 이렇게 생각하게 되지요. "좋아, 이제 내가 이 사람에게 무언가 해줄 차례군."

쇼딘 자료를 보내기 전에 그 사람과 이미 유대관계가 형성되었던 건가요?

프리드먼 카드를 받는 대상자 명단에 들어가려면 별로 많은 일을 하지 않아도 됩니다. 그저 잠재고객이 되는 정도로 충분합니다. 우리는 몇 가지 점에 대해 당신에게 전화로 설명을 할 것입니다. 그러나 A 명단에 올라가려면 어느 정도 유대관계가 형성되어야 합니다. 대화가 잘 진행된다거나 내 비디오를 보내달라고 요청한다거나 우리에게 어느 정도 관심을 보이면서 다음해에 우리와 계약을 할 수도 있다는 느낌을 주어야지요.

쇼딘 다른 사람들과 계속 거래관계를 유지하기 위한 시나리오가 있습니까? 그리고 그들에게 계속 자료를 보냅니까? 그러면 그들이 당신에게 전화를 해서 "스콧, 우리는 당신과 다른 사람 사이에서 고민하고 있어요. 그 계획표를 이런 식으로 수정해줄 수 있나요? 아니면 당신의 프로그램을 조금 다르게 변경할 수 있나요?"라고 말하고, 당신은 그들의 요구에 맞추어 그들이 당신에게 프레젠테이션을 맡겨야 하는 이유를 편집하나요?

프리드먼　　강사가 되기 전에 나는 인쇄회사 세일즈맨으로 사회생활을 시작했습니다. 그 무렵 우리 회사는 50만 달러의 가치가 있는 거래처를 잃었습니다. 그 첫 주에 나는 그 거래처를 담당했던 동료에게 물었습니다. "딕, 내가 그 거래처와 접촉해서 거래를 다시 살려보면 안 될까요?"

그는 이렇게 말했습니다. "원하는 대로 해봐요. 스스로 원하는 것을 시도하는 것이 가장 좋은 방법이니까."

나는 고객에게 내가 누구인지 알리고 싶었습니다. 그래서 그에게 포크와 함께 내 명함을 보냈습니다. 명함 뒤에는 이렇게 메모를 적었습니다. '우리는 지금도 당신과의 거래에 굶주려 있습니다.' 일주일 후 나는 그에게 전화를 걸었습니다. "안녕하세요? 스콧 프리드먼입니다."

그가 대답했습니다. "포크를 보낸 친구군요. 그렇죠?"

"예, 맞습니다."

"그건 정말 멋진 아이디어였소."라고 그가 말했습니다.

"저와 점심식사를 함께 하고 싶은 생각이 들 만큼 좋은 아이디어였나요?"

"맞아요."라고 그가 대답했습니다.

그래서 우리는 함께 점심을 먹었죠. 나는 왜 우리가 거래를 잃게 되었는지 알고 싶었습니다. 알고 보니, 뉴저지의 한 인쇄소가 약 2/3 비용에 똑같은 일을 하고 있었습니다. 즉 우리의 가격에 불만이 있었던 것이죠. 그가 내 첫 아이디어를 마음에 들어 했기 때문에 이번에는 작은 '셸 주유소' 모형을 사서 작은 쪽지와 함께 보냈습니다. '가격보다 더 중요한 것은 서비스가 아닐까요?' 마침 시기가 잘 맞았습니다. 뉴저지의 인쇄소가 약속했던 날짜를 제대로 지키지 못해서 원하는 날에 책을 발행하지 못하는 사고가 발생했던 거지요. 그래서 그들은 다시 우리와 거래를 하기 시작했습니다.

쇼딘 그것을 당신의 비즈니스 철학이라고 말할 수 있을까요? 그리고 고객의 문 안에 들어가기 위해서 창조적인 방법을 사용하는 이유는 무엇입니까?

프리드먼 나는 고객과 나의 개성을 연결시키는 방식으로 차별화를 꾀하고 있습니다. 그리고 그런 독특한 점이 그들에게 감동을 주면 절대 나라는 존재를 잊지 못하게 되지요.

쇼딘 그러니까 잠재고객을 찾아낸 다음, 그들의 관심을 끌기 위해 창조적인 일을 벌인다는 말이군요. 당신에게서 눈을 떼지 못하고 계속 강한 흥미를 느끼도록. 다른 경쟁자들은 대부분 조용하게 있는 동안 당신은 계속 그런 식으로 관심을 끌어당기는군요.

프리드먼 나는 마지막이 가장 중요하다고 생각합니다. 모든 사람들이 2, 3번 시도한 후 포기한 4, 5년 후에도 나는 여전히 그들을 내 명단에 올려놓고 선물을 보내지요. 물론 나에 대한 관심을 잃지 않게 만들려는 사후관리입니다. 그리고 그것은 나만의 개성에 맞추어 독창적으로 일을 처리하는 방법입니다. 일단 사람들이 내 개성을 파악하고 나면, 내 제안에 반응하기를 멈추고 내 개성에 반응하기 시작합니다.

쇼딘　당신의 가장 창조적인 판매제안은 무엇인가요? 다시 말해서, 누군가가 자신들의 회의를 위해 스콧 프리드먼을 고용해야 하는 이유가 무엇인가요?

프리드먼　나는 그들의 조직에만 맞는 독특한 프로그램을 보장합니다. 나는 어떤 일을 맡든 각 고객에게 맞추어 기획합니다. 내가 제시하는 이야기들을 그들이 이미 알고 있는 경우라도 나는 그것을 다른 식으로 말할 수 있습니다. 내가 그렇게 독특한 프레젠테이션을 할 수 있는 것은 각 단체와 각 시기에 딱 맞는 유머를 창조할 수 있기 때문입니다. 나는 기성화된 프로그램이 아니라 고객의 경험과 일치되는 프로그램을 창조합니다. 즉, 그들의 도전과제나 산업경향은 물론이고, 긍정적인 방향으로 재미를 돋워줄 수 있는 중요한 인물들, 그리고 차이를 만들 수 있는 도구와 기술을 적절하게 섞어서 하나의 프로그램을 창조합니다.

쇼딘　그것을 어떻게 합니까? 일단 계약을 맺고 나면 고객에게 맞추기 위해 어떤 종류의 조사를 합니까?

프리드먼　먼저 몇 페이지 분량의 사전 질문지를 보냅니다. 그것은 많은 양이 아니며, 시간도 조금밖에 안 걸립니다. 일단 그것을 돌려받으면 그들이 하는 일에 대해 어느 정도 감을 잡을 수 있습니다. 그 다음에는 그들의 웹사이트에 들어가거나 인터넷으로 약간의 조사를 합니다. 또 그 회사를 조금이라도 이해하기 위해 그들의 연간보고서를 훑어보기도 하지요. 그 다음에는 그 회사나 그 산업에 종사하는 중요한 인물 몇 명을 알아내서, 그들을 통해서 약간의 추가정보를 얻어냅니다. 아니면 참석할 모든 사람들에게 질문지를 발송하는 경우도 있습니다. 싱가포르에서는 엄청난 양의 조사를 벌인 적도 있습니다. 이런 활동을 하는 이유는 고객이 어떤 사람들인지 제대로 이해해야 하기 때문입니다. 그러니까 만일 그것이 신생산업이라면, 혹은 내가 신뢰할 수 있는 정보가 없다면 나는 모든 사람에게 설문지를 보냅니다. 그렇지 않으면 몇 명의 핵심 인물과 직접 대화를 하기도 합니다. 그리고 그들이 알아야 하는 것이 무엇인지 파악하고, 그 산업이 어떤 방향으로 나아가고 있는지를 알아냅니다.

그 다음 약간의 유머를 덧붙일 방법을 생각해봅니다. 나는 오랫동안 유머를 써왔으며, 코미디언과 함께 작업합니다. 그 사람과 나는 상황을 이해한 다음 머리를 맞대고 창조적인 아이디어를 짜냅니다.

쇼딘 그렇다면 세일즈를 하는 데 있어 가장 중요한 요소가 무엇이라고 생각하는지 요약해주시겠습니까?

프리드먼 세일즈 프레젠테이션에는 세 가지 기본 요소가 있습니다. 첫째, 고객에게 독창적인 방법으로 다가가서 자신을 차별화시켜야 합니다. 둘째, 친절해야 합니다. 이것은 당장 판매를 하지 못하더라도 미래에 판매를 할 수 있게 자신을 부각시키는 방법입니다. 셋째, 고객의 생활을 향상시키는 방식으로 꾸준히 접촉을 유지해야 합니다.

당신의 미래, 프레젠테이션이 결정한다

프레젠테이션에서 주의해야 할 아홉 가지

이제 당신이 모든 기본 요소를 제대로 갖췄는지 확인하기 위해 세일즈 프레젠테이션에서 가장 주의해야 할 아홉 가지를 간단하게 정리해보도록 하자. 이 목록을 다시 보면서 자신의 프레젠테이션 수준을 가늠해보길 바라며, 어떤 점을 개선해야 할지 깨닫기 바란다.

1. 즉흥적인 대화를 피하라

즉흥적으로 말하다 보면 대개 두서가 없고, 논리가 부족하며, 말이 한없이 늘어지기 쉽다. 이런 경우 프레젠테이션 시간이 너무 초과되어 오히려 좋은 성과를 내지 못하며, 고객은 요점을 파악하기 힘들게 된다. 또한 프레젠테이션에 활력을 불어넣어주는 시청각자료를 효과적으로 이용하지 못하거나, 정말 중요한 요점의 상당부분을 생략하고 넘어가는 실수를 저지를 가능성도 있다.

이런 실수를 방지하려면 미리 논리적인 구성계획서에 맞추어 프레젠테이션 연습을 해야 한다. 당신이 전달하고자 하는 모든 요점이 명확하고 간결하게 전달되는지 확인하라. 요점을 정리한 다음 복사해서 청중에게 미리 나눠주는 방법도 효과적이다.

2. 정보의 제공보다 설득에 치중하라

고객을 원하는 행동으로 유도하기 위해 설득하기보다는 정보를 제공하는 데만 치중하는 프레젠테이션을 종종 보게 된다. 이것은 정보만 제공하면 상대방이 "싫어요."라고 거절하지 않을 것이라는 예상에서 저지르는 오류이다. 하지만 단순히 정보를 제공하는 일은 '교사'의 역할이다. 세일즈맨은 좀더 설득적인 설명을 할 수 있어야 한다는 점을 명심하라.

이미 공인된 요구를 만족시키는 데 한정하지 말고 새로운 요구를 창조하는 프레젠테이션을 기획하는 방법을 배워두자. 선행(proactive)과 반작용(reactive)의 차이를 생각해보라. 구매하지 않으려는 반작용이 일어나기 전에 미리 거부를 예측하고 극복할 수 있는 프레젠테이션을 개발하라. 당신이 회사의 대변인이 되었다고 생각해야 한다. 고객에게, 왜 당신과 당신의 회사가 제안하는 행동에 따라야 하는지, 그리고 왜 지금 당장 그렇게 해야 하는지를 설득시켜라.

3. 시간을 제대로 활용하라

새로 출간된 책들에 대한 설명회를 개최한 대형 출판사 사장의 사례를 기억하는가? 각 책에 대한 설명을 30초로 너무 간단하게 줄인 탓에 회의가 한 시간이나 일찍 끝났다. 그가 각 책에 대해 좀더 성의 있는 프레젠테이션을 준비했다면 세일즈맨들의 사기와 용기를 높여줄 수 있도록 주어진 시간 전체를 효율적으로 사용할 수 있었을 것이다. 한편 세일즈맨의 프레젠테이션이 시간을 초과하면 이와 정반대 현상이 일어난다는 사실을 명심하라. 즉, 청중이 지루해하거나 설명에 무관심할 수도 있으며, 자신의 시간을 낭비하게 만든다고 화를 낼지 모른다.

주어진 시간이 얼마나 되는지 정확하게 확인한 다음, 그 시간 전체를 효율적으로 활용하여 설득력 있는 프레젠테이션이 되도록 준비하라. 그러기 위해서는 프레젠테이션을 미리 연습하는 것이 중요하다. 모든 요점은 시청각자료를 곁들여서 충분하게 설명해야 하며, 마지막 순간에 프레젠테이션 시간이 좀더 연장되거나 줄어드는 일이 생긴다면 무엇을 추가하고 줄일지 미리 생각해두어야 한다.

4. 충분한 자료를 제시하라

자신의 주장을 뒷받침해줄 증거를 제시하지 못한다면 그 제안이 통할 리 없다. 많은 사람들이 고객이나 잠재고객에게 왜 그렇게 해야 하는지 논리적인 주장을 펼치기보다는, 단순히 의견만 제시하는 경우가 많다. 잠재고객에게 당신의 주장을 증명할 수 있어야 한다. 그렇지 못할 경우 당신은 신용을 잃게 된다.

정확한 사례, 통계, 설명, 일화를 사용하여 주장하는 요점을 증명해야 한다는 사실을 명심하라. 잡지, 책, 인터뷰, 그 외의 연구자료 등은 이런 주장을 증명해주는 사실적인 자료가 될 수 있으며, 당신의 신용을 한층 강화시키는 데 도움이 된다. 또한 고객이 당신의 말에 더 흥미를 갖고 귀를 기울이게 만드는 효과가 있다.

5. 판매로 연결시켜라

믿기 힘든 일이지만, 많은 세일즈맨들이 프레젠테이션을 판매로 연결시키는 '마무리'를 제대로 하지 못한다. 구매하도록 설득하지 못하고 그냥 결론만 내리고 끝내버리는 것이다. 마무리란, 당신이 전달한 메시지의 결과로 잠재고객에게 행동을 하도록 유도하는 것을 말한다. 이에 비해 결론은 방금 했던 말을 단순히 요약한다는 의미이다. 많은 사람들이 판매로 연결되는 마무리를 짓지 못하는 이유는 "싫어요."라는 거절을 듣게 될까 두렵기 때문이다. 그리고 마무리를 하지 않으면 특별히 거절당하는 경험을 하지 않을 것이라고 믿는다.

설득적인 프레젠테이션이 되려면 반드시 판매로 연결시키는 능력이 필요하다. 최선을 다해서 부탁해야 한다. 그것이 바로 당신이 그 자리에 있는 이유이다. 당신이 많은 고객을 앞에 놓고 설명회를 가졌지만 판매가 별로 이루어지지 않았다면 자신에게 이렇게 물어보라. "내가 단순히 결론으로 끝냈는가, 판매로 연결하는 마무리를 했는가?" 후자는 잠재고객에게 행동을 유도하지만 전자는 빠져나갈 구실을 줄 뿐이다.

6. 지루하지 않게 하라

많은 전문가들이 자신의 프레젠테이션이 얼마나 지루한지 알지 못한다. 너무 많은 사실들, 진부한 설명, 평이하고 따분하며 단조로운 목소리로 진행되는 프레젠테이션이 얼마나 지루하겠는가? 때로 자동장치에서 흘러나오는 것처럼 똑같은 프레젠테이션을 오랜 세월 똑같이 반복하는 전문가들도 있다. 현대의 치열한 경쟁시장에서 잠재고객의 관심을 끌고 유지하려면 더욱 흥미진진한 프레젠테이션을 개발해야 한다.

창의성을 발휘하라! 에너지를 투자하라!

예리함을 유지하기 위해 녹음기에 녹음하면서 연습하는 방법도 좋다. 뒤로 돌려 들으면서 당신의 프레젠테이션이 어디서 산만해지기 시작하는지 판단하라. 그리고 그 부분을 보강하면 된다. 청중이 한 명이든 백 명이든, 적절한 자료를 활용하면 더욱 설득력을 발휘할 수 있다.

7. 시각적인 자료에만 의존하지 마라

팸플릿이나 전단, 혹은 슬라이드를 통해 제품이나 서비스를 판매할 수 있다면 세일즈맨이 왜 필요하겠는가? 시각적인 자료에 지나치게 비중을 두는 사람들은 잘못된 안도감에 빠져 있는 경우가 많다. 노트북 같은 도구가 프레젠테이션을 옳은 방향으로 진행시켜줄 것이므로 철저하게 준비할 필요가 없다는 착각에 빠지는 것이다. 이런 사람들은 시각적인 자료를 주인공으로 만들어서 시각적인 쇼를 진행하려고 한다.

하지만 주인공은 당신이고, 시청각자료는 조연에 불과하다는 사실을 기억하라! 프레젠테이션에 활력을 불어넣는 것은 당신의 역할이다. 프레젠테이션의 중요한 요점이나 주장을 강조하기 위해 시각적자료를 전략적으로 활용해야 한다. 프레젠테이션의 가치를 떨어뜨리기보다 한층 강화할 수 있도록 모든 보조도구를 갖고 미리 연습하라. 프레젠테이션을 책임지는 것은 그런 보조도구가 아니라 당신이라는 사실을 다시 한 번 명심하기 바란다!

8. 손동작과 몸놀림을 적절히 사용하라

말을 하는 중에 손짓을 하는 것은 자연스런 현상이다. 그러나 불행히도 많은 세일즈맨들이 중요한 고객 앞에서 프레젠테이션을 하는 동안 자신의 몸이 만들어내는 이상한 동작들을 깨닫지 못한다. 이런 사실들을 모르고 있으면 당신에게 해가 될 수 있다! 넥타이를 만지작거리거나, 머리카락을 잡아당기고, 볼펜을 딸깍거리는가 하면, 낙서를 하거나, 왔다 갔다 하고, 그 밖에도 불쾌함을 유발할 만한 여러 가지 행동을 한다.

이런 모든 행동은 매우 산만하게 보이며, 당신이 자신감에 넘치거나 자기관리에 유능하지 못하고 매우 불안한 사람이라는 인상을 주기 쉽다. 노련한 프로들은 세련된 몸놀림을 익히기 위해 거울 앞에서 연습을 한다. 자신의 프레젠테이션 모습을 비디오카메라로 촬영한 다음 자신이 고객들에게 어떻게 보이는지 확인하라.

9. 복장을 올바르게 갖춰라

부적절한 복장을 선택하는 실수를 범하고 있지는 않은가? 당신이 방에 들어선 순간부터 몇 초 사이에 고객들은 당신의 복장을 통해 당신에게 호감이 가는지 그렇지 않은지 판단하기 시작한다. 회사나 제품에 대해 말을 꺼내기도 전에 당신과 거래를 할지 말지 이미 결정해버릴 수도 있는 것이다. 프레젠테이션을 할 때는 비즈니스 복장을 착용해야 한다. 항상 때와 장소에 맞는 복장을 하기 바란다!

성공하기 위한 복장에 관한 책들은 많이 나와 있다. 큰 백화점의 패션 코디네이터에게 색상과 스타일에 대한 조언을 들은 다음, 다양한 프레젠테이션을 위한 복장계획서를 작성해두기를 권한다.

강력한 프레젠테이션 전문가가 될 수 있다는 자신감을 갖자

많은 세일즈맨들이 저지르는 실수와 그 개선방법을 알아본 것이 당신에게 수단이 되어줄 뿐 아니라 강력한 프레젠테이션을 할 수 있다는 자신감까지 불어넣었기를 바란다. 아홉 가지 주의사항 가운데 일부나 혹은 모두를 저지른다면 당신은 아주 좋은 기회를 놓치게 될지 모른다. 세일즈맨의 경우에는 판매기회를 놓침으로써 수수료는 물론이고 수천 달러의 소득을 날려버릴 수도 있다.

고객이나 잠재고객에게 말을 할 때 당신은 이 가운데 어떤 실수를 저지르는가? 자신의 프레젠테이션에 어떤 약점이 있는지 파악할 수 있다면 개선할 수도 있다. 그 결과, 더욱 신뢰감이 느껴지고, 더욱 세련되며, 더 설득력 있고, 더 일관성 있는 프레젠테이션을 창조할 수 있을 것이다.

내가 이 책을 쓴 이유는 세련된 프레젠테이션을 기획하고 전달할 줄 알게 되면 놀라운 마법이 일어난다고 믿기 때문이다. 그 마법은 기회의 문을 활짝 열 수 있을 만큼 강력하다.

나는 자신에게 이렇게 말했었다. "나는 판매에 종사하지 않아. 내 직업은 그런 일하고는 상관없어!" 그런데 내 일의 요소들이 어떻게 돌아가는지 다시 살펴본 후, 나는 비로소 깨달았다. "이런, 내가 판매에 종사하고 있다고는 한 번도 생각해보지 않았는데, 분명히 나는 판매를 하고 있군."

주변을 둘러보면 이런 사람들이 의외로 많다. "나는 회계사예요. 내 일은 판매와 무관해요." 그러면 나는, 만일 그들의 서비스를 필요로 하는 사람들에게 그들 자신을 팔지 않으면 처리해야 할 회계업무를 얻지 못할 것이라는 사실을 지적한다.

당신이 누구이든, 무슨 일에 종사하든, 무엇인가를 팔기 전에는 아무 일도 일어나지 않는다. 당신은 자신을 기업가, 즉 제품의 생산자이지 세일즈맨이 아니라고 말할지 모른다. 하지만 당신의 제품이 세상에서 가장 훌륭할지라도, 사는 사람이 없다면 당신은 세상에서 가장 좋은 제품의 소유자는 될지언정 생산자는 될 수 없다. 그것들을 팔 수 없다면 생산할 수도 없기 때문이다.

당신이 부동산업, 교육, 광고업에 종사하거나, 전문적으로 강의를 하거나, 글을 쓰거나, 자선단체에서 일하거나 모두 마찬가지다. 무엇인가 팔기 전에는 아무런 일도 일어나지 않는다. 당신은 이 책을 읽으면서 이렇게 생각하고 있을지 모른다. "내 경력에서, 내 인생에서, 내가 목표한 길에서 내가 원하는 목적지에 어떻게 도달할 수 있을까?" 이 책에 소개한 원칙들만 그대로 실천한다면, 다시 말해서 프레젠테이션에서 주의해야할 아홉가지만 명심한다면, 당신 앞에 놓인 인생의 기회들을 충분히 활용할 만큼 능력 있는 사람이 될 수 있을 것이다.

바즈 루어만(Baz Luhrmann)의 노래 가운데 '모든 사람들은 자외선 차단제를 자유롭게 바를 수 있다(Everybody's Free to Wear Sunscreen)' 라는 노래가 있다. 그 가사 가운데에는 누구든 인생을 여유롭게 살기 위해서는 매일 조금은 두려운 일을 해야 한다는 구절이 있다. 나는 그 생각에 동의한다. 프레젠테이션을 하기가 조금 두렵더라도 우리는 매일 그 일을 해야 한다.

성공이란 무엇인가? 자주, 그리고 많이 웃는 것, 지적인 사람들에게 존경받고 아이들에게 사랑받는 것, 솔직한 비평을 받는 것, 거짓된 친구의 배신을 견뎌내는 것, 아름다움을 감상하고 여럿 속에서 최고를 찾아내는 것, 건강한 아이를 통해, 조그마한 정원을 가꿈으로써, 혹은 환경 되살리기 운동에 참가함으로써, 혹은 어떤 방법으로든 세상을 조금이나마 더 좋게 만드는 것, 당신이 살고 있기 때문에 단 한 생명이라도 더 쉽게 숨쉴 수 있었음을 알게 되는 것. 그것이 바로 성공이다.

- 랄프 왈도 에머슨(Ralph Waldo Emerson)

감사의 글

이 책이 완성되기까지 도움을 준 많은 분들에게 진심으로 깊은 감사를 전한다.

우선 캘리포니아 라구나 힐스의 CC 커뮤니케이션스 출판사 사장이자 편집장인 크리스 스미스(Chris Smith). 그는 이 책이 나오기까지 참으로 중요한 역할을 해주었다. 나는 지난 10년 동안 세 가지 큰 프로젝트를 그와 함께 진행했는데, 매번 그의 풍부한 경험과 편집인으로서의 재능에 감탄했다.

제리 앤더슨(Jerry Anderson)을 비롯하여 빌 그레이(Bill Gray), 하비 맥케이(Harvey Mackay), 니도 쿠베인(Nido Qubein), 그리고 플로이드 위크먼(Floyd Wickman)은 오랜 세월 동안 쌓아온 지혜를 아낌없이 나누어주었다. 그들의 가르침과 도움이 없었다면 오늘의 나는 없었을지 모른다.

부모님 안(Jan)과 피트 쇼딘(Pete Sjodin), 여동생 킴(Kim), 그 외에 사랑하는 나의 모든 가족들은 기쁠 때나 힘들 때나 한결같이 나에게 힘을 주는 버팀목이다. 모든 사람들이 나처럼 멋진 가족을 갖고 있다면 이 세상은 훨씬 살기 좋은 곳이 될 것이다.

그리고 내가 사회생활에 성공하고 여러 권의 책을 출간할 수 있도록 도와준 친구들에게 감사한다. 그들은 나의 출판발표회와 세미나마다 빠짐없이 참석해줄 뿐 아니라, 중요하고 어려운 순간마다 도움을 주는 훌륭한 지원부대다. 사랑과 조언, 충고, 그리고 도움을 아끼지 않는 '한결같은' 친구들이야말로 내 힘의 원천이라고 믿는다. 콜레트 칼슨(Colette Carlson), 그렉 델(Greg Dell), 수지 디트로잉글(Suzie Detro-Ingle), 제니스 가스키(Janice Gaski), 피터 후버(Peter Huber), 니콜 나조운(Nicole Najoan), 르네 레이덜(Renee Raithel), 패티 스코마(Patti Scoma), 닉 테일러(Nick Taylor), 제이슨 틸러리(Jason Tillery)가 바로 그 친구들이다.

또한 직원의 능력개발과 훈련에 내 프로그램을 이용하는 많은 기업과 협회를 비롯한 많은 분들에게 진심으로 감사한다. 그리고 전미강사협회의 동료들에게도 특별히 고마운 마음을 전한다. 그들과 함께, 그리고 그들을 통해서 나는 끊임없이 배운다. 이 모든 분들이 있었기에 이 책이 세상에 나올 수 있었다.

테리 L. 쇼딘(Terri L. Sjodin)

참고도서

- 로저 에일리스(Roger Ailes)와 존 크로셔(John Kraushar), ≪당신이 메시지다: 자신을 주장함으로써 원하는 것을 얻는 방법(You Are The Message: Getting What You Want by Being Who You Are)≫

- 핼 베커(Hal Becker), ≪5분만 시간을 내주시겠습니까?(Can I Have 5 Minutes of Your Time?)≫

- 매들린 벌리 앨런(Madelyn Burley-Allen), ≪경청: 잊혀진 기술(Listening: The Forgotten Skill)≫

- 데일 카네기(Dale Carnegie), ≪카네기 인간관계론(How to Win Friends and Influence People)≫

- 존 쿡(John Cook), ≪긍정적인 명언들(The Book of Positive Quotations)≫

- 수젯 헤이든 엘진(Suzette Haden Elgin), ≪직장에서 말로 자신을 방어하는 점잖은 방법(The Gentle Art of Verbal Self-Defense at Work)≫

- 윌프레드 펑크(Wilfred Funk)와 노먼 루이스(Norman Lewis), ≪30일 동안의 어휘력 향상(Thirty Days to a More Powerful Vocabulary)≫

- 마이클 E. 거버(Michael E. Gerber), ≪E 신화: 대부분의 작은 기업이 성공하지 못하는 이유와 그 해결 방법(The E Myth: Why Most Small Businesses Don't Work and What to Do About It)≫

- 발레리 그랜트 소콜로스키(Valerie Grant-Sokolosky), ≪조직 예절: 비즈니스 에티켓을 위하여(Corporate Protocol: A Brief Case for Business Etiquette)≫

- 리처드 코흐(Richard Koch), ≪80/20 법칙, 적게 힘쓰고 더 많이 얻는 성공의 비법(The 80/20 Principle, The Secret of Achieving More with Less)≫

- 제임스 M. 쿠제스(James M. Kouzes)와 베리 포스너(Barry Z. Posner), ≪신뢰: 신뢰받는 리더와 신뢰를 잃는 리더, 사람들은 왜 신뢰를 필요로 하는가 (Credibility: How Leaders Gain and Lose It, Why People Demand It)≫

- 도로시 리즈(Dorothy Leeds), ≪파워스피크(PowerSpeak)≫

- 존 T. 몰로이(John T. Molloy), ≪존 몰로이의 성공을 위한 옷(John T. Molloy's New Dress for Success)≫

- 데이빗 A. 피플즈(David A. Peoples), ≪프레젠테이션 플러스(Presentation Plus)≫

- 니도 R. 쿠베인(Nido R. Qubein), ≪커뮤니케이션의 고수가 되는 법: 직접 만나서, 글로, 연단에서(How to Be a Great Communicator: In Person, on Paper and on the Podium)≫

- 닐 랙먼(Neil Rackman), ≪당신의 세일즈에 SPIN을 걸어라(SPIN Selling)≫

- 브라이언 트레이시(Brian Tracy), ≪판매의 원리(Advanced Selling Strategies)≫

- 도널드 트럼프(Donald Trump), ≪도널드 트럼프 자서전: 거래의 기술(Trump: The Art of the Deal)≫

- 플로이드 위크먼(Floyd Wickman)과 테리 쇼딘(Terri Sjodin), ≪멘토링: 꿈꾸었던 것보다 더 멋지게 성공하기 위해 가장 확실하면서도 가장 무시하기 쉬운 비법(Mentoring: The Most Obvious Yet Overlooked Key to Achieving More in Life Than You Dreamed Possible)≫

당신은 아름다운 사람입니다

현재의 모습에 연연하지 않고
무한한 미래의 가능성을 향해 마음을 열고 기다릴 줄 아는 당신,
자신이 하고 싶은 말을 하기보다는
다른 사람의 이야기에 조용히 귀 기울일 줄 아는 당신,
대박의 환상, 성공한 이들의 화려함에 취하지 않고
진정한 최후의 승자가 되기 위해
다른 이들의 실패를 타산지석으로 삼을 줄 아는 당신,

당신은 진정 아름다운 사람입니다.